能・狂言における伝承のすがた

東海能楽研究会

風媒社

はじめに

言うまでもないことだが、能楽は室町時代、観阿弥・世阿弥によって大成された舞台芸能である。「大成」という言葉が使われるぐらいだから、その時点でほぼ完成されたかのような印象が強いかもしれない。

しかしながら、江戸時代の幕藩体制において正式な式楽に採用され、それによって、整備・洗練の手が加えられてきた歴史も無視出来ない。その変化の程度は、通常考えられているよりはるかに大きいのではないかと思う。ことに、地方に伝承されてきた各藩の能楽の歴史は、その多くが江戸時代の展開である。

私ども東海能楽研究会は、名古屋を拠点に活動している地方の研究会である。当然のことながら、愛知県を中心にした地方の能楽状況に関心のまなざしがある。その日ごろの研究成果を踏まえて、本書では愛知県東部、三河地方を中心に遠州・南信地域に焦点を当てることとした。それも能・狂言のみならず、周辺の民俗芸能も視野に入れ、論考・報告・伝記・作品紹介から研究の手引きにまで及んでいる。今後の研究の進展に役立つことを考えて編集したつもりである。それが第Ⅲ部である。

第Ⅱ部は地方の能楽を柱にしつつも、研究会会員のそれぞれの関心にしたがって自由なテーマで研究成果を披瀝していただいた。その「様々な位相」の中には、刺激的な新見や重要な見解も含まれている。味読いただけるなら幸いである。

本書は私の定年退職記念として企画提案された経緯がある。当初、逡巡する気持ちもあったが、結果的にはご厚意に甘え、第Ⅰ部は臆面なく私の論考とさせていただいた。たまたま昨年一年間『金春月報』に連載された年間特集「薩摩藩の能楽」の再録である。屋上屋を架すような仕儀で恐縮なのだが、まとめてほしいというお声に従った。

なお、本書上梓にあたり、出版費用の出資を申し出てくださった朝川知勇様が、刊行を目前にして急逝された。謹んでご冥福をお祈りするとともに、本書をご霊前に捧げたいと思う。

東海能楽研究会代表　林　和利

能・狂言における伝承のすがた

目次

第Ⅰ部　薩摩藩の能楽

林和利

一、安土桃山時代の薩摩の能役者

シテ方一王大夫

安土桃山時代の薩摩に能役者が在住していたことは、『上井《うわい》覚兼日記』(1)によって知られる。薩摩の武将上井伊勢守覚兼が書き残した日記である。そのことは、森末義彰「薩南の芸能――上井覚兼日記を中心として」(『国語と国文学』一九四四年十一月)で紹介されている。

この時期、薩摩に居住して最も活躍した能役者はシテ方の一王大夫である。同日記の天正二年(一五七四)から天正十三年(一五八五)の十二年間に九回、能・舞・謡を演じた記事が見いだせる。ところが、その一王大夫が何流の役者なのか、いったいどこからやってきたのかについてはまったく不明である。それに関して一つの推論を提示しておきたい。

薩摩藩士系譜集成『諸家大概』(寛文年間成立)の「越智姓河野氏」の項に一王大夫に関する記述がある。それによると、彼は一王雅楽助ともいい、のちに河野為右衛門と名乗り、越智姓の河野氏なので越智観世の流れを受けるものではないかと推定されている。

越智観世とは、世阿弥の嫡子十郎元雅とその子十郎の流れを受け、大和国越智を本拠としたと言われる芸系である。その越智観世と薩摩の一王大夫を結び付けるのは、一見突拍子もない説のように思えるが、あながち一笑に付すわけにもいかない。というのは、一王大夫と細川幽斎との間に何らかの関係があったふしがあり、その幽斎が越智観世とつながる可能性もあるからである。

一王大夫と細川幽斎との関係を示す資料は、島津義久から幽斎に宛てた書状である。『薩藩旧記雑録・後編』

巻二十八に収録されている。[2]

それによると、豊臣秀吉が九州征伐で薩摩を訪れた折、一王大夫の働きが忠節だったので彼に知行を遣わすべき示唆が石田三成を通じてたびたびあり、それがようやく実現したという。そのことが幽斎宛に報告されているのである。「忠節」の中身は不明だが、それが何であれ、なぜ、あえて幽斎宛なのか。幽斎と一王大夫との間に何も関係がなければありえないことであろう。

よく知られているように細川幽斎の周辺では能が頻繁に上演されていた。しかも、幽斎は立花の池坊など、京都の文化人を薩摩に送り込もうとする積極的な動きを見せていた事実がある。それらのことを考え合わせると、一王大夫は幽斎によって紹介された能役者だった可能性が浮上する。

すでに元亀年間(一五七〇―七三)、幽斎の周辺には能役者の存在があったと考えてよい。さらに、幽斎周辺の能役者たちと薩摩で活躍した能役者の間に共通の人物が存在するという重要な事実もある。天正十一年(一五八三)から慶長四年(一五九九)の間における幽斎周辺の演能状況は『丹後細川能番組』[3]によって知ることができる。そこに記された能役者と、前掲『上井覚兼日記』に記録された薩摩の能役者の間に、同じ名前が複数確認できるのである。たとえば、小鼓方の入江権丞(允)を初めとして堀池宗叱、堀池弥二郎、東寺ノ小四郎など。

このことから、天正年間に薩摩に顔を見せた能役者と、幽斎周辺の能役者の間になにがしかのつながりがあったことは認めてよく、一王大夫もその一人であった可能性は無視できないということになろう。

元亀元年(一五七〇)、義久は家老を遣わし幽斎に対して「太刀一腰・馬代五百疋・塩硝三十斤」を贈ったという記録が残っている。あるいはそれが能役者の斡旋依頼を意図したものだったのかもしれない。

さらに、幽斎の重臣米田壱岐守求政(宗賢)は大和の越智一族であるといい、その子や孫たちが能の主催者や囃子方として『丹後細川能番組』に記録されている。もしも、米田家が越智観世の流れを受けるものであるなら、一王大夫の越智観世出自説も、わずかな可能性とは言え、否定し去るわけにはいかないということになろう。

大鼓方奥山左近将監

奥山左近将監は京都の手猿楽系大鼓方の役者である。『近代四座役者目録』(4)「白極《はくごく》善兵衛」の項に善兵衛の師匠として名前が見える。

その左近将監の名前が『上井覚兼日記』に散見する。天正十二年(一五八四)一月から同年十二月までの一年間に、役者として十三回記録されているのである。ただし、それ以外は、前にも後にもまったく顔を見せない。このことから、彼はこの年に京都から薩摩に下ってきて、ほぼ一年間限定で滞在した役者だったと推定される。

薩摩滞在の間、島津義久・義弘の宴席でしばしば大鼓を打ち、家臣に鼓の稽古をつけ、薩摩軍肥後出陣の折にも随行し、出陣先で鼓を打つなど、東奔西走の活躍ぶりを見せている。

そののち京都に戻ったらしく、それからちょうど十年経った文禄三年(一五九四)、京都に逗留した島津家久(当時は又八郎)のところへ見舞いにやってきた記録が確認できる(5)。

島津義弘に出仕を望まれたが老齢のために断り、代わりに息子の藤五郎が薩摩に下った。藤五郎は奥山左近と名乗り、鼓役者として薩摩藩に仕えたことが、『本藩人物誌(6)』によって判明する。

狂言方石原治部右衛門尉

『上井覚兼日記』にその名を見せる石原治部右衛門尉は、この時期に名前の記された地方在住狂言方の珍しい例である。

同日記の天正十年（一五八二）十一月から同十四年九月のまる四年間に八回の上演記録を拾い出すことができる。それを受けて、前掲森末稿は「恐らくは鹿児島に居着いて、抱えとしての地位をかち得たのであろう」とする見解が示されている。

ところが、気になるのは、彼の名前が記録されているのはすべてが肥後、それもほとんどが八代《やつしろ》の陣中であって薩摩においては一度もその名を見いだし得ない。逆に、薩摩軍が肥後に滞陣したときには必ず顔を見せている。一王大夫や奥山左近将監たちも肥後出陣に同行しているが、彼らはむしろ薩摩における活躍ぶりの方が目立っている。

このことから、石原治部右衛門尉が鹿児島在住だったと決め付けるにはいささか躊躇を覚える。肥後滞在中の薩摩軍の陣中で八代の地下《じげ》衆が笛方を勤めたり、肥後合志《こうし》の役者が出演している例も見られる。治部右衛門尉は八代在住であって、薩摩の肥後出陣のたびに召された狂言方であったと考えておきたい。

二、江戸初期の藩主、島津家久と能楽

家久の生涯と能に関する逸話

島津家久は島津家十八代当主で、藩主としては二代目にあたるが、実質的に江戸期初代の当主である。

天正四年（一五七六）島津義弘の第三子として生まれ、幼名忠恒、通称又八郎。のち陸奥守、薩摩守、大隅守、中納言。法名は花舜（または「花心」）琴月大居士慈眼院。没後はその法名により琴月公とも呼ばれた。

豊臣秀吉の朝鮮侵攻、いわゆる文禄・慶長の役に出陣して戦功を上げた。藩主相続ののち鹿児島城（鶴丸城）を築き、城下町整備の礎とした。琉球との密貿易や奄美の植民地経営によって増収をはかり、寛永十五年（一六三八）、六十三歳で没している。

薩摩の古事見聞集『盛香集』[7]には、能「花筐」で用いる小道具の籠を、家久が手ずから細工して作ったという逸話が伝えられている。

皆がそれを褒め称える中で、ただ一人涙を流している家臣がいた。わけを聞くと、政道に励むべき殿様が遊芸にふけっているのに、それを諫める者がいないのが残念で涙が出たという。伝え聞いた家久は、その心に感じて秘蔵の刀を与えたと記されている。

家久の能楽趣味を示すエピソードの一つである。

十歳代

文禄三年（一五九四）、家久十九歳。四月七日付の伊集院幸侃忠棟の書状[8]によると、京都に滞在していた家久が能の舞や囃子を鑑賞する機会を得たと伝えている。シテは堀池左近、笛が備中屋一噌（中村又三郎）、小鼓観世又次郎で、大鼓は奥山左近だった。

管見では、これが家久と能楽とのかかわりを示す最も早い記録である。

また、同年十一月四日には、家久が父の義弘をもてなした際の余興として仕舞の演じられたことが『高麗入日記』[9]によって判明する。「高麗入」すなわち朝鮮に滞在したときの「日記」に記されているのだから文禄の役陣中のことと判断しうる。ところが、同戦役は前年の文禄二年で終結しているので不審に思いつつ確認できていない。

二十歳代

慶長五年（一六〇〇）、家久が上京した折、伯父の島津義久は家久のために能装束を持たせてやるという配慮を見せている。同年四月二十二日付の家久宛義久書状[10]によって判明することである。

義久が能の愛好者であったことは他の資料からも伺えるが、甥の家久に対して能楽のたしなみを促していることが読み取れる。家久の能楽趣味は、おそらく義久の影響が大きいのであろう。

ところが、父の義弘は家久が能楽に傾倒しすぎることを心配している。慶長六年十二月五日付の家久宛義弘書状[11]には、無分別に能に対して熱を入れすぎることを戒める気持ちがにじみ出ている。

もっとも、義弘自身に謡のたしなみがなかったわけではなく、慶長七年、義久、義弘、家久の三人が「高砂」の謡を三者三様の声で謡ったという記録[12]も残されている。

また、この年、上京中の家久が手猿楽の虎屋長門に接触している。長門はこの直後、薩摩藩に召し抱えられたことがほぼ確実なので、そのための折衝だったと思われる。長門のことについては次節で詳述する。

三十歳代

三十歳のとき、家久は徳川家康の御前で能の演技に心を奪われ、座ったまま仕舞を真似たという。これを伝え聞いた義弘はたまらず書状をしたためて厳しくたしなめている（慶長十一年二月十日付[13]）。

ところが、そんな父の心配をよそに、家久はますます能の魅力に取りつかれていった。三十三歳のとき、下間少進相伝の『童舞抄』を小幡長門守（虎屋長門）から借りて書写したという事実は、何よりもそのことをよく物語っている。慶長十三年二月二十三日付の長門宛家久書状[14]によって判明する。

よく知られているように、下間少進は本願寺の坊官でありながら能の奥義を究めた人物であり、『童舞抄』

はその少進が執筆した金春流の能の型付である。それを書写する望みがかなえられて「本懐これに過ぎず」と、家久は感激の言葉を添えて礼を述べている。家久が高いレベルで能の実技を身につけようとしていたことがうかがえる。

慶長十四年に琉球国を征した家久は、翌十五年、琉球王尚寧とともに伏見を経て駿府および江戸に赴いている。このとき、伏見や駿府で能を見た記録が残っている。

四十歳代・五十歳代

元和元年（一六一五）、四十歳になった家久は上洛し、二条城や伏見城で催された観世大夫や金春大夫の演能を見ている。

その二年後の上洛時にも伏見城で能を見ており、そのことが刺激となったらしく、帰国後に演能を催したいと表明している。娘婿の島津久慶に宛てた書状(15)の文面に、意欲的なその気持ちが綴られている。

また、次男の虎寿丸（のちの藩主光久）に鼓の稽古をさせていたことが、元和九年六月十三日付で虎寿丸に宛てた家久の書状(16)によって判明する。

寛永七年（一六三〇）三月、五十五歳になった家久は江戸に赴き、将軍家光に拝謁した。四月十八日、今度は家光の方が家久の桜田邸に来臨し、その時上演された能の番組が残っている(17)。それによると、観世大夫による「翁」「高砂」「呉服」をはじめとして、金春大夫が「黒塚」を、北七大夫が「源氏供養」と「桜川」をそれぞれ舞い、薩摩藩お抱えとなった長門が「清経」「天鼓」「玉鬘」の三番を勤めている。

以上概観したように、近世初頭の薩摩藩主家久は、その生涯を通じて深く能に携わっていた。とりわけ、虎屋長門を専属能役者として召し抱えたことが、薩摩藩の能の伝統を形成する礎になっている。

　また、鹿児島城下の諏訪大明神頭屋能が始まったのも家久の代であり、薩摩藩能楽史において無視できない存在である。

三、お抱え能役者、中西長門守秀長のこと

素性と名前

　薩摩藩の能楽史を語るとき、中西長門守秀長の名前を落とすわけにはいかない。江戸時代の薩摩の能の礎を築いた人物と言ってよい。

　もとは京都で活躍した手猿楽の能役者で、そのころは「虎屋長門」が通称であった。現在の研究者においても、その名前の方が通りが良いであろう。「中西長門守秀長」というのは薩摩藩に召し抱えられて以後の名前である（以下、「長門」と記す）。

　伝承[18]によれば、先祖は近江国小幡村から都に出た呉服商だったという。その出身地を示すかのように、本姓は「小幡」であって、元来の名前は「小幡弥兵衛」だった。

　要するに、長門は京都町衆出身の能役者で、大和猿楽四座の役者ではないために手猿楽、すなわち素人役者の扱いを受けているのであるが、その芸位は玄人役者に劣るものではなかったと考えられる。それについては後述する。

召し抱えの事情

長門を薩摩藩の専属能役者として召し抱えたのは、ときの藩主島津家久である。能好きだった家久の目にかなったということであろう。

長門を家久に紹介したのは、おそらく近衛信尹《のぶただ》（三藐院《さんみゃくいん》）である。虎屋家は先祖の代から近衛家に仕えており、一方、信尹は薩摩に配流されて以来、島津家と親密な関係にあった。つまり、島津家にしてみれば、受領などにおける仲介役として長門を利用する副次的な目的もあったのだろう。

召し抱えの時期が慶長七年（一六〇二）であることはほぼ確実であり、おそらくはその年の末と私は推定している。[19]

生涯と上演記録

私の作成した年譜[20]にしたがって、長門の生涯と上演曲を概観しておく。

生年は天正九年（一五八一）頃と推定され[21]、慶安三年（一六五〇）八月十一日に没している。その生存年は喜多流の祖、北七大夫長能（一五六八―一六五三）と重なっており、両者は同じ時代を生きた素人出身の能役者であった。

推定年齢十七歳の慶長二年（一五九七）、下間少進に入門し、起請文に「小幡弥兵衛」と自署している。三年後の慶長五年には、その下間少進宅にて「当麻」「実盛」「定家」を演じた。

家久によって薩摩藩に召し抱えられたのは慶長七年だが、実際に薩摩に下ったのは十一年後の慶長十八年（一六一三）である。

召し抱え以前から薩摩下国以後も禁中での演能がきわだっており、内裏で認められて活躍した役者であった

ことがわかる。禁中における長門の上演記録は次のとおりである。(22)

慶長五年（一六〇〇）三月七日十一番、翌日後朝の能（曲目不明）。四月二十二日「弓八幡」「八島」「船橋」「芭蕉」「小袖曽我」「藍染川」「老松」、翌日後朝の能「船弁慶」「葛城」「春栄」「班女」「鸕鷀羽」。

慶長六年（一六〇一）三月六日紫宸殿で「和布刈」「頼政」「源氏供養」「是界」「半蔀」「道成寺」「元服蘇我」「誓願寺」「天鼓」「松山鏡」「善知鳥」「呉服」。三月八日「皇帝」「千手」「邯鄲」「龍田」「檀風」「当麻」「女郎花」「高砂」。

慶長九年（一六〇四）黒戸前で「白楽天」「頼政」「野宮」「張良」「天鼓」「葵上」「項羽」「藍染川」「鞍馬天狗」「呉服」、翌日後朝の能「海人」「満仲」「女郎花」「杜若」「自然居士」「鍾馗」「養老」。十月十日「翁」。十月十二日「弓八幡」。

慶長十八年（一六一三）九月十三日演能、翌日後朝の能（曲目不明）。

慶長十九年（一六一四）六月二十一日新内裏で「相生松」「清経」「熊野」「項羽」「三輪」「安宅」「当麻」「葵上」「阿漕」「張良」「呉服」、翌日後朝の能「玉井」「千寿」「谷行」「柏崎」「船橋」「藤栄」「熊坂」「融」「鍾馗」。

元和五年（一六一九）四月二十七・二十八日演能（曲目不明）。

寛永二年（一六二五）三月六日、息子二人とともに十一番、翌日も演能（曲目不明）。十一月十一日清涼殿の庭で八番（曲目不明）。

寛永三年（一六二六）一月、後水尾天皇に召されて演能（曲目不明）。四月十九日「昭君」。

寛永十年（一六三三）八月六日「融笏ノ舞」。

注目すべきは、薩摩に下った後もしばしばお呼びがかかっていること。宮中御用達の存在である。後水尾天皇のお気に入りだったらしい。

また、演能の曲に重複が少ないことや、一両日に二十番も演じている例があることも注目される。実力のほどが推し量れよう。

中西に改姓したのは寛永三年（一六二六）であり、それ以後は薩摩藩関係の上演が目立つようになる。その中で注目すべきは薩摩邸将軍お成りの席で、観世・金春・喜多の大夫と競演していることである。

具体的には、寛永七年（一六三〇）四月十八日、徳川家光が島津家久の桜田邸来臨の際に「清経」「天鼓」「玉鬘」を演じており、同年四月二十一日、徳川秀忠同所来臨の際には「実盛」「船弁慶」「自然居士」を上演している(23)。

四座の宗家と競演して遜色のない芸位だったのであろう。

芸位

長門は『近代四座役者目録』に取り上げられているが、その芸のレベルは「能クモ無シ」と、低い評価である。しかし、これは片桐登氏が指摘するように(24)、大和猿楽四座に所属した著者観世勝右衛門の正統派意識のせいであって、多くの手猿楽の役者たちは同様の扱いを受けている。額面通りに受け取るわけにはいくまい。

一方、薩摩側の文献『本藩人物誌』には「能ノ上手ナリ」と記されている。それも、どの水準の判断か疑わしいものの、前述の演能実績から判断すれば、京都手猿楽の役者の中では第一人者の実力を備えた人物であったと評価できるであろう。

四、『中西氏系譜草稿』から判明すること

『中西氏系譜草稿』について

すでに二十年以上も昔のことになるが、平成六年一月、鹿児島県文化センターで開催された講演会で、私は薩摩藩お抱え能役者中西のことについてお話しさせていただいた。初代長門守秀長の事跡を中心に、その家系と芸風について触れた。

それを聞いてくださった尚古集成館副館長（当時）の田村省三氏の尽力により、翌平成七年、それまで不明だった中西家の墓が発見された。そのニュースが地元の『南日本新聞』に掲載されたことにより、中西家の子孫が名乗り出ることとなり、同家に伝わる古文書類が尚古集成館に寄託された。

その古文書の中に同家の系図が含まれていた。それがここに取り上げる『中西氏系譜草稿』（以下、『系譜草稿』と略す）である。初代長門の祖父弥兵衛から四代秀貫までの家系についての記録であるが、系図だけでなく、事跡に関する豊富な添え書きや書状の写しなども含まれていて、中西家のことを知る上で貴重な資料になっている。

田村氏はすぐさまその翻刻解読作業に取りかかり、翌平成八年、『尚古集成館紀要』第八号にその成果を発表された。その中には、それ以前に私が発表した研究成果を裏付けることもあれば、食い違うこともあり、新たに判明した事実もあった。

そのいくつかを紹介したい。

なお、尚古集成館とは鹿児島市内にある博物館で、薩摩藩主島津家に関する史料や薩摩切子、薩摩焼などを

展示するとともに、それらに関する研究機関でもある。

長門の生年

私は、長門の生年を天正九年（一五八一）頃と推定していた。根拠は『本藩人物誌』の次の記事である。

十二歳ノ時、関白秀次公江奉仕

豊臣秀次が関白に在位したのは天正十九年（一五九一）十二月から文禄四年（一五九五）四月までの三年余り。そのころ十二歳だったことから逆算して一五八一年頃かと推定したのである。

しかし、『系譜草稿』には「天正四年誕生」と明記されている。私の推定より五年も早い。田村氏も指摘されているように、『系譜草稿』の記事が明らかに事実と齟齬をきたしている場合もあるので、その記述を頭から鵜呑みにもできないのであるが、長門の生年に関しては信憑性が高いと見てよい。おそらく、長門は秀次が関白になる以前から仕えていたのであろう。また、それにしたがって、私の推定した年齢も五歳加算しなくてはならない。

屋号「虎屋」の事情

長門の京都時代の通称が「虎屋長門」であったことはすでに述べた。その「虎屋」という名称のいわれに関する伝承が『系譜草稿』に記されている。

それによれば、長門が十七歳の文禄元年（一五九二）、秀次に「好色之密事」があったという。世間に知れると誹謗の的となるおそれがある。それを逃れるため、その罪を長門に着せて「君臣之義」を断絶したという。

つまり、長門は浪人になったわけである。そこで「洛中上立売諸町通西入町」で呉服商を営んだ。「諸町通」

とは「室町通」のことと田村氏は推察している。その呉服商の屋号が「虎屋」だというのである。長門が京都立売で呉服商を営んでいたときの屋号が「虎屋」だったということは、『本藩人物誌』ほかの資料によって判明していた。しかし、その前提となるいきさつに関白秀次にまつわる事情があったというのは、新しい知見であった。

ちなみに、現在も「虎屋」と称する菓子屋が中立売に存在する。

「中西」姓の由来

長門が「中西」に改姓したのは寛永三年（一六二六）だが、その由来は定かでなかった。当時は西国と言われた薩摩に居住したので、「西に居る」というほどの意味で「中西」であろうかなどと勝手に解釈していた。

ところが、『系譜草稿』には、

　母中西刑部少輔晴秀女

と記されている。つまり、「中西」は母方の姓だったことが判明したのである。

その下に記された注記によると、母方の父晴秀は室町幕府最後の将軍足利義昭の家臣だったという。武士として名門の姓ということになる。薩摩藩の士分格扱いとなった長門が格式を意識して名乗ったものであろう。

受領号疑義の氷解

慶長九年（一六〇四）九月二十二日、長門は後朝能を演じた直後に「長門守」を受領している。ところが、『慶長日件録』はそれを「長門掾」と記している。

『本藩人物誌』はじめ他の資料はすべて「長門守」であり、「長門掾」と記されたものは他に見出しがたい。

そのうえ、諸資料には長門の官位が「正六位」と記されているので、受領号が「守」であったことは疑いない。通常なら、受領の場に最も近い記録である『慶長日件録』の記事を優先させるのが常識であろう。しかし、あえて記録者舟橋秀賢の誤記であろうと、私は判断していた。

ところが、『系譜草稿』には、同日付、同書式で記された口宣案が二通掲載されていて、一方は「長門掾」、一方は「長門守」と記されている。つまり、田村氏も指摘されているように、長門掾に任じられた直後、即日長門守を受領されたということが明らかになったのである。段階を踏む形式的な手順が必要だったのであろう。

長門の子息たち

『系譜草稿』に記された系図によって、長門には六男二女の子供がいたことが判明した。

長男は秀満。寛永三年（一六二六）三月十日、十一日の両日、禁中南殿で「道成寺」乱舞を舞い、その時に信濃守を受領したが、同六年（一六二九）、京都で没している。

次男は秀氏。父、兄とともに禁中で演じたが三十二歳で亡くなった。三男は詳細不明。

結局、四男秀経が家督を継いで中西家の当主二代目となった。元和元年（一六一五）誕生。紀州徳川家から召し抱えの誘いがあったが藩主島津家久の許しが得られず、元禄三年（一六九〇）遠州袋井で没している。

五男秀守、六男秀実とともに能の技量を有していたこともわかる。

中西家三代と四代

『系譜草稿』の系図は、中西家の当主三代目を秀乗とし、四代目を秀貫としており、私の作成した系図と齟齬がない。

その記事によれば、秀乗は明暦三年（一六五七）三月二十六日に誕生している。

元禄八年（一六九五）十二月十五日に上演された能の番組記録も含まれており、その添え書きによって、秀乗は元禄八年十一月十五日に十郎左衛門から長門右衛門に改名したことや、能奉行を務めていたことなどが判明した。

五、鹿児島諏訪大明神の神事能

鹿児島諏訪大明神の祭礼芸能

鹿児島諏訪大明神とは、鹿児島市清水町に鎮座する諏訪神社（南方神社とも称する）のことである。近世においては諏訪大明神と呼ばれており、本稿では江戸時代の神事能について述べるので、あえてこの称を用いる。『三国名勝図会』（天保十四年＝一八四三）によれば、七月二十八日の大祭のために、その前一カ月近くにわたって盛りだくさんな行事が繰り広げられていたことがわかる。その行事のうちの祭礼芸能について、同書は次のように伝えている。

　本府諸村、及び谷山・桜島の農夫、数日代る〴〵鉦鼓《カネタイコ》踊りをなし、又市躍《マチヲドリ》・散楽《サルガク》等を興行し、人皆興を催す

近在村々の農民が数日にわたり、鉦や太鼓を打ち鳴らしながら踊り、町人による踊りもあった。その踊りの様子は、薩摩の国学者白尾国柱が著した『倭文麻環《しずのおだまき》』（文化九年＝一八一二）に図入りで詳述されており、盛大な群舞であったことがわかる。

注目すべきは、それらの祭礼芸能の中に「散楽」が含まれていることである。散楽とは猿楽、すなわち能楽

のことであり、それを「頭屋能《とうやのう》」と称していた。

頭屋能

大祭に先立つ七月十八日、頭屋において諏訪大明神の祭礼に伴う神事能が催されたことは、諸種の文献によって明らかである。たとえば、享保二年（一七一七）成立の『諏訪祭礼之次第記』[25]や、『島津家列朝制度』[26]の中の「麑府《げいふ》年中行事」などに明記されている。

頭屋というのは、諏訪大明神の南方約四百メートルの地点（現在の鹿児島市春日町十一番地）にあった茅葺きの建物のことである。天保十四年（一八四三）の『鹿児島城下絵図』にも描かれており、その境内に能舞台も確認できる。

諏訪大明神の祭礼に際して、毎年頭殿《ずどの》と称する二人の少年（稚児《ちご》）を選び、頭屋内陣の左右に安座させた。それぞれ左頭殿・右頭殿という。頭屋能は、その頭殿に対して演じる形式だった。

少年を祭礼の象徴として奉るのは、山形県の黒川能をはじめとして現在も各地に残っている。中世・近世の稚児趣味の反映であろう。

『倭文麻環』や『島津家列朝制度』によれば、祭礼自体は島津家九代忠国の代に始められたといい、それを裏付けるように室町中期の記録に見出すことができる。

ただし、頭屋能を奉納する形は江戸時代になってから、十八代島津家久の代に始まったと伝えられている。能好きだった家久の意図によるものであろう。

頭屋能奉納の次第

頭屋能の上演にあたっては、能奉行や神事奉行の管轄のもと、厳格な次第に基づいておこなわれた。その儀式的進行手順が前掲『諏訪祭礼之次第記』に詳しく記されている。整理すると、およそ次のようなことが読み取れる。

1、七月十八日に頭屋能がある旨、日程の確認が前もって触奉行から示される。
2、上演曲目・演者を記した能組が、能奉行より左右の頭殿へ提出される。
3、御名代（藩主の名代であろう）が頭屋の広間へ入ると、まもなく能が始まる。
4、中入りのとき、別火所の広間上段で御名代から直接酒盃がふるまわれる。その順序は、御能奉行から初まって能役者、神事奉行、左頭殿の父、右頭殿の父、頭奉行の順である。最後に盃請台八寸にて能大夫（中西家当主であろう）が盃を受ける。
5、別火所の広間で饗応があり、座席の位置は役によって決められている。
6、能が三番だけの場合は中入りがなく、演能がすべて終了したのちに盃をいただく。
7、御能奉行への饗応は、屏風を立てて一人でいただく。

あらかじめ能組が提出されたこと、能大夫が存在したこと、少なくとも三番以上の演能がおこなわれたことなどが判明する。つまり、江戸中期の享保年間には、薩摩においてこれほどの規模の神事能が催されていたことが確認できるのである。

ところが、それから約六十年後の安永五年（一七七六）には、御名代の任命がなくなり、その他の頭屋関係役職も減らされるようになったと『島津家列朝制度』が伝えている。

島津家の援護のもとに運営された祭礼であったが、このころ藩の財政は極度に逼迫した状況にあり、安永三年（一七七四）の倹約令に伴って頭屋能も簡略化せざるをえない状況に追い込まれたのであろう。事態はさらに深刻となり、幕末には能そのものが上演されなくなっていた。

現在、頭屋のあった場所はその形跡すらもとどめていない。

頭屋能にまつわる怪異現象

『倭文麻環』に、頭屋能舞台の楽屋における怪異現象が絵入りで紹介されている。

七月十八日頭屋能は琴月公の御時より始まると申伝ふ。或年、女の鬘のあつるへしとて、その箱を開きたるに鬘の毛生、□□如く逆立す。その怪を糺されしに、死人の髪を以て作れる物なりしそ。

(句読点は林が加えた)

「琴月公」とは島津家久のことであり、頭屋能がその代に始まったということは前述のとおり。ある年の頭屋能において、女の役に用いる鬘(添え髪)を使おうとして箱を開けたところ、髪の毛が逆立って生えていた。その怪異現象を調べたら、死人の髪を用いて作った鬘だった、というのである。添えられた図には、箱の蓋を開けた瞬間が描かれている。髪の毛が大きく逆立った鬘を真ん中にして、チョンマゲ姿の七人の男性が一様に驚いている。

そのうちの一人は片手に鼓を持っており、その大きさから大鼓方かと推測できる。侍烏帽子を着けている隣の人物も囃子方であろう。後方に姿見らしき大きな鏡が描かれているので鏡の間であることがわかる。鏡の左に幕が描かれている。能舞台の揚幕にしては襞が大きく波打っていて、それらしくないようにも見えるが、揚幕以外には考えられない。

いずれにせよ、頭屋能の舞台裏が描かれた貴重な絵ということになる。

残念ながら、頭屋能に出演した演者や番組の記録は見出せないのだが、江戸時代の薩摩において、一般町人も参加できたはずの祭礼という形で演能がおこなわれたという事実は注目される。

六、江戸後期の藩主、島津重豪と能楽

重豪の資質と功績

島津重豪《しげひで》は第八代薩摩藩主（二十五代島津家当主）である。延享二年（一七四五）に生まれ、天保四年（一八三三）、八十九歳で没した。進取の気性に富んだ学問好きの藩主として知られ、各種文化施設の創設や学術図書編纂事業に意欲的に取り組み、薩摩文化発展の礎を築いたと高く評価されている。たとえば、繁華街天文館という地名に残る天文暦学研究所「明時館」や藩校「造士館」を造ったのも重豪なら、中国語の辞書『南山俗語考』を編纂させたのも重豪である。蘭学にも傾倒し、シーボルトと会見してオランダ語を交えて会話したという。

その重豪が能楽に親しみ、深く関与していたという事実を見落とすわけにいかない。

十代の記録

重豪と能楽の関わりを示す最も早い記録は、宝暦十年（一七六〇）四月十六日、重豪十六歳のときのものである。九代将軍徳川家重の右大臣転任、その子家治の右大将兼任の祝賀能がこの日、公儀主催で催され、それを重豪は「初て見物」したと『薩藩旧記雑録・追録』（以下『追録』[27]）は伝える。

そのわずか十日あまりのちの同月二十七日、重豪は同じ転任・兼任に伴う饗宴を薩摩藩邸にて催し、観世流と金春流の舞を演じさせている（『追録』による）。先の祝賀能によって重豪は能に目覚めたのではないかと思わせるような反応である。

さて、その翌年の宝暦十一年（一七六一）、藩主就任七年目にして初めて領地薩摩へ入った重豪は、約一年近く鹿児島に滞在した。その間に、重豪は少なくとも三回の演能を催している。

その一。十一月四日、島津家一門および役人・藩士を招いて料理を振る舞い、彼らに能を見せている。番組・演者は不明（『追録』『近秘野草』[28]）。

その二。十一月二十五日、藩士諸氏を招いた演能があり、柏源右衛門・中西長兵衛・有川仁平太たちが出演している（『追録』『近秘野草』）。

その三。明けて宝暦十二年（一七六二）、正月四日の演能で重豪自身が「羽衣」を舞っている。詳細は不詳ながら、重豪が能を舞った最初の記録である（『近秘野草』）。

そののち再び江戸へ出た重豪は、翌宝暦十三年（一七六三）正月六日、宝生大夫（十一世九郎友精）から「翁」の伝授を受けている。まだ十九歳の若さであった（『近秘野草』）。

この事実およびその他によって、重豪が習得した能の流儀は宝生流だったことがわかる。ちなみに、幕末の島津久光が用いていた謡本も宝生流であるが、江戸期に召し抱えていた能役者の主流は一貫して金春流だった。

この年六月、重豪は鹿児島へ帰り、在鹿中の十二月二十三日、年忘れの宴席で、「井筒」と「天狗舞」を舞っている（『近秘野草』）。「天狗舞」という能はないので、天狗がシテとなる「鞍馬天狗」「是界」「車僧」「大会」のいずれかであろう。

二十歳で五番の能を独演

鹿児島に滞在中の宝暦十四年（明和元年＝一七六四）二月五日、重豪は城下の稲荷大明神において結願の法楽能を催した。『追録』に記録された番組によれば、重豪は、「嵐」「田村」「羽衣」「安宅」「弓八幡」の五番を独演している。「嵐」は「嵐山」のことであろう。

豊臣秀吉が後陽成天皇の御前で一日に五番のシテを勤めた例があるが、それに匹敵する番組である。大名ゆえに、ある程度のわがままが許されたとは言え、まだ二十歳の素人である。式楽としての格式意識も、秀吉の頃よりはるかに高まっていたであろう。そう考えると、これは驚異的な事実と言わねばならない。

なお、この番組にはワキ方以下各役の名が記されており、当時のお抱え役者または士役者の名前が二十三名判明する。

また、同月二十七日には祖母嶺松君のために宴を開いて能を上演し、自ら「加茂」を舞っている（『近秘野草』）。この曲は後ツレに女体の御祖母神《みおやのしん》が登場する。祖母のためにそのことを意識した選曲であろうか。

その他、二十代の重豪は芝の藩邸に要人を招いて能を催した記録をいくつか拾うことができる。

注目すべきは、『近秘野草』に記された次の記事である。

（十二月）四日試散楽始于卯尅訖于翌卯尅凡能二十番狂言十番
要するに、在鹿中の明和二年（一七六五）、十二月四日卯の刻（午前六時頃）から翌五日の卯の刻まで一昼夜徹して、およそ能二十番・狂言十番の上演を試みたというのである。重豪二十一歳のことである。

能一曲の上演時間が短かった室町時代でさえ十番前後の上演が通例である。ましてや五番立てが正式な演能形式として確立していた江戸後期において、能を二十番も演じたという例が他にあろうとは考えにくい。この時期の最多記録と認めてよいのではないか。

ただし、『近秘野草』の記述は、「凡」すなわち「およそ」となっていて、厳密に二十番だったのか不明である。また、「試」すなわち「試みた」のであって、それが成功したのかどうかも判然としない。

いずれにしても、このようなけたはずれの演能を企画したという事実は、重豪の能楽に対する関心がいかに高いものであったかを示していよう。

またその翌々年の明和四年（一七六七）正月十三日、重豪は江戸で能楽を講じ、自ら「翁」を舞ったという記録もある（『近秘野草』）。

能楽を講じたというのは、「翁」を舞うにあたって、ひとくさり能の何たるやを語ったということであろう。単に実技を身につけたにとどまらず、知識的な面においても広く学んでいたことがうかがえる。インテリ大名の面目躍如といったところである。

三十代以降

不思議なことに、三十代から六十代までの四十年間に、重豪が自ら演じた能の記録は一つも確認できない。重豪主催の能もほとんど見当たらない。そのころ、薩摩藩の財政は極めて逼迫していた。そのことがおもな理由と考えられるが、奇異な印象は否めない。

そんな中で唯一の重豪主催能が、徳川家治の転任を祝い、老中水野出羽守忠友を招いて催した能である。ただし、それすらも、転任から五年ものちの天明五年（一七八五）まで延期せねばならぬという状況であった。

むしろ七十歳を過ぎた晩年になって、重豪自身が能を舞った記録がある。文化十二年（一八一五）は徳川家康没後二百年目。その東照宮二百回神忌に際し、日光から江戸に到着した二人の公卿をもてなすために高輪の藩邸で催した能である。

その演能で、七十一歳の重豪が「綾鼓」と「井筒」のシテを勤めており、壮健ぶりがうかがえるとともに、記録に表れない数十年の間にも能の稽古が続けられていたことをも示している。

七、江戸後期、鹿児島城下の能楽状況

能役者に関する藩の法令

江戸後期の天明七年（一七八七）七月、薩摩藩は能役者に対して八箇条にわたる規律を定めた。それによって、当時の薩摩藩の能楽状況をうかがい知ることができる。一条ずつ原文を掲出して考察してみよう。引用は藩法研究会編『藩法集8　鹿児島藩上』（創文社、一九六九年）による。ただし、正字体は常用漢字に改めた。

まず、最初の条項は能役者に対する一般規定である。

一　御能役者

右、新規ニ被相立格式・身分等、左之通被相定候条、往々右者共限ニて、仕手・脇・狂言並囃子方其外、御能方不残相揃候様可致候、尤、於芸道は、士役者無差別可相心得候、

「新規ニ…」とあることから、能役者の格式や身分が、この時点で新たに定められたことがわかる。藩の式楽（儀式芸能）として整えようという意識の表れであろう。もちろん、それ以前に式楽意識がなかったはずはないが、ここにきて明文化して整備する必要性が生じたものであろう。

シテ方・ワキ方・狂言方・囃子方、各役残らず揃えるようにという指示である。能の上演のために各役を揃えねばならないのは当然のことだが、それをあえて条例として定めたところに、組織整備意識がうかがえる。

また、「士役者」も「無差別」、つまり芸道に関する限り専業能役者と同等の扱いだという。薩摩藩お抱えの筆頭能役者「中西」も士分格のはずだが、ここでいう「士役者」とは、本来武士の家柄の者で能を習得し、舞

台に立っていた者たちのことを指すのであろう。

中西はじめ専業のシテ方能役者は金春流であった。ところが、藩主が身につけていたのは宝生流だったので、その相手をするために能を習得した士役者のいたことが想定される。

二番目の項目は、能役者の帯刀・装束に関すること。
一　平生は脇差計帯シ、旅行並火事場等之節、刀勝手次第可帯候、上下は平生可着、熨斗目も相用可申候、
常日頃は脇差し（短刀）のみ身に付け、旅行や火事場などの非常時においては太刀を帯してもよい。裃や熨斗目は礼装として常時着用しなければならない。

次は、儀式における規定。
一　諸士迄も、御祝儀ニ罷出候節は、同断御祝儀帳相付可申候、年頭・諸節句日等、於敷舞台、諸士之後ニ罷出、御目見可仕候、
結婚式など祝儀のために藩士の家へ出勤したときは祝儀帳に記録するようにという。藩の公式行事以外に藩士の家で祝儀として演じた場合も、藩の公務として認めるという意味であろう。

また、年始や節句の儀礼として登城した場合、敷舞台において藩士たちに続いて藩主に拝謁するようにという。能役者が武士に準ずる扱いだったことが明確に読み取れる条項である。城内に敷舞台があったことは、『鶴丸城見取図』で確認できる。

次は、専業能役者と士役者の関わり方に関する一条。
一　御能之節は勿論、自分稽古能之節は、士役者打交リ可相勉候、尤、其身共宅ニ舞台等を構、稽古能いたし候節も、是迄柏幾衛其外致来候通、可相心得候、其節迚も、士役者打込可致稽古候、
公式の演能はもちろん、私的な稽古能においても、士役者は専業能役者と一緒に舞台に立つこと。自宅の舞

台で稽古能をおこなう場合も、柏幾衛家の慣例どおりであるという。その場合、つまり藩の公式行事でない稽古能であっても、士役者は気を抜かずに稽古するようにと促している。柏幾衛というのは、後述するように、城下で舞台を構えていた能役者である。

士役者が専業能役者に交わって稽古し、共に舞台に立っていた実態が読み取れる。

次は、江戸へ赴いて稽古する場合の規定。

一　江戸表諸家衆へ入門之儀、其身共勝手次第可致候、其節外宿等も、申出次第可差免候、尤、彼方へ罷在候内は、当御家中を離切、他之居弟子等同様、混と可致入熟候、

江戸の能役者への入門は、それぞれの判断で自由におこなってよい。その場合、薩摩藩邸以外の外泊も届けがあれば許可される。ただし、入門先では薩摩藩家中という身分から離れ、他の内弟子同様うちまじってしっかり習熟せよという。

次は、能役者を管轄する役人のこと。

一　若年寄支配ニ被仰付候、

能役者は若年寄の支配下におかれたことが判明する。薩摩藩では幕府と同様、若年寄職を設置していた。家老に次ぐ役職である。

次は、能の稽古を希望する者に対する指示。

一　町人共・倍（陪）臣・其外、何人ニても、下地相応ニて相望候者ハ、右場所へ可被仰付候、左候て、被召出候者ハ、自子孫、其芸道を以可致相続候、

町人でも家臣その他の者も、素質に応じて能を習いたいと望む者は誰でも江戸へ出て稽古してよい。その結果として召し出された者は、子々孫々その芸を継承することという。

能を習うことを奨励し、能役者を育成定着させようという藩の意向が明白にうかがえる。最後は、士役者としての取り立てと扱い。

一　郷士等を初、御能方御用立候者ハ、向後迚も、士役者被仰付候儀は、有来通可有之候、

郷士とは農村居住の武士または有力農民のこと。彼らを初め能役者として有用な者は、この後も従来通り士役者に命じられるという。

以上の条々から、江戸後期の薩摩藩において能楽奨励積極策の講じられていたことが判明する。この条例の公布された時期は、能楽を愛好した藩主島津重豪が家督を譲って隠居した半年後である。隠居したのちも実権を握り続けた重豪が、能楽活性化を企図して発令を促したものと推定される。

城下の能舞台

前述の法令発布から約半世紀のち、城下四カ所に能舞台のあったことが、天保十四年（一八四三）の『鹿児島城下絵図』（鹿児島県立図書館蔵）によって確認できる。

①中西家能舞台（現、鹿児島市東千石町三丁目三十二番地あたり）
②柏幾衛家能舞台（現、鹿児島市柳町六番地あたり）
③頭屋能舞台（現、鹿児島市春日町十一番地あたり）
④小幡家能舞台（現、鹿児島市薬師二丁目二十七番地あたり）

これらの能舞台の存在は、幕末の薩摩においても能楽が衰退していなかったことを裏付けている。

八、幕末の能楽伝授状況

中西十郎左衛門（賀一郎）

近年、シテ方金春流の前宗家金春安明氏によって同家に収蔵されていた古文書が数々発見された。その中に、薩摩藩関係の起請文が含まれていたことを鹿児島金春会の上野寧子氏からご教示いただいた。それによって、幕末においても、金春流家元の正統な伝承を受けた能楽が薩摩で上演されていたことが判明した。

薩摩藩専属の筆頭能役者の家が中西だったことはすでに述べたとおりである。その中西家幕末最後の当主は賀一郎（秀厚）であるが、この人の事績は従来ほとんど判明していなかった。伝授状況を中心に、それが具体的に明らかになったことが、まず注目される。

すなわち、文政十二年（一八二九）、二十六歳で「関寺小町」の地謡を相伝されており、その十六年後、弘化二年（一八四五）、四十二歳のときには「道成寺」を伝授されている。

「関寺小町」地謡伝授の起請文は次のとおり。（翻字責任は林。）

（封紙）

薩州家中　中西賀一郎

誓詞之事　山下群蔵

渡邊才蔵

（前書）

誓詞之事

一　此度関寺小町但見殿為名代旦那相手之節斗中西十郎左衛門ゑ御免許ニ付関寺小町地方諷一通り御相伝被下忝次第奉存候別而之御秘曲御座候上は決而麁略仕間敷候尤御掟之通堅相守可申候主用之節同門共ゑ教尓仕候ハヽ誓詞之上相伝仕其段節々御届可申上候事

（神文部分は省略）

文政十二己丑年

八月廿七日

松平豊後守内

中西賀一郎

長厚《ママ》　花押

山下群蔵

常完　花押

渡邊才蔵

綱寿　花押

金春七郎殿

金春八左衛門殿

「道成寺」の起請文は封紙と前書部分のみ示しておく。翌年、国もとにおける藩主命の上演を控えての相伝だったことが前書の文面からわかる。封紙に記されている「中西十郎左衛門」は賀一郎のことである。

（封紙）

起請文

道成寺伝授　宛名　安昭

安茂

弘化二乙巳年十二月廿四日

薩藩士

中西十郎左衛門

（前書）

起請文前書之事

一　来年於国許道成寺被申付則従主人も御頼被申入候処御大切之秘曲と申御相伝難被成候処主命之儀且は古来之御由緒を以格別ニ御聞済被下道成寺一通御免許被成下忝仕合奉存候然上は主人用向之外は堅相勤申間鋪候譬雖為主用節々御届申御指図之上相勤可申候事

一　此度御伝授被成下候事は一切書留仕間敷候事

一　道成寺未御伝授不相済者ぇは親子之雖為間柄他言申間鋪候尤麁略仕間敷候事

「道成寺」は、言うまでもなく能の修業カリキュラム仕上げの大曲である。賀一郎はそれまでにさまざまな曲を経験し、この曲を上演できる力量に達していたことをうかがわしめる。

賀一郎はこののちさらに、嘉永元年（一八四八）四十五歳で「融笏之舞」を、安政五年（一八五八）五十五歳のときには「卒都婆小町」を、それぞれ相伝されており、能役者として順調にレベルアップしていることがわかる。

「融笏之舞」起請文の前書部分は次のとおり。

起請文前書之事

一　此節融笏之舞之儀被申付従主人も御頼被申候処御大切之秘曲と申御伝授難被成候処主命之儀且は古来之御由緒を以御聞済被下笏之舞一通御免許被成下忝仕合奉存候然ル上は主人用向之外は堅相勤申間敷候譬雖為主用節々御届申上御差図之上相勤可申候事

一　此度御伝授被下儀は一切書留仕間敷候事

一　笏之舞御伝授不相済者えは親子之雖為間柄他言申間敷尤麁略仕間敷候事

「卒都婆小町」起請文の前書部分は次のとおり。

(□は汚損等による判読不能文字。ただし、推測可能な場合はその字を□内に入れた。)

起證文前書之事

一　此度主人より卒都婆小町相勤候様被申付御伝授之儀相願候処御受用ニ而御免許被下忝奉存候就而は秘事[口]伝等堅相守可[仕][候]事

一　私家古来より御由緒有之候ニ付御鹿家同様以来諷且能之秘事口伝等御惣伝可被下旨大切ニ相守往々無愉怠修行可仕候事

一　定家[角]田川小習事不残[東][国]下西国下諷方舞方御免許被下忝次第奉存候御直伝之口授且又朝長懺法其余大事之仕方等御相伝被下候ニ付而は御伝授口伝等之儀堅相守他見他言仕間敷候事

一　御惣伝被下候ニ付而は子孫え相譲主用之儀は可相違之旨子[孫]精[心]見[届]相譲[永]□麁略[為]致間敷候事

その他の人物の主な相伝記録を拾ってみると、文化十四年（一八一七）の中西直一郎に対する「道成寺」伝授をはじめとして、文政十二年（一八二九）中西十郎左衛門長董に「関寺小町」、弘化三年（一八四六）には鳥越藤之丞・外山林太郎・池田雄蔵に「道成寺」謡方、嘉永三年（一八五〇）堀八郎右衛門に「翁」、そして安政五年（一八五八）外山真介に「猩々乱」が、それぞれ伝授されている。

記録された能役者

これら一連の家元相伝記録に名前の記された人たちは、幕末薩摩の有力な能役者と判断できるが、その数は合計四十三名になる。五十音順に掲出しておく。

池田徹之助（頼之）・池田雄蔵・伊集院金之進・上原彦太郎・宇都宮直次郎・岡田半七・加治屋萬治・蒲生新蔵・岸佑一郎・河野林太郎・後醍院喜兵衛（良茂）・小西甚三郎（保長）・近藤邉・西郷休蔵・西郷尚之進・相良荘市郎（長祥）・迫田佐太郎・迫田藤左衛門・調所小膳（広哲）・種子嶋茂一郎（時範）・外山真介（利貞）・外山林太郎・鳥越藤之丞・永江矢七郎（尚方）・長瀬市郎兵衛・中西十郎左衛門（賀一郎・秀厚）・中西十郎左衛門（長董）・中西直一郎（長道）・二宮喜八・野村伝左衛門（盛常）・堀八郎右衛門（金純）・本田藤太・松元寿右衛門・水間弥七郎・森太郎兵衛・山下市左衛門（常完）・山下群蔵（常完）・山下貞次郎・吉井七太夫・吉岡正太郎・渡辺源右衛門・渡邉才蔵（綱寿）・渡辺清太郎

なお、本稿に関係する伝授資料全文の翻刻は、拙稿「江戸後期の薩摩藩における能の伝授状況（翻刻）」（『紀要』第六四号、名古屋女子大学、二〇一八年三月）を参照のこと。

九、島津久光と能楽

能楽趣味を示す久光の蔵書

島津久光（一八一七—八七）は生麦事件の当事者としてよく知られている。神奈川宿生麦村（横浜市鶴見区）で、久光の行列を乱したイギリス人を薩摩藩士が殺傷した事件である。

久光は幕末の薩摩藩主島津忠義の父であり、その後見人として「国父」の尊称を受け、藩政の実権を握った。幼い頃から学問を好み、和漢の書に詳しかったと伝えられる。

その久光が能楽のたしなみも十分にあったことを示す資料がある。久光旧蔵文書として鹿児島大学付属図書館に納められている「玉里文庫」である。

旧蔵図書も含む『玉里文庫目録』の中には二十二部の能楽関係の写本・刊本が含まれており、それによって久光の能楽趣味を推定することができる。ただし、その目録には今は失われた欠本も含まれており、現存するのは次の八部八十四冊である。

『謡本』（刊本四十二冊）

宝生流謡曲二一〇番を収める。寛政十一年三月、宝生大夫の奥書。

『宝生流謡本』（刊本十冊）

宝生流謡曲内一〇〇番外一〇〇番を収める。寛政十一年三月、宝生大夫の奥書。

『金剛流能舞手附』（写本一冊）

金剛五郎四郎清房著。「落葉」「身延」「現在七面」「七面」「雪」の能舞手附。弘化四年正月の奥書。

『囃子手附並仕舞附』（写本一冊）

「高砂」以下一〇〇余番の謡の囃子部分を抜き書きし、その手附と舞の型を朱書きで示したもの。

『関寺小町』（写本一冊）

宝生流の謡本。巻末に舞の型附が詳しく記されている。

『独吟巻』（写本八冊）

観世流の謡いもの（明和独吟）八十余番を納める。

『謡曲拾葉抄』（刊本二十冊）

犬井貞恕著。観世流謡曲一〇一番の注釈。

『五筆』（写本一冊）

謡本。「五筆」「二度掛」「現在七面」「祚国」「東心坊」を収める。

また、現在は欠本になっているが、目録に記載のある能関係の書籍は次のとおりである。

『御謡本』内外四十冊、『御謡本』四十冊、『童舞抄』写本一冊、『謡曲』刊本二巻二冊、『五百番謳本目録』刊本一冊、『一管一調名寄』写本一冊、『能名寄』写本一冊、『狂言名寄』刊本一冊、『謡本』（甲）四十一冊、『謡本』（乙）三十八冊、『謡本』（丙）十一冊、『謡本』（丁）四十二冊、『謡本』（戊）四十一冊、『謡本』（己）八十三冊。

さて、現存図書の中で注目すべきは、『宝生流謡本』である。各冊題簽の曲名の右肩に、稽古した回数かと思われる朱線が入っている。たとえば、「高砂」二本、「田村」は三本、「熊野」は二本……のごとくである。

この印はほとんどどの曲にも付いているので、久光が宝生流の謡をほぼまんべんなくたしなんでいたらしいことがわかる。

すでに述べたように、江戸後期の藩主島津重豪が習得したのも宝生流だったので、それ以来、幕末にいたるまで薩摩藩主および側近の流儀は宝生流だったと考えられる。

ところが、江戸初期の藩主島津家久は金春流の技芸を身につけていた。おそらく江戸前期の藩主たちは金春流だったと推定される。

金春から宝生への転換がいつのことであったのかは不明だが、あるいは加賀や尾張の例に見られるように、将軍綱吉の宝生びいきに歩調を合わせたのかもしれない。

久光周辺の演能記録

幕末、久光は江戸に赴き、幕府に政治改革を促して一定の成果を見せたものの、維新後は失意のうちに鹿児島へ帰り、明治二十年十二月に没している。

その晩年の久光周辺で演じられた能の記録と推定できる能組資料が「島津家蔵黎明館寄託能楽文書」の中に含まれている。明治十七年十一月十八日付の能組をはじめとして五十種に及び、年代不明のものもあるが、最も新しいのが明治二十年八月十五日である。

これによって、維新当初も、少なくとも明治二十年までは鹿児島で演能が続けられていたことが判明する。この文書は関屋俊彦氏によって、関西大学『国文学』六十四号（一九八八年一月）に紹介されたものである。

この資料の上演年月日の明記されている能組のうち下限の明治二十年八月十五日というのは、久光が亡くなる四カ月前のことである。元来この文書が久光旧蔵玉里文庫の一部であったことも考え合わせると、これらは久光周辺の演能記録であると断定して差し支えないであろう。

西郷隆盛・大久保利通たちの活躍や維新の動乱を眺めながら、薩南の地で隠居の身をかこつ久光の心を、能や狂言が慰めたのであろうと推測される。

なお、この能組資料によって、当時の地元能役者の名前がわかるほか、「曽我どんの傘焼き」などの民俗行事に合わせたと思われる独特の番組の立て方などが判明するのも興味深い。

能役者氏名

「島津家蔵黎明館寄託能楽文書」の中に「能務会員名簿」と記された一枚の名簿がある。これによって当時（明治初年）の薩摩の能役者氏名が各役別に判明するので、そのまま引用しておく。

仕手役　小幡壮八郎・外山真介・岩重清憲・竹崎仲之丞・森静枝・藤崎健左衛門・迫田猛彦・大重彦左衛門・山元正助・渡辺善右衛門・市来平太

脇　役　森八郎次・岡積與兵衛・小幡勇次郎・池田休左衛門

狂言役　前原七郎・国分八郎左衛門・尾上祐左衛門・尾上慶二・市来嘉兵衛・大重正兵衛・真川勢兵衛・黒岩伝太郎

笛　役　松元清右衛門・山口新十郎・土持綱之

大鼓役　前田清右衛門

太鼓役　木場増太・頴川嘉七・池之上権四郎

装束着　南馬吉左衛門・荒川中二・内田嘉七郎・宮原常次郎

幕　掛　岩重清治

会　長　栗川用昌

注

（1）『大日本古記録　上井覚兼日記』（岩波書店、一九五四―五七年）に翻刻がある。
（2）『鹿児島県史料旧記雑録後編二』（鹿児島県、一九八二年）五九九ページに翻刻がある。史料番号九四二
（3）宮津市教育委員会・中嶋利雄・松岡心平『丹後細川能番組』（『能楽研究』第八号、一九八三年）に翻刻がある。
（4）田中允編『校本四座役者目録』（わんや書店、一九七五年）に翻刻がある。
（5）注2に同じ。七七三ページ、史料番号一二八八
（6）鹿児島県史料集『本藩人物誌』（一九七三年）に翻刻がある。
（7）『薩藩叢書』（三）（歴史図書社、一九七一年）所収
（8）『鹿児島県史料旧記雑録後編二』前掲、七七三ページ所収。史料番号一二八八
（9）同右、八四八ページ所収。史料番号一四四〇
（10）『鹿児島県史料旧記雑録後編三』五三六ページ所収。史料番号一〇九四
（11）同右、七九〇―七九一ページ所収。史料番号一五八二
（12）同右、八四三ページ所収。史料番号一六九七
（13）『鹿児島県史料旧記雑録後編四』五八ページ所収。史料番号一六七
（14）同右、一六一ページ所収。史料番号四二八
（15）同右、六五五ページ所収。史料番号一四五二
（16）同右、七九〇ページ所収。史料番号一七九六
（17）『鹿児島県史料旧記雑録後編五』一五一ページ所収。史料番号三〇三
（18）江戸初期の薩摩藩諸士の略伝集『本藩人物誌』の記事。
（19）『本藩人物誌』『薩藩旧記雑録』などの記事による。
（20）鳥越文藏編『歌舞伎の狂言』（八木書店、一九九二年）および拙著『能・狂言の生成と展開に関する研究』（世界思想社、二〇〇三年）に所収の拙稿「薩摩藩世襲能役者『中西』の家系と芸風」に所載。

(21)『本藩人物誌』の記事による推定。二四ページ参照。
(22)『能之留帳』『言経卿記』『時慶卿記』『義演准后日記』『孝亮宿弥日次記』『慶長日軒録』『御湯殿上日記』『三藐院記』などによる。
(23)『薩藩旧記雑録』による。
(24)「手猿楽『虎屋』考(五)」『宝生』一九七一年七月
(25)古部族研究会編『諏訪信仰の発生と展開』(永井出版企画、一九七八年)に翻刻がある。
(26)藩法研究会編『藩法集8　鹿児島藩上』(創文社、一九六九年)所収
(27)『鹿児島県史料旧記雑録追録五』(鹿児島県、一九七五年)に翻刻がある。
(28)『近秘野草』は重豪の行動記録。伊地知季安著。東京大学史料編纂所蔵

＊本稿は『金春月報』の年間特集として二〇一八年二月号—十二月号(八月号は休載)に連載された論考の集成である。転載を許可いただいた編集部に御礼申し上げる。なお、二月号掲載分は全体の概説につき、本稿では割愛した。

第Ⅱ部　地方の能楽と様々な位相

田原藩の能楽（続）

佐藤和道

承前

本稿は田原市博物館が所蔵する『田原藩日記』より能楽関連の記録を抽出し、その実態を明らかにすることを目的とする。(1) 能楽に関する記事が頻出するのは二代藩主三宅康雄が在任した元禄―享保年間であるが、これについてはすでに拙稿「田原藩の能楽」（『能と狂言』第十七号、ぺりかん社、二〇一九年）において論じている。そこで本稿では主にそれ以降の時期について扱うこととする。

一、享保期以後の状況

享保十一年に二代藩主康雄が死去すると日記における能楽関連記事は激減する。以後、三代三宅康徳（享保十一年―延享二年）、四代三宅康高（延享二年―宝暦五年）、五代三宅康之（宝暦五年―安永九年）、六代三宅康武（安永九年―天明五年）、七代三宅康邦（天明五年―寛政四年）、八代三宅康友（寛政四年―文化六年）と続いたが、この百年余の間に見出せる記事は、僅か二十件ほどに過ぎない。元禄・享保期のそれが八十件余であることを考えれば、いかに不振であったかが想像されよう。要因としては、猪狩など武芸を好んだ三代康徳や茶宗匠であった四代康高のように能以外の芸能に藩主が力を注いだこと、六代康武、七代康邦はいずれも二十代で死去するなど短命の藩主が続いたこと、さらには藩財政が困窮し、能を演じる余裕がなくなったことなどが考えられる。(2) 実際この期間には、藩所蔵の能面・道具類を貸与したり、家臣に下賜するなどの記事が散見される。

資料① 享保十三年（『御祐筆部屋日記』）

（七月十七日）

一、御納戸方御風干有之。御能之御衣類其外作物御道具等不残、前々御能御相手罷出候。御納戸、御近習、御中小姓以下之者共、御徒生田幸八郎迄被召呼、鬮取ニ而被成下之。給人格之者共へハ不被成下、御近習之内右御能之節御相手不罷成当時之面々御風干手伝候者共へハ、右之内品拝領之。御年寄中御用人中被召呼、立合。

（八月十五日）

一、泉石松之一色砂之物此間被仰付之。今日登城御書院御床御料理御相伴被仰付之。御能御装束之内之御衣類二品拝領之。

資料② 元文三年七月二十九日（『御右筆部屋留』）

一、今日江戸江町便出ル。此節左京様へ被進候御囃子道具被遣候付而、右箱之内御用書等入差出候事。

資料③ 安永十年四月二十二日（『御用人日記』）

爰元御納戸ニ有之御能之面六ツ、小飛出、小夜見、曲見、三光、中将、泥眼、右ハ酒井大学守様へ御貸シ被進候由。外ニ小鼓筒（黒地紅葉金蒔絵）壱ツ。右は殿様、御用之由。右之品々今日差下ス。持人は当所八軒屋又八、江戸稼罷在中登いたし候。又々江戸へ出候由。右之者ニ相持遣ス。持賃七百文差遣ス。此度依之御納戸之者罷下リ一所参リ候事。

資料④　天明九年四月十五日（『御玄関留帳』御大目付御触写二、通達は三月）

一、能装束甚結構成も相見へ候間、向後軽ク可致候。並女衣類も大造織物縫物可致無用候事。

資料①は能装束の風干に関する記事である。能装束や能道具の管理は御納戸方の担当であったが、近習や小姓も手伝いのために駆り出されたらしい。この時、手伝いの者は「右之内品拝領之」とあるが、これは能道具や装束を指すものであろうか。翌八月の記事には「御能装束之内之御衣類二品拝領之」とある。

資料②は江戸にいた三宅左京（三宅康徳五男）に対し囃子の道具を送った記事である。左京は当時数え年で二十歳であり、鼓などの稽古のために必要になったものであろう。[3] また資料③は酒井大学守（出羽松山藩四代藩主酒井忠崇）に能面六種を貸し出した記事である。[4] 能面の記事に続いて、小鼓筒は「殿様御用」とあることから藩主（六代康武）もまた鼓を稽古していたことがわかる。

資料④は「能装束」や「女衣類」等の倹約に関する記事である。これ以外にも「不益ニ手間懸リ候高値之菓子」「はま弓菖蒲甲はご板」「雛並もて遊び人形類」「雛道具」「櫛かうがい髪ざし」「きせる其外玩同然之品々」などを列記し、翌年以降これらの売買を停止すべき旨を通達している。田原藩では天明元年に五ヶ年の倹約令を出し、家臣への引米（借財）などを実施していたが、そうした厳しい財政状況を受けたものであろう。

一方、実際の上演記録としては天明二年から三年にかけて十件余りの記事が集中してみられる。これは天明元年に六代藩主となった康武が天明二年七月に初めて国入りし、翌年の八月二十六日に田原を発つまでのものである。先述のように康武は自ら鼓を稽古するなど能好きだったらしく、しばしば家臣などを招いて囃子を催している。また天明二年に離縁し一時的に実家に戻っていた三宅康徳の娘の於民もこれに同座することも多く、その慰みを兼ねたものだったのだろう。[5] 康武は天明五年に江戸で死去したため、在国したのはこの一年のみであった。

資料⑤　天明二年（『御右筆部屋日記』）

（九月十三日）

一、為御月見、御舞囃子、有之候。於民様、霊岩寺和尚、御招。其外拝見之面々、御年寄共、御用人共、杉山長左ヱ門、村上平次右ヱ門、小山林次、金田丈助、渡辺八右ヱ門、丹羽彦平、八木仙右ヱ門、村松清左ヱ門、三浦平馬、八木左一右ヱ門、其外御中小姓之内ニ而も御相手ニ罷出。御側向不残。

江戸藩邸の状況は日記が残存せず不明な点が多いが、藩主やその一族が謡や囃子を稽古していた記事が散見されることから、能や囃子が演じられる機会もあったのではないかと思われる。一方国許では、資料⑤の前後に集中して見える期間を除けば謡初などごく限られた記録しか残されていない。資料④のような倹約令が出されたのもこの頃であり、能を上演する余裕はなかったのではなかろうか。

二、成章館の能

文化七年、藩の儒医萱生玄淳の献策により藩校成章館が創設された。成章館は、若手藩士の育成を目的とし、四書五経のほか兵学・礼法・武芸（剣術・槍術・炮術・柔術・居合・兵杖・馬術）などが教授された[6]。この中に能楽は含まれていないが、同館開設時に示された「門弟心得」には、

少年中は遊芸に心を費し本業を怠るへからす、但遊芸はたとへは囲碁双六乱舞生花香道詩歌連俳等なり、尤本業出精卒業したる上は遊芸たりとも嗜置へきこと

とあり若年の遊芸を戒める一方で、成年以降は諸芸を嗜むことが奨励されている(7)。

この成章館における能（囃子）の記録として最も早いのが資料⑥である。これは、城内に建立された二の丸社（現巴江神社）の遷宮を祝しておこなわれたもので、役者の名前が列記され、かつそれぞれが担当した役籍を併記している。

資料⑥　文化十二年六月二十五日（『御玄関留帳』【　】は『田原藩日記』から判明した役職を私に補う。ア〜カは記載された記事を示す。）

一、此度御新遷為御祝儀、於成章館、御家中之者共囃子被仰付候。依之為拝見、御家中一統並是又麻上下着用、次男、三男たり共、稽古事ニ罷出候者ハ出席仕候様被仰出、当番より案内廻状差出。夕七ツ半より罷出候所、一統江御酒御夜食被下置候。右御礼之儀は惣代ニ御者頭衆前番於当席被仰上候。倅共夫々迄も御酒御夜食被下置候儀も是又御者頭前番被申上候。

亥ノ年　六月廿五日　当番　村井源五右ヱ門　光用三九郎

一、此度御神遷御祝儀ニ付、舞囃子被仰付、於御学校有之候番組、左之通。

弓八幡　八嶋　羽衣　安宅　龍田　鉢木　猩々　狂言　名取川　雷　節分

地謡方　間瀬九右ヱ門【寺社奉行・者頭　ア】　太鼓方地謡兼　佐藤半助【者頭　イ】
大小共地謡兼　三浦喜一郎【取付役　カ】　小鼓方地謡兼　松岡蔀【給人　イ】
笛狂言方　雪吹健治【給人　エ】　小鼓地諷兼　小山庄兵衛【給人　イ】
シテツレワキ方　上条直蔵　小鼓地諷兼　鈴木愚伯【御医師　オ】
シテ方　伴雅右ヱ門【中小姓　オ】　太鼓方　金田七十郎【近習　カ】
小鼓狂言方　佐野冨之助【中小姓　オ】　大小共地諷兼　杉山牧太【近習　キ】

シテ大鼓地謡狂言　鈴木久吾　　シテ大鼓地謡兼　佐藤四郎五郎【近習・中小姓格　ク】
シテ小鼓地謡兼　二村左市　　笛　真木九一郎【近習・中小姓格　ク】
大鼓地謡兼狂言　萱生七郎　　シテワキ大鼓兼狂言　板倉力五郎【坂倉?　祐筆　オ】
シテ地謡兼　斉藤善弥。

右番組六月十八日被仰付、同十九日より於学校取しらべ申候事。右之面々江被仰付候。尤当時相勤候者計ニ而は出来兼候ニ付、部屋住之者も差加へ候様御沙汰ニ付、右書付之通相窺候処、伺之通り被仰付。廿五日夕七ツ半時過より夜中迄ニ無滞相済申候。舞台向、都而之御用掛り萱生源左衛門江被仰付候。尤御酒、御夜食等之儀は御賄方江被仰付候。近来之珍事恐悦之儀故記置者也。

六月廿九日　当番　喜一郎　源五右ヱ門

【ア＝文化九年一月二十八日『御玄関留帳』イ＝文化十二年四月十日『御玄関留帳』
ウ＝文化十四年四月六日『御玄関留帳』　エ＝文化十二年三月十六日『御玄関留帳』
オ＝文化十三年八月二十五日『御玄関留帳』カ＝文化三年十月十六日『御祐筆部屋日記』
キ＝文化六年七月七日『御祐筆日記』　ク＝文化十四年四月十日『御玄関留帳』】

右によれば、番組は一週間前に決定し、成章館においてそれぞれの担当に関する「取しらべ」がおこなわれた。末尾に記された「近来之珍事恐悦之儀故記置者也」との記述は、長らく能や囃子がおこなわれていなかったことをうかがわせ、そのためか右の人々だけでは間に合わず部屋住みの者も動員された。以後二の丸社の祭礼は、十月二十三日を祭日とし、翌年から同日に囃子を催すのを恒例とした。また者頭・寺社奉行などの上級藩士やその配下の近習・小姓などが演者の中心であったようであるが、藩士以外が出演した例として、資料⑦に「子供」、資料⑧に藩主（十代康明）の名が見える。

資料⑦ 文政七年十月二十三日（『御玄関置帳』）

一、二ノ丸御神祭ニ付、御家中之面々五ッ過揃而御場所江相詰、御祭り若見村宮本若狭相勤。（略）午ノ刻過退出。右之御場所而御物頭迄、御用番被仰聞候ハ八ッ時より於成章舘、舞囃子、子供へ被仰付候間、拝見罷出可申候。尤平服而宜候旨被仰聞候段、村井氏通達有之、何も罷出候。御酒御取肴被下置候事。

資料⑧ 文政九年十月二十三日（『御用方日記』）

一、右御的済復々引続於御小座敷、御舞囃子被仰付、御側向何れも御相手仕候。尤即席は思召ニ付、□□□被仰付候。御酒、御夜食等被下置、夜九時御暇被下置退引。

一、右御囃子急ニ御催ニ付、村松五郎左ヱ門為拝見罷出候様御沙汰ニ付、七時頃より出席、四ッ時過退出被致候。

さらに文政二年頃からは、二月と八月に催された釈奠（釈菜とも、二月・八月の上の丁の日に孔子を祭る式典）の際にも、余興として若手藩士によって囃子が催されるようになった。資料⑨には単に「能有之」とあるだけだが、翌年の資料⑩に「若手之者共願ニ而囃子相催候」とあり、藩士の発案で毎年の恒例としたものらしい。すでに二の丸社の祭礼における舞囃子が実施されていたことが影響したのであろう。この釈奠における能・囃子の上演は、幕末までほぼ断絶なく継続されていたようで、安政七年の記録まで確認できる（資料⑪）。

資料⑨ 文政二年八月一日（『御祐筆部屋日記』）

一、釈菜御祭有之。神酒御備江被成。例之通席書有之候。御両所様、七ッ時より御出被成候ニ付、御家中之面々同断。夕方より能有之、町方庄屋、御用達、組頭拝見被仰付之候。神酒並夜食被下之候。

資料⑩　文政三年七月二十九日（『御玄関置帳』）

一、金太夫、御用部屋江被召呼、間瀬氏無急度仰出候は明日釈菜御祭り之処、童子席書等は昼前之内有之。其節御二方様ニも被為入、御祭り等も相済候間、昼後より追々勝手次第ニ為拝礼、御家中之者罷出可申。右之段一統江申通し候様被仰聞候。

別段無急度被仰聞候は夕方より若手之者共願ニ而囃子相催候間、何れも為拝見罷出可申候。其節神酒等は被下候間、左様御心得可被成候。右之段は為拝礼罷出候節、御学校ニ而玄淳、源左ヱ門より御咄可申候得共、為御心得御咄申置候。勿論拙者共も夜半ハ平服ニ而出席之積りニ候間、其心得ニ而御出席可被成旨被仰聞候。此段無急度被仰出候儀故、別段廻状御出不申候。明日登城之衆中江当番ニ而咄候心得之事。

資料⑪　安政七年二月二日（『御用人方日記』）

八つ時より成章館釈菜ニ付御年寄衆始惣御家中兼而御達之通為拝礼罷出。右相済御家□□之者仰半能有之候。見物いたし候。御酒御肴被下候。六つ時過相済退出申候。

七月廿九日　当番　鈴木音門　三浦金太夫

上演形式は「囃子」と記されていることが多いが、資料⑪には「半能」、資料⑬には「略能」という語が見える。「略能」は資料⑬に能装束拝借のことが記されているので袴能のことではあるまい。同記事の番組中に「後シテ」とあることから、半能やワキ・ツレなどを省いた省略形式の能であったと考えられる。また資料⑫のように狂言が演じられることもあった。

資料⑫　文政六年七月二十九日（『御用方手扣日記』）

一、明朔日例年之通、釈菜ニ付、八ツ時前より何レも為拝礼罷出候様、以大目付席達有之候。但神

酒頂戴後、若手之者、舞囃子興行有之候由。
一、同断ニ付、狂言ニ相用候御装束拝借いたし度候旨、音門前より申達候間、相下候様、御納戸当番江相達候。

資料⑬　天保六年（『御用人方日記』）

（閏七月二十五日）
一、釈菜囃子ニ付能装束、尤新規出来之方拝借之儀掛り之者願出候旨御納戸申聞候。
（八月一日）
一、釈菜ニ付、九時前成章館江相詰、行掛拝礼若手之者略能有之候。半頃神酒、御取肴御弁当頂戴掛り者差出ス。給仕は御坊主也。七半時過無滞相済退出。
後シテ　志賀　巴　小塩　殺生石　安達原　祝言諷　鶴亀

釈奠は儒教の儀式であり、そこで能や囃子を上演するのは一般的ではない(8)。また、近世の藩校における雅楽や謡曲の教授について考察した長谷川博史によれば、二百余り存在した各地の藩校において音楽の存在が認められたのは「十六ないし十八校」に過ぎず、謡曲は本業を妨げる遊芸としてみなされることが多かったという(9)。儀式における余興としてではあるが、藩校で囃子を演じることを恒例とした田原藩の事例は例外的なものであったといえる。次節で記すように藩侯自身が能を嗜んでおり、藩士の教養の一つとして芸事を奨励していた藩の気風が影響したのであろう。

三、文化年間以降の状況

八代藩主康友が文化六年に死去したのちは、九代康和（文化六年―文政六年）、十代康明（文政六年―文政十年）、十一代康直（文政十年―嘉永三年）、十二代康保（嘉永三年―明治二年）と続き明治維新を迎えた。資料⑭には、九代藩主康和が江戸屋敷において小春源之進に謡の稽古を受けたという記事が見える。

資料⑭　文化十二年二月十九日（『御側日記〔江戸屋敷〕』）

一、小春源之進、罷出。御謡御稽古被遊候。御相手、亘、栄太、半之助也。右ニ付、八蔵様、被為入。御伴、丹弥、雅五郎。夕方御稽古、相済申候。

小春源之進は天保十四年の観世座分限帳に観世座地謡として「一、御扶持方五人　本国摂津／生国武蔵　父長兵衛　小春源之進卯四十七歳」と記される人物であり、康和が習っていたのは観世流の謡であることがわかる。[10] 前稿では、元禄・享保期の田原藩が宝生流を採用していた可能性について言及したが、少なくともこの時期には観世流であったのであろう。元禄期以来一貫して観世流であったのか、享保以降の停滞期を経て流儀を変更したのかは、史料がなく確証はない。また康和は文化六年に数え十二歳で家督を継承し、文化十三年には康和の前髪執を祝って舞囃子がおこなわれた記録が見える（資料⑮）。その場には康和のほか弟の八蔵（十代康明）や綱蔵（三宅友信）らも同座していたが、彼らもまた舞や囃子を習っていたらしい（資料⑯⑰）。資料⑮では藩主兄弟が揃って囃子を演じた可能性もあろう。

資料⑮　文化十三年二月十九日（『御側日記〔江戸屋敷〕』）

一、御前髪被為取候為御祝詞、八ツ時より於御広間、御舞囃子有之候。殿様、八蔵様、綱蔵様、御

継上下。拍子方面々、何も継上下也。右ニ付、青林院様、為御見物、被為入候。御役人共、御側向並市左ヱ門、泉助、源太夫、文右ヱ門、順右ヱ門、佐一左ヱ門、源左ヱ門、仲右ヱ門、拝見被仰付、御前へ罷出ル。御酒、御肴、御吸物、御赤飯、被下置候。
一、御家中子供、拝見被仰付、是亦御赤飯被下置候。
一、夜中四ツ時過相済。何も御暇被下置、退出候。

資料⑯ 文政七年六月（『御用方手扣日記』）
（十八日）
一、今日於小座敷、御舞囃子有之候。御年寄共、御用人並御台処御役人共不残、八ツ時より為拝見、罷出候様、以御取次、被仰出候。
（十九日）
一、今日御囃子拝見被仰付候ニ付。御年寄ども御用人共並真木十郎兵衛申合、御慰饅頭一重、以御取次、差上申候。但代料五百文分、御賄前相頼申候。

資料⑰ 文政十一年二月二十六日（『御用方日記』）
一、今日釈奠ニ付、御家中奉献能被仰付候ニ付、御年寄衆始、拙者共御家中之面々九時頃より麻上下着用、御学館江罷出、九半時頃より能相始メ、夕方相済申候。依之御家中鋼蔵様ニも被為入、御笛被遊候。御年寄初御家中見物之者、部屋住子共迄も御酒御肴三種、御弁当但切り飯三ッ被下置候。献能相済候上、亦々楽ヲ奏、万端無滞相済、鋼蔵様御引取被遊、引続御年寄衆、拙者共御家中之面々退散申候。

康和・康明の両藩主は、短命に終わったためそれほど多くの記録が残されているわけではないが、いずれも若年から謡や囃子を嗜んでいたようである。そのため家臣にも能を習うことを奨励したようで、そのことが成章館における藩士の能や囃子が恒例化する結果をもたらしたのであろう。このことは十一代藩主康直のもとでさらに顕著に表れることになる。

三宅康直は嗣子のなかった康明の後を受け、姫路藩酒井雅楽頭家から迎えられた。姫路酒井家は代々金剛流を採用し、康直の祖父に当たる酒井忠以は金剛流皆伝を受けたことで知られる。康直も藩主就任（文政十年）直後から家臣の前で仕舞を披露しており、酒井家にいた段階である程度能に対する素養があったことが想像される。

『愛知県史　資料編22　近世8領主2』には安政四年八月に康直の実兄の酒井忠讜及び実子で姫路藩主を継いだ酒井忠顕らの饗応について田原藩十二代藩主の三宅康保に宛てた書状が掲載されている。[11] このうち八月二十九日付の書状には、「廿九日雅楽頭（忠顕）・壱岐守（忠讜）直約ニ而御招ニ候、船越ニも罷越様、打寄ゆふ〳〵懇会致度、土佐守（康直）よりも相願候段、今日申遣がよろし、尤慰ニ囃子金剛も罷出致候段申遣スがよろしく候」として金剛大夫の囃子を催す旨が記されている。また資料⑱はこれと一連の資料と思われ、三宅康保の稽古ために金剛大夫と康直が康保のもとを訪れる必要の有無を問うものである。

資料⑱　委細承知致候、後刻壱岐守返事相待居り申候、扨又金剛ハ明日此方へ稽古ニ罷出候約束ニて有之候間、もし八嶋を舞候心ならバ、明日此方の稽古をやめ、金剛召連其方へ拙者も可参と申遣候事ニ而候、八嶋中絶ニ而おぼつかなきよしも尤の事ニ付、昨夜も申遣候通り譏ニは申兼候、尤合方ナゾハどふでもよろしく、乍併何を申もあまり俄の事故、出来申間敷と存候も尤の事ニ付、何分心次第ニいたし可然、就而者明日金剛ハ如何可致哉、やはり其方へ召連拙者も出ばり可申や、左候ハヾ赳（酒井忠敬、康直三男）もつれ稽古いたさせ申候へども、先ツとても八嶋何分むづかしく、舞かね候義ならバ、明日は金剛ふゆきへ出候てもむだの事故、やはり明日者此方へ金剛約束の通り参り申候間、此方ニて赳ニも稽古いたさせ申度候、何分赳もかたでわすれ空心ニて稽古ハよほとむづかしく候へども、むりにいたさせ候つもりニて候、何事も無腹臓可申越候、早々、以上／即刻／尚々、もしく明日八嶋何分ニも稽古いたし見、是非廿九日に舞候存念ならバ、明日金剛其方へ召連拙者も参りてもよろしく是又無遠慮可申越候、今一応返事待居候／地謡ハ俄ニ四、五日之中ニ稽古いたし候様、昨夜治兵衛方江も申遣候、式の分も稽古いたし申候

これらの史料から康直は姫路時代から金剛流を習い、田原藩主となって以降も同流を稽古していたと考えられる。そのため自ら能や囃子を演じた記録も多いが、そうした記録以外にも家臣に謡本を貸与した記事（資料⑲）、家臣に能を教示する（資料⑳）、能の下調べをさせる（資料㉑）などの記事が散見される。康直自身が能に通じていたことを示すとともに、相手をする藩士がそれまで馴染みのなかった金剛流への対応に苦慮したことを反映しているのではなかろうか。

資料⑲　天保三年九月（『御用方日記』）

（四日）

一、御便日ニ付出席御用状取調、御書等御差出被遊候所、江戸より去月廿八日出間便着、奥様より御書被為進、御用書三帳写入御覧候。自状ニ申参候ハ斉藤皆右ヱ門より小寺大八郎迄申越は、兼而御謡本御拝借之所、此節御用之趣ニ付御返却被為進候様之儀ニ付、早速御前へ罷出御急之儀ニ御座候ハヽ、今日ニも御差立可申旨申上候処、思召有之。明日差出可申旨御沙汰有之候。

（五日）

一、御拝借之御謡本御返却ニ付、金助呼寄セ自状相認、尤御納戸よりも両地同様申越候由ニ而、打

合候上御用部屋へも申届、御用人名前ニ而中間使申付候。御本白紙封上油紙包青糸〆差札。右ハ余程夜ニ入蠟焔等御賄へ申達候。／江戸御用人壱名／八木八右ヱ門／但差札例之通認候。

資料⑳ 天保十年一月二十七日（『御用方日記』）

一、夜中二村二三二、萱生源左ヱ門被召候ニ付八右ヱ門御呼出罷出候之処、成章館能御側向へ御教被遊候間、右之拍子□諷等ニ御合之思召ニ付御相談等被遊、上ニも御シテ被遊、御側之者稽古拝見被仰付、三人へ御夜食被下四半時過御暇被下。

資料㉑ 天保十四年九月二日（『御用方日記』）

一、夜中御能御下調有之、二村二三二、耕雲被為召、九右ヱ門罷出申候。

おわりに

以上『田原藩日記』にもとづいて田原藩の国許を中心とした能楽享受の実態について概観した。元禄・享保以降の停滞期を経て、江戸後期に再び隆盛を取り戻したが、その背景には成章館を中心とした家臣養成機関の確立があった。一方で九代康和、十代康明、十一代康直らは自ら能を習い、藩士に必要な教養として謡や舞を奨励していたと考えられる。財政的には苦境にあった田原藩では、専門の能役者を抱える余裕はなかったようであるが、藩士がその担い手の中心となり、地方の小藩としてはかなり能楽に力を入れていたといえる。画家として名を馳せた渡辺崋山に代表されるように、同藩の文化的な素養の高さを示すものといえるだろう。

付記　資料の閲覧に際し田原市博物館より格別の配慮を賜った。記して感謝申し上げる。

注

（1）一―十一巻、田原町・田原町文化財保護審議会編、一九八七年〜

（2）『田原町史』（田原町文化財調査会編、田原町教育委員会、一九七一―七八年、中巻一四一ページ〜）によれば、すでに三代康雄の代から倹約令、町人への御用金調達、家臣への引米などがおこなわれていた。

（3）三宅徳久（康徳五男）「幼名鉄平。後左京、又主水ト改。延享元甲子年六月廿三日卒。于時廿六歳。葬于松源寺。法号諦了院殿逸岳俊洞居士」（「三宅氏系図」『田原町史　中』一一九三ページ）

（4）『田原町史　中』（三八九ページ）には以下のようにある。

明治末年まで伝えられた藩所蔵の能楽の面は、小尉、童子、般若、黒髪、天神、野干、癋見、猩々、大癋見、平太、頻卑、鷲鼻、阿似、深井、孫次郎、増、満眉、十六、若男、釣眼、瘦男、朝倉尉、喝喰、頼政、石兵衛、中将、泥眼、邯鄲男、姥、祖父、上鬚、ケントク、夷、三光、虚言吹、乙面、不悪、源、仏師、猿面、毘沙門、金面、以上の四十三面であったが能装束、能作物、小道具も共に今は散失してないのはまことにおしいことである。

（5）（三宅）実康徳末女。寛保三年癸亥年八月廿八日於于三州田原出生。幼名於民。後三河交代寄合中島与五郎嫡子主水室。天明二壬寅年七月十八日離縁。天明九酉年十一月十二日剃髪。法名泰寿院。（「三宅氏系図」『田原町史　中』一一九三ページ）

（6）『田原町史　中』三三一―三五〇ページ、「藩校成章館」

（7）『愛知県教育史』第一巻、愛知県教育委員会、一九七三年、三二二ページ

（8）藪田貫・若木太一『長崎聖堂祭酒日記』（関西大学出版部、二〇一〇年、五〇六・五〇八ページ）によれば、長崎聖堂における正徳元年・元文元年の釈奠に際し囃子が奉納されたとある。

（9）「江戸時代の音楽教育構想とその実際――藩校における雅楽をめぐって」（『紀要』十二号、正徳大学、一九七九年）『日本教育史資料』（第一巻、文部省、一八九〇年、一三〇・五三八・六八四ページ）より謡曲に関する規定を引く。

・尾張藩「明倫堂　在舎学生規則草稿」（慶応二年）

一　堂中にて棊局を弄し聊も歌謡する事堅く禁之

・高島藩「長善館　稽古所定」（享和三年）
一　雅楽ハ余力ノ節心掛有之尤モニ候乱舞モ於嗜好ハ程能心掛有之度儀ニ候其他淫声ノ鳴物吹物等文道ヲ妨ケ武篇ヲ撓
風俗ヲ乱ノ類尤世上一般ノ儀強テ御禁制ノ筋ニハ無之トイヘトモ修行ノ間ハ別テ遠ケ可申儀ニ候事
一　於稽古所手透ノ節音楽幷諷物等ノ稽古可為勝手次第事
一　同断乱舞ノ鳴物諷等制外ノ事
・会津藩「日新館」
雅楽　毎日会日ヲ設ケ大学校ニテ音楽ヲ調奏ス
散楽　毎年春暖ノ候館中広原芝生ニ舞台ヲ設ケ謡曲ヲナシ衆生ヲシテ偕楽セシム
(10)『重修猿楽伝記　文化七年猿楽分限帳』片桐登校訂、わんや書店、一九八一年、四一ページ。また享和二年の由緒書には父にあたる長兵衛が七代とあるので、源之進は八代目に当たる（『能楽諸家由緒書』表章・片桐登校訂、わんや書店、一九九六年、一七一ページ）。
(11) 愛知県史編さん委員会編集、愛知県、一九九三年〜、六二一・六五〇ページ

備考	曲目	資料名
		萬留帳
資料②		御右筆部屋留
		御右筆部屋留
		御用留
		萬留帳
		田原御在城御日記
資料③	小飛出・小夜見・曲見・三光・中将・泥眼	御用人日記
お民様・医師・年寄等拝見		御右筆部屋日記
お民様・医師・年寄等拝見　資料⑤		御右筆部屋日記
お民様・年寄等拝見		萬留帳
お民様・年寄等拝見		御右筆部屋留
お民様・年寄等拝見		御右筆部屋留
家中・浪人拝見		御右筆部屋留
年寄・用人等拝見		御右筆部屋留
お民様・年寄・用人等拝見		萬留帳
寺社・隠居衆等拝見		萬留帳
		御右筆部屋留
		萬留帳
資料④		御玄関留帳
		御玄関置帳
江戸		御側日記（江戸屋敷）
資料⑭		御側日記（江戸屋敷）
資料⑥	弓八幡・八島・羽衣・安宅・龍田・鉢木・猩々・名取川・雷・節分	御玄関留帳
家中拝見		御祐筆部屋日記
		御側日記（江戸屋敷）
青林院・家中子供拝見　資料⑮		御側日記（江戸屋敷）
家中拝見		御祐筆部屋日記
年寄・用人等拝見		御玄関留帳
年寄・用人等拝見		御祐筆部屋日記
橘三郎・鋼蔵見物		御祐筆部屋日記
町人等見物　資料⑨		御祐筆部屋日記
		御玄関置帳
資料⑩		御玄関置帳
		御玄関留帳
家中見物		御用方手控日記
家中見物		御祐筆部屋日記
家中見物		御用方手控日記

表１　『田原藩日記』記載の能楽関係記事（元禄・享保期以降）

和暦	西暦	月	日	上演種別
元文３	1738	7	28	囃子道具三宅左京に進呈
元文３	1738	7	29	囃子道具を三宅左京に進呈
元文３	1738	9	13	御月見仕舞
宝暦 11	1761	1	5	謡初・囃子
宝暦 11	1761	11	17	御城の能について通達
明和４	1768	3	24	囃子
安永 10	1781	4	22	能面６種を酒井大学へ貸す
天明２	1782	8	15	月見につき囃子
天明２	1782	9	13	月見につき囃子
天明３	1783	4	13	舞囃子
天明３	1783	4	13	松囃子延引につき舞囃子
天明３	1783	6	5	舞囃子
天明３	1783	7	8	略能延引
天明３	1783	7	9	囃子
天明３	1783	7	５～９	囃子
天明３	1783	8	8	土山二兵衛能拝見願につき囃子
天明３	1783	8	15	仕舞
天明３	1783	8	14、15	八幡神事後囃子
天明９	1789	4	15	能装束軽微にせよとの通達
寛政 11	1799	1	3	謡初
文化 12	1815	1	7	謡初
文化 12	1815	2	19	謡稽古
文化 12	1815	6	25	二丸社遷宮祝囃子
文化 12	1815	6	25	成章館にて舞囃子
文化 13	1816	1	7	謡初
文化 13	1816	2	19	前髪取御祝儀囃子
文化 13	1816	10	23	囃子
文化 14	1817	10	23	祭日につき成章館囃子
文化 15	1818	10	23	成章館囃子
文政２	1819	5	7	成章館囃子
文政２	1819	8	1	釈菜につき成章館能
文政２	1819	8	7	４日成章館能にて不調法
文政３	1820	7	29	明日成章館囃子
文政４	1821	1	29	明日釈菜につき成章館囃子
文政４	1821	2	1	釈菜につき成章館能
文政４	1821	2	1	釈菜につき成章館能
文政４	1821	8	14	釈菜につき成章館乱舞

備考	曲目	資料名
		御玄関留帳
		御用方手控日記
		御祐筆部屋日記
		御用人方日記
		御祐筆部屋日記
狂言装束拝借　資料⑫		御用方手控日記
		御祐筆部屋日記
年寄・用人等拝見　資料⑯		御用方手控日記
年寄・用人等拝見　資料⑯		御用方手控日記
家中拝見		御用方手控日記
家中拝見		御祐筆部屋日記
家中拝見		御祐筆部屋日記
資料⑦		御玄関置帳
家中見物		御用人方日記
家中見物		御玄関置帳
家中拝見		御祐筆部屋日記
		御用人方日記
家中拝見		御祐筆部屋日記
家中見物		御玄関置帳
家中拝見		御用人方日記
		御祐筆部屋日記
家中見物		御祐筆部屋日記
家中見物		御玄関留帳
資料⑧		御用方日記
年寄・用人・医師等伺候		御祐筆部屋日記
		御玄関留帳
家中見物　資料⑰		御用方日記
		御祐筆部屋日記
家中見物		御玄関置帳
		御用方日記
		御用方日記
家中拝見		御用方日記
		御用方日記
		御用方日記
	弓八幡・夜討曽我・三輪・東北・猩々	御用方日記
		御玄関置帳
		御用方日記
		御用方日記
		御用方日記
資料⑲		御用方日記
		御玄関留帳
		御用方日記
		御用方日記

和暦	西暦	月	日	上演種別
文政4	1821	8	15	明後日釈菜につき成章館囃子
文政4	1821	11	8	二丸社祭礼につき舞囃子
文政5	1822	9	9	釈菜につき成章館囃子
文政5	1822	9	9	釈菜につき成章館囃子
文政6	1823	2	1	釈菜につき成章館囃子
文政6	1823	7	29	明日釈菜につき成章館囃子
文政6	1823	8	1	釈菜につき成章館囃子
文政7	1824	6	18	舞囃子
文政7	1824	6	19	舞囃子
文政7	1824	8	1	釈菜につき成章館囃子
文政7	1824	8	1	釈菜につき成章館囃子
文政7	1824	10	23	二丸社祭礼につき成章館囃子
文政7	1824	10	23	二丸社祭礼につき成章館囃子
文政8	1825	1	30	釈菜につき成章館囃子
文政8	1825	1	30	釈菜につき成章館囃子
文政8	1825	2	1	成章館御能
文政8	1825	7	30	明日釈菜につき成章館囃子
文政8	1825	7	30	釈菜につき御能囃子
文政8	1825	7	30	釈菜につき成章館囃子
文政8	1825	10	23	二丸社祭礼につき成章館囃子
文政8	1825	10	23	二丸社祭礼につき成章館囃子
文政9	1826	2	1	釈菜につき成章館囃子
文政9	1826	2	1	釈菜につき成章館囃子
文政9	1826	10	23	二丸社祭礼につき成章館囃子
文政10	1827	1	3	謡初
文政11	1828	1	3	謡初
文政11	1828	2	26	釈奠につき成章館能
文政11	1828	2	26	釈奠につき成章館能
文政11	1828	2	26	釈菜につき成章館能
文政11	1828	3	10	春会御謡
文政12	1829	1	3	謡初
文政12	1829	2	1	釈菜につき成章館囃子
文政12	1829	3	13	成章館囃子について通達
文政12	1829	5	12	稽古納会にて仕舞
文政12	1829	8	1	釈菜につき成章館囃子
文政13	1830	1	29	明日釈菜につき成章館乱舞
文政14	1831	2	1	釈奠につき成章館囃子
天保2	1832	5	18	二丸社・田原三社社参後仕舞
天保2	1832	6	9	首途祝言、千秋楽を謡う
天保3	1833	9	4,5	拝借の謡本返却
天保5	1835	8	15	月見囃子
天保5	1835	8	15	月見囃子
天保5	1835	10	16	間瀬雲叔方菊御覧後仕舞

備考	曲目	資料名
		御用人方日記
		御用人方日記
延享２年の例		御用人方日記
資料⑬		御用人方日記
		御用人方日記
資料⑬	志賀･巴･小塩･殺生石･安達原･鶴亀	御用人方日記
家中拝見		御玄関留帳
		御用方日記
家中拝見		御用方日記
		御用方日記
家中拝見		御用方日記
家中拝見		御用方日記
家中拝見		御玄関留帳
資料⑳		御用方日記
家中拝見		御用方日記
		御用方日記
		日記下書
	高砂・志賀・松風・羽衣・猩々・田村・羽衣	御用方日記
資料㉑		御用方日記
		御用方日記
		御用人方日記
	融・熊坂・猩々	御側日記
	加茂	御用方日記
	四海波・加茂・羽衣・船弁慶・猩々・節分・鞍馬詣・柿山伏	日用日記（巴江城）
	高砂･田村･東北･入間川･羽衣･箙・戎大黒・猩々	御側日記
	高砂・三輪・猩々	御側日記
	高砂・羽衣・東北・苞山伏	御用人方日記
	四海波・羽衣・東北・猩々	在城中日記
		御用人方日記
資料⑪		御用人方日記

和暦	西暦	月	日	上演種別
天保6	1836	1	29	明日、釈菜につき乱舞
天保6	1836	2	1	釈菜につき成章館舞囃子
天保6	1836	2	25	首途祝言、千秋楽を謡う
天保6	1836	閏7	25	釈菜につき能装束拝借
天保6	1836	閏7	29	明日、釈菜につき乱舞
天保6	1836	8	1	釈菜につき成章館略能
天保6	1836	閏7	29	明日、釈菜につき乱舞
天保7	1837	1	28	釈奠につき昼能、装束拝借
天保7	1837	1	29	明日、釈奠につき成章館乱舞
天保7	1837	2	1	釈奠につき成章館昼能
天保7	1837	7	晦日	明日釈菜につき囃子
天保7	1837	8	1	釈奠につき成章館乱舞
天保7	1837	7	晦日	明日釈菜につき乱舞
天保10	1840	1	27	成章館御能稽古
天保10	1840	1	29	明日釈菜につき略能
天保10	1840	2	1	釈奠につき成章館略能
天保10	1840	5	27	右大将前髪執祝言能
天保14	1844	1	3	謡初
天保14	1844	9	2	能下調
弘化2	1846	5	18	首途祝言、千秋楽を謡う
弘化4	1848	1	3	謡初
弘化4	1848	1	3	謡初
嘉永4	1851	1	3	謡初
嘉永4	1851	1	3	謡初
嘉永6	1853	1	3	謡初
嘉永7	1854	1	3	謡初
安政4	1858	1	3	謡初
安政4	1858	1	3	謡初
安政7	1860	2	1	明日釈菜につき半能
安政7	1860	2	2	釈菜につき半能

魚町能楽保存会所蔵の狂言《松囃子》伝本紹介と比較

飯塚恵理人

はじめに

狂言の《松囃子》は現在和泉流のみで現行曲とされている。そのあらすじは以下の通りである。正月に家を訪れて舞を舞う萬歳太郎という「まいまい」（筆者注―祝祷の舞を舞う門付芸人）がいる。毎年舞うことになっている兄弟の家二軒が、いつも送ってくれる年取り米をこの冬はくれなかったので、それを思い出させようと遅れてやってくる。両家ではそれに気がついていないので、なぜ萬歳太郎がこないのか不審に思っている。萬歳太郎が兄弟の家を訪れて年取り米を送ってもらうことを確約し、めでたく祝儀の舞を舞う。《布施無経》なども似た趣向であるが、正月の季節感のある狂言である。

一、《松囃子》の上演記録

「国文学研究資料館演能データベース」（整理番号01503810、狂言13の8）によると、正徳二年（一七一二）八月二十五日の鷺伝右衛門保教大阪勧進能初日番組に「万歳太郎（マンザイタロウ）」の名前で《松囃子》が演じられている。シテは長命又平次である。

椙山女学園大学図書館所蔵の大倉流大鼓方故筧鉱一師収集能番組とそのデータベースには《松囃子》の上演が十二回確認される。データベースにない平成二十九年（二〇一七）五月二十一日の番組を加えると十三回である。（表1）十三の番組のうち明治期が四回、大正期が四回であり、昭和は四十年（一九六五）と五十二年（一九七七）の二回、平成は九年（一九九七）、十三年（二〇〇一）、二十九年の三回である。

以下紹介する番組はすべて故筧鉱一師収集の能番組である。これは明治から昭和末年までの東海地域の能番組を相当量収集したコレクションである。集めきれず漏れた番組がある可能性は予想できるが、現時点で東海地域の能番組を調べるうえで最大のリソースである。

表1　《松囃子》上演記録

上演年月日	上演場所
明治3年10月1日	大野藤五郎宅舞台（名古屋）
明治19年2月14日	木下舞台（名古屋上園町）
明治20年9月15日	富永神社能舞台（新城）
明治39年2月25日	那古野神社（名古屋）
大正2年2月9日	呉服町能楽倶楽部（名古屋）
大正5年7月7日	安海熊野神社能舞台（豊橋）
大正8年2月23日	呉服町能楽倶楽部（名古屋）
大正13年2月24日	呉服町能楽倶楽部（名古屋）
昭和40年2月21日	熱田神宮能楽殿（名古屋）
昭和52年2月13日	熱田神宮能楽殿（名古屋）
平成9年1月11日	熱田神宮能楽殿（名古屋）
平成13年1月3日	名古屋能楽堂（名古屋）
平成29年5月21日	名古屋能楽堂（名古屋）

最も古いものは明治三年（一八七〇）十月の巾下の大野藤五郎宅舞台の催しで「狂言《松囃子》　シテ　田中庄太郎　アド　角淵新太郎　次アド　立松定太郎」とあり、田中庄太郎・角淵新太郎という明治二十年代の狂言共同社の創立メンバーが勤めている。彼らはおそらく、明治維新前から素人として稽古を積み、明治維新期の奢侈禁止令廃止後すぐに能楽の表舞台に出てきたものと考えられる。

明治二十年（一八八七）には新城の富永神社祭礼能において、狂言《松囃子》「シテ　山本孫七　アド　鈴木福次　次アド　長田安吉」と氏子による奉納の形で演じられており、大正五年（一九一六）には豊橋の安海熊野神社奉納能に《松囃子》「シテ　藤城良吉　アド　夏目金太　次アド佐藤鳳楽」とやはり氏子により奉納されている。

《松囃子》が明治から平成の間に十三回しか番組にないということを考えると、東海地域では現行曲の中で比較的稀曲に属する。これは明治期以降、一回の催しに出る能の番数が少なくなり、狂言が能の間に演じられる二十〜三十分の「笑いの小劇」として上演される場合、《松囃子》のような祝言性の高い曲よりも《棒縛》《附子》《梟山伏》のように、筋立てがわかりやすく主役も相手役も見せ場のある演目が喜ばれるようになった経緯が関係していると考えられる。

二、「嘉永弐年酉五月吉日　大木又平奥書本」の《松囃子》翻刻

《松囃子》には報告された伝本とその翻刻が少ない。狂言の観客や愛好者が比較的簡便に活字の形で読めるのは、管見では『狂言集成』所収の三宅派の六義（台本）のみである。和泉流の他の諸家では現在、《松囃子》の六義を公開していない。「国書総目録」に載る和泉流の伝本では名古屋狂言共同社所蔵の「波形本」が最善本であろうと思われるが、非公開のためいまだ未調査である。今回、和泉流狂言方の佐藤友彦師より、師が個人的になされた波形本《松囃子》の翻刻データと、愛知県新城市の魚町能楽保存会にある《松囃子》の伝本の比較をおこなった。魚町能楽保存会の《松囃子》伝本は米田真理氏が整理され、四種類あることがわかっている。米田氏よりこの伝本の写真データを頂き、筆者がそれを翻刻して比較、詞章の差異を検討した。

以下、筆者が翻刻した四種の《松囃子》伝本の中の一例として、「嘉永弐年（一八四九）酉五月吉日　大木又平奥書本」の《松囃子》翻刻を挙げる。

《松拍子》（弟）是ハ此当りの者て御座ル。毎年とハ申なから、当年のよふな目出度御正月ハ御座らぬ。

夫ニ付て。こゝに万歳太郎と申者か御座るが、まい年家礼イて松林の祝儀を舞ニまいるが。当年は今だ参らぬ。又こゝにそれかしの兄かおられる。もし兄へ参たかたすねニ参らふと存る。誠に方々で御座らふによつて。もしわすれた事で御座るか。れい年の事で御座るによッてよもやわすれハ致スまいと存る。いや何かといふ内に是しや。物申。御あん内申。（兄）いや、を《ママ》てにあん内か有。あん内とハたそ。（弟）私シて御座ります。（兄）しい。なんと思ておでやるぞ。（弟）只今参るは別の事ても御座りませぬがまい年太郎が松林の祝儀をまいにまいりまするが当年は今た見へませぬ。是へハ参りましたか。（兄）されハ其事じや。それがしもまちかねているが今だ参らぬ。（弟）まい年の事で御座るによつてよもやわすれは致まいと存るが何ンと思ハします。（兄）定メてけふハなにかとくるであろふ。そなたも是にいてまたしませ。（弟）是でまちませうか。（兄）先々近通しらしませ。（弟）心得ました。

（太郎）萬歳太郎と申まい舞で御座る。いつも春の初メのご祝儀にあなたこなたへ参り松ばやしの御事壽する。またこゝに有る御兄弟の御方へれい年早々参る。又年の暮に御両所ゟ米諸俵づつ被下れる。先年は何ンと致イたやら沙汰かなかつた。定メ取かふてわすれさせられた物て御座らふ。ト申て松はやしの御祝に参らぬもいな物也。今日夕参りさあらぬ亭でようすをうかゝをうと存る。誠に御兄弟いゝ合たよふにさたのないと申ハなんぞしさい有事て御座るか。参たらハ様子かしるゝて御座らふ。イヤ何かといふ内是しや。物申。御案内申。（兄）又おもてに案内か有。案内とハたそ。（太郎）私シて御座りまする。先以目出度たいお正月で御座りまする。（兄）おしる通り、よい春じや。扨れい年早々見ゆるがことしハ何ンとしてをそかつた。（太郎）おなじみとて有かとふ存シます。御しやてい様にも御息才で御えつ年で御ざりませう。（兄）なるほと。是もおそいといふてけふハ是へ来て居ル。のふ〳〵太郎が参た。（弟）参りましたか。是ハ太郎御出やつたか。（太郎）こなたにも御きげんよふてお目出とう存シまする。（弟）れい年早々見ゆるが今年ハ何ンとしておそかつた。(太郎)私シは別におそひとも存シませぬが、こなたにハいつものかくをおわすれなされた物て御座りませう。(兄)それハ共あれ、松拍子の祝儀をはしめておくりやれ。(太らう)心得ました。是ハいかな事。わすれられたニきハまつた。まいよふか有ル。あら玉のとしの初のかとひらき。めでたやな〳〵松竹かざりしめをはり、あなたのかどハいさしらず、こなたのかどもいさしらすしやきしや〳〵しやき〳〵しやしや。お目出とう存シまする。(兄)是ハいつもの舞振とハちかふてあまり目出とうないそや。(太郎)夫ハこなたの覚へちかいで御座りませう。そふじてこなたハ物覚かわるいと見へました。よふおもひ出シて見させられい。(兄)なんそわすれた事か有か。いわしませ。(太郎)申しませうか。別の事ても御座りませぬ。いつも年暮にお人を下されますが去年なおわすれなされたそふに御座りますす其人参らぬ分ハそつとも苦しう御座りませぬがいつも年取物としてかの(ハライ)もはや申しますまい。(兄)如何様去年な人をやらなんだ事も有ふ。なるほといつも年取米をやるを去年な取込でわすれた。追付持せてやろう程に舞直シておくりやれ。(太郎)夫ハ忝なく存シまする。こふ申せば物へかたいしな様に思召ませうが物ハ幾久しく相替らぬかめてとうこさる。(兄)いそいで舞直しておくりやれ。(太郎)いでさらバ舞なをしませうさかへた〳〵あなた門ハさかへたさへたハ栄たれとこなたの門ハいさしらす。太郎もそと栄たしやきしや〳〵。もはやお暇申しませう。(兄)是〳〵。先またしませ。(太郎)心得ました。(兄)のふ〳〵(弟)なんで御座る。(兄)そなたハ去年太郎か方へ遣をやらしましたか。(弟)しかと覚ませぬか。(兄)よふおもひ出して見さしませ。(弟)慥ニやつたかと存シまするが。(太郎)中〳〵また参りませぬ。もはやを暇申ませう。(兄)フムウ。まだ行ぬか。(弟)是〳〵成ほど失念て有た。やかて持せてやるほとに某の祝儀も一所に目出度舞直しておくりあれ。(兄)急て舞納ておくりやれ。(太郎)夫ハ忝なふ存シまする。左様に御座らハ御両人様の御祝儀をいつ所に目出とふ舞直シませう。あら玉の年のはしめの門びらき△め出たやな〳〵松竹かさりしめをはりあなた門も栄タ。こなたの門も栄タ。太郎もかつと栄タ。栄たりやそよの〳〵〳〵△やう〳〵目出度〳〵たやな。かつこうこけふかく鳥をとろかぬ御代なれハ弓ハ袋。つるきハ箱ニ納りて〳〵て長久の家そ目出たけれ（狂言カツコ笛セうか。ヒイ。ヒヨライトヒヤリ。ヒヤアリ。ヒヤアリ。ヒヤリヤラアイ。是ヲカヘス也。返ス也　よらヒイ）

三、《松囃子》和泉流諸本との比較

《松囃子》の本文を、和泉流諸本で比較した。比較した本は以下の通りである。魚町能楽保存会の諸本（魚町一―四）の整理番号は米田氏に拠る。

・波形本（名古屋狂言共同社所蔵　非公開のため佐藤友彦師ご提供の翻刻に拠る）
・狂言集成本（活字本による。底本は和泉流三宅派のもの）
・魚町一（米田番号64―8〔奥・朱印二　宗中〕）
・魚町二（米田番号2―1〔奥・魚町　鳥居寅蔵〕）
・魚町三（米田番号8〔(外）嘉永弐年　酉五月吉日（奥大木又平）大木又兵衛〕）
先に取り上げたもの。
・魚町四（米田番号25―7。識語無）
・共同社現行本（佐藤友彦師ご提供に拠る）

結果を表2に示した。波形本から共同社現行本まで細かい異同はあるものの筋の展開の違いはなく、ほぼ同系統の伝本と考えてよい。波形本の末尾に「此狂言天明五年三（筆者注―天明五年〔一七八五〕は乙巳なので三は巳

魚町1	魚町2	魚町3	魚町4	共同社現行本
	○	○	○	○
	○	○	○	○
	○	○	○	○
	○	○	○	○
	○	○	○	○
	○	○	○	○
	○	○	○	○
	○	○	○	○
松囃子→おことふき	○	○	○	○
御兄弟のお方がこさ 数年松囃子の御 儀に参ル	△れい年早々まいる	△れい年早々参る	△れい年早々まいる	△例年早々参る
	△米もろ俵づゝ	△米諸俵づつ	△米壱俵づゝ	△米諸俵づつ
	○	○	○	○
	○	○	○	○
	○	○	○	○
	△「待っていた」のセリフなし	△「待っていた」のセリフなし	△「待っていた」のセリフなし	○
	○	○	○	○
	○	○	○	○
おなじみとてお取込 内にもわすれもさせ れいて……有難ふ ますする	△お馴染にてありかたふ伺ますする	○	○	○
	○	○	○	○
	○	○	○	○
「遅いと思わない」 別而迷ふもこさらぬ	△格のくだりと「別に遅くない」のくだりが逆	△格のくだりと「別に遅くない」のくだりが逆	△格のくだりと「別に遅くない」のくだりが逆	△格のくだりと「別に遅くない」のくだりが逆
	×	×	×	○
	○	○	○	○
	○	○	○	○
「こなたの門もいざ らず」のくだりがな	○	○	○	○
	○	○	○	○
太郎の「変わらな」と「覚えているの……」の間に、兄「よく覚えているがかに違う」のセリフ入る	△「どこも変わらない」はない	△「どこも変わらない」はない	△「どこも変わらない」はない	△「どこも変わらない」はない

表２ 《松囃子》各間狂言本中の記事対照表

記事番号	記事	波形本	狂言集成本
1	このあたりの者が正月を喜ぶ	○	○
2	毎年嘉例で万歳太郎が松ばやしの祝儀を舞いに来る	○	○
3	万歳太郎が来ないので兄に尋ねに行く	○	○
4	弟は「万歳太郎が忘れたのか?毎年のことだから忘れはしないはず」と独白する	○	○
5	兄に案内を請い、万歳太郎が来たか尋ねる	○	○
6	兄、弟に「万歳太郎を待ちかねているが来ない」と答える	○	○
7	弟が「万歳太郎が忘れるはずはないがどう思うか」と兄に言う	○	△「どう思うか」と尋ねない
8	兄、弟に万歳太郎をここで待つよう勧め、弟は兄の家に入る	○	○
9	万歳太郎が登場して「あなたこなたで松囃子の御祝儀を舞う」と言う	○	△松囃子→お寿
10	万歳太郎が「御兄弟のお方へ嘉例早々まいる」と言う	○	△御兄弟の御方が御座る。数年松囃子の御祝儀に参る
11	「年の暮れに御両所より年とり物として米壱石ずつくれるが去年はくれなかった」と言う	○	○
12	万歳太郎は「米をくれるのを取り込みで忘れたのだろう」と言う	○	○
13	なんでもないふりで二人の所へ行って様子を伺おうと言う	○	○
14	「兄弟共にくれないのには理由があるのか?今日様子が知れるだろう」と言う	○	○
15	万歳太郎が兄宅で案内を請う。兄は太郎に「待っていた」と言う	○	○
16	万歳太郎が兄に正月の挨拶を述べる	○	×
17	兄が万歳太郎に来るのが遅かった理由を尋ねる	○	×
18	万歳太郎は「おなじみとてありがとう存じまする」と言い、弟について尋ねる	○	△お馴染とてお取込の中も御忘れなされず……有難う存じまする
19	兄は「弟もここで待っている」と言い、弟に会わせる	○	○
20	弟が万歳太郎に声をかけ、万歳太郎が弟に挨拶する	○	○
21	弟が遅れた理由を尋ね、万歳太郎は「そちらがいつもの格を忘れたのでしょう、私は別に遅いと思わない」と言う	○	△私が来まするは毎もの通りで御座る
22	万歳太郎が弟に「まずよく思い出してみるのがよい」と言う		○
23	兄が万歳太郎に松囃子の祝儀をはじめるようにと言う	○	○
24	万歳太郎がは両人が米をくれるのを忘れたに違いないと確信し「舞い方がある」と言う	○	×
25	万歳太郎が「あなたの門はいざしらずこなたの門もいざしらず」と舞う	○	△あなたの門といざ知らずこなたの内もいざ知らず
26	兄が万歳太郎に「いつもの舞と異なりあまり目出度くない」と言う	○	○
27	万歳太郎が「どこも変わらない。あなたが覚えているのが違う。あなたは物覚えが悪い」と言う	○	△太郎の「変わらない」と「覚えているのが……」の間に、兄の「よく覚えているが確かに違う」のセリフが入る

魚町 1	魚町 2	魚町 3	魚町 4	共同社現行本
○	○	○	○	○
	×	×	×	×
	×	×	×	×
○	○	○	○	○
○	○	○	○	○
△申しますまい→も帰ませふ	△……いつも年取ものとして役の米。	△……いつも年取物としてかの。	△……いつも年取ものとして彼の。	△……いつも年取物として彼。
△「確かに人を……ろう。」の部分は2の後	○	○	○	△「確かに人を……だろう。」の部分は32の後
○	○	○	○	○
○	○	○	○	○
○	○	○	○	○
○	○	○	○	○
△太郎がかたへ旧冬音信めされたか	○	○	○	○
○	○	○	○	○
○	○	○	○	○
△弟が太郎に「使いやらなかったか」と尋ねる	○	○	○	○
○	○	○	○	△帰ろうとするのは 44 の後
×	×	×	×	○
○	○	○	○	○
△押付目出たふ舞直ませう	○	○	○	○
○	×	×	×	○
△兄が言う	×	×	×	○
○	○	△太郎もかつと栄タ	○	○
○	○	○	○……御代なれや……	○

記事番号	記事	波形本	狂言集成本
28	万歳太郎が兄に「よく思い出すように」と言う	○	○
29	万歳太郎が兄に「年の暮れは取ったりやったりせわしいので忘れることもある」と言う	○	×
30	「取るものは取り、やるものはやってから先方に申し付けたら良い」と言う	○	×
31	兄が万歳太郎に「何か忘れた事があるか」と問い、太郎が「話しましょうか」と言う	○	○
32	万歳太郎が兄に「いつも年の暮に人を下されるが去年は忘れられた」と言う	○	△去年→旧冬
33	万歳太郎が「人が参らぬは良いが、いつもかの」まで言って「申しますまい」と続ける	○	△……毎ものあれ お暇申しませう
34	兄が「確かに人をやらなかったこともあるだろう。年取り米をやるのを取り込みで忘れた」と言う	△「確かに人を……だろう。」の部分は32の後	△「確かに人を…だろう。」の部分 32の後。米→毎 年取物
35	兄が万歳太郎に「おっつけ持たせてやるので舞い直してくれ」と言う	○	○
36	万歳太郎が「こんなことを言うと片意地に思われるだろうがいつも変わらないのが目出度いのだ」と言う	○	△片意地→きつとしい
37	万歳太郎は「あなたの門は栄えた。栄えたは栄えたれどこなたの門はいざしらず」と舞い直し、帰ろうとする	○	○
38	兄が万歳太郎を引き止める	○	○
39	兄が弟に去年、太郎の所へ使いをやったか尋ねる	○	△「旧冬年取物をや たか」尋ねる
40	弟がよく覚えていないと答える	○	○
41	兄が弟によく思い出すように言う	○	○
42	弟が「使いをやったはずだ」と答える	○	△「遣した」と答え
43	それを聞いた万歳太郎が弟に「使いはまだ来ていない」と言って帰ろうとする	△帰ろうとするのは44の後	○
44	弟が万歳太郎にまだ自分からの使いが届かないか尋ねる	○	×
45	弟が失念を認め「すぐにやるから私の祝儀もめでたく舞い直してくれ」と言う	○	○
46	万歳太郎が「それならお二人の祝儀を一所に目出度く舞い直そう」と言う	△「目出度く」はない	△それならばも一度 ひ直しませう
47	兄が弟に「万歳太郎がおそく来た理由がわかった」と言う	○	○
48	弟が「兄弟が相談したように二人とも太郎に米をやり忘れたのは面目ない」と言う	○	△兄が言う
49	万歳太郎は「あなたの門も栄えたこなたの門も栄えた。太郎もくわつと栄えたり」と舞う	○	△太郎もくわつとさか たり→いやましに栄 たり
50	続いて「かつこ苔ふかく鳥驚かぬ御代なれば弓は袋。剣は箱に納まりて長久の家こそめでたけれ」と舞い納める	○	○

の誤記か）十月初而能に勤める。さつはりとしてよき狂言なり」という追記がある。波形本成立の頃までに山脇派としての《松囃子》は、現行とほとんど変わらない形で固定化されていたと考えてよいのではなかろうか。三宅派の台本である狂言集成本との間にも異同が少ないのは、江戸後期頃に山脇派と三宅派の共演の際など《松囃子》台本のすり合わせがあったことが予想される。

幕末期の魚町には、山脇得平・早川幸八・野村又三郎などいずれも異なる台本を用いる複数の師匠について稽古する人がいたと考えられる。今回の《松囃子》については魚町一から四はほぼ一系統だが、他曲については習った師匠の違いが表れる可能性がある。複数の曲について異同を検討することが今後の課題となる。《松囃子》は萬歳太郎の舞の部分など見せ場もあり、稀曲ではあるがこうして台本も残っているので、愛知県で狂言共同社による再演を期待している。

補記　波形本《松囃子》翻刻データと共同社現行《松囃子》詞章をご提供戴きました和泉流狂言方佐藤友彦先生、魚町能楽保存会《松囃子》写真データをご提供戴きました朝日大学教授米田真理先生に感謝致します。本稿は平成三十年度科学研究費助成基盤研究（C）「東海地域近世・近代能楽資料の収集・整理とアーカイブ化」（研究代表者：飯塚恵理人、課題番号：17K02432）による成果の一部です。

薩摩藩の面打師

保田紹雲

はじめに

本稿は薩摩藩の面打師について記された各種の資料を個人別に整理して考察したものである。

個々の資料には信頼度に軽重があって、同じ重みで論じることができないものを含むので、【筆者注】で考察を記す。

資料の記述を相互に比較考察した結果、別人と思われていた人が同一人物であったり、薩摩藩の面打師の姓が江戸初期の「鳥居」から中期以降は「山下」に替わるのは、鳥居満如の時であること、出目満徳の名乗りに俗名が複数あることから、出目満徳の名を代々襲名して屋号のように用いた可能性などを述べる。

また、出典先を検討すると、著者が元休家と元利家によって記述内容が変わることや、面裏写真が別の面のものなっているもの、あるいは、資料の記述に誤りのあるもの（傍線を付す）や、信頼度の低いもの（点線傍線を付す）なども見出した。

【考察編】の（〇番号）と【資料篇】の（資料〇番号）は符合する。【資料篇】に資料が掲載された文献名などを記したが、資料の「本文」は【考察編】と重複するので原則省略した。

【考察編】薩摩藩の面打師　作者別の資料整理と考察

鳥居如見

満永弟子　鳥居如見　薩州　①、②、③、④、⑤
出目家弟子　鳥居如見　薩摩修理大夫様御家　⑥
元理弟子　鳥居如見　薩庄殿　⑦

出目如見は別名・鳥居孝重　享保九年（一七二四）没、宮之城島津家図書久行家臣で仏師。彼が出目姓を名乗った経緯は不明である。⑭

鳥居如見孝重は宮之城出身で、大仏師法橋善慶に仏工としての技を磨き、享保元年には福昌寺（薩摩藩主の菩提寺・曹洞宗）に安置した恕翁公・島津元久公（島津氏七代）の尊像や、浄光明寺の得仏公・島津忠久公（島津氏の祖）の御像を彫進し、その功により、城下士に列せられ、享保九年に没した人物であるとしている。余技として能面も作ったといい、出目満如という薩摩にいた面打は如見の子である。年代も一致する。⑩

焼印「出目如見」は鳥居如見の作印である。⑨、⑩、⑪
鳥居如見の能面作品に鎌倉・鶴岡八幡宮の「若女」⑩、大隈町太田神社の「平太」、「尉面」⑭がある。

【筆者注】
1、鳥居如見の師について、元休家伝書には①～⑤「満永弟子」とあり、元利家伝書（以下、元理は元利に統一する。）には⑥「出目家弟子」、⑦「元理弟子」と三様であるが、「満永弟子」が正しい。

江戸出目家は初代元休満永が没した後、満永実子・元休満茂と満永婿・元利栄満が出目宗家の名跡を争い、元利栄満が勝訴して公儀より出目家宗家として認められた後、元休満永の弟子であった人を「出目家弟子」と記し、元利寿満はさらに「元理弟子」と記している。

2、出目元休満永は公儀御用達御面打師で、⑦に「薩摩修理大夫様御家」とあるので、鳥居如見は薩摩藩主からの派遣であろう。

3、⑦に薩庄殿とあるのは薩摩殿の誤りと推定する。

4、⑩には向山勝定稿「近世薩摩の彫刻家」に「鳥居如見孝重が余技として能面も作ったといい」とあり、⑭には「出目姓を名乗った経緯は不明」とあるが、①から⑦で江戸出目家の弟子であったことが明らかで、出目姓を許されて能面作品の面裏に「出目如見」の焼印を用いていることから、余技ではなく本業と考えるべきである。

5、⑭枚聞神社　尉面裏写真は頭部の形が角張っていることや髪毛の見られないことなど、写真左の尉面二面とは異なった面の裏であろう。また、この面裏写真を拡大してみると焼印は丸枠に「出目□□」と判読されるが肝心の名前の部分は読めないが「出目如見」であろうか。

出目満如

出目満如という薩摩の面打は如見の子と想定している。年代も一致する。⑩

出目満如は別名・鳥居平右衛門、鳥居満孝、安永七年（一七七八）没、鳥居如見の子、江戸出目栄満門人とある。⑮

末吉町住吉神社の大飛出面の面箱裏書に原作者として「江戸出目栄満門人、薩州出目満如作、右満如事出目満孝、俗名鳥居如見子也」とある。⑰

作品に新田神社の「風王」「水王」「火王」⑪、⑮、⑯。指宿　揖宿神社の能面「尉」、⑮。末吉町住吉神社・「大飛出」「大癋見」がある。⑮

【筆者注】

1、鹿児島における満如の作品は、元文四年（一七三九）から寛保二年（一七四二）のものが残されていて、元文四年（一七三九）には江戸での修行をすでに終えて「出目」の名乗りと、「満如」の号を許されて薩摩に帰っていると考えられる。号「満如」の「満」の文字は越前出目から元休家や元利家に代々受け継がれた通字である。

2、満如について「江戸出目栄満門人」⑮、⑰とあるのは、栄満と満如両者の没年の比較から誤りであることが明らかである。

栄満は宝永二年（一七〇五）没。満如は安永七年（一七七八）没であり、両者が出会う可能性は極めて低く、師弟であることは絶対にないであろう。

満如の師に該当するのは年代から考えて元休満総であろう。

元休家三代・満総の頃には江戸出目家は宗家・元利家と末家・元休家の二家に分かれていたが、満如の父・如見が初代元休満永に弟子入りした縁もあって、出目満如が弟子入りしたのは満永の孫・元休満総の元と考えられる。

満総は宝暦八年（一七五八）没七十四歳とされ、生年は貞享二年（一六八五）である。満如がすでに帰薩していると考えられる元文四年（一七三九）の満総の年令は五十五歳であり、年齢の検討からも満如は元休満総の弟子であった可能性が高い。

江戸出目家で修行したということが、当時、江戸出目家の宗家であった元利家の初代栄満の弟子と誤って伝えられたものであろう。

山下平右衛門

満総弟子　山下平右衛門　同（薩州）①

出目満徳　別名・山下平右衛門　⑲

【筆者注】

1、出目満如の別名鳥居平右衛門⑮、⑰の師は元利栄満ではなく、実は元休満総であろうと前述したが、①に「満総弟子　山下平右衛門」がある。

2、姓が鳥居から山下に替わっているが、俗名の平右衛門と師が満総であることが一致することから考えて出目満如の鳥居平右衛門と満総弟子の山下平右衛門は同一人と考えられる。

薩摩藩の面打で江戸出目家で修行した人の姓は、江戸初期の鳥居姓から中期以降は山下姓に替わっているので、鳥居家は満如の時代に何らかの事情で姓を山下家に変え、以後は薩摩藩の面打家として山下家が世襲していると推定する。

3、⑲で満徳の別名が山下平右衛門となっていることについては後述する。

山下小平次

満真弟子　山下小平六　同（薩州）①

満真弟子　山下小平次　薩州　③、④

満志弟子　山下小平次　薩州　⑤

【筆者注】

1、③、④、⑤に小平次とあり、①の小平六は小平次の誤りと推定する。

2、山下小平次の師には①、③、④に「満真」、⑤に「満志」があるが、④、⑤は共に満守の記したものである。満守は④の「満真弟子」を明治政府へ提出本⑤で「満志弟子」に変えているが、⑤の記述は信頼度が低いので、山下小平次の師は元休家四代・満真が正しいであろう。

鳥居重行と鳥居重肯

鳥居重行の活躍時代は元禄～宝永で、鳥居重宥の活躍時代は宝永である。⑫

鳥居重行と鳥居重肯は年代も同時期で、同時代に霧島神宮に天狗面（重肯）と、牛面（重行）を寄進しているので何らかの関係がありそうである。この鳥居重行は、元禄時代から活躍していた面打ち師らしく、大口市曾木の荒瀬神社には、元禄十年（一六九七）作の神舞面が二面ある。在野の面打ちであったらしく出目を名乗らず、また能面は作っていないようである。⑬

山下常以

山下常以の活躍時代は嘉永で主な作品に益救　三光尉がある。⑫

【筆者注】

山下常以については⑫以外に記述がないが、「常以」を含む人名に⑲「出目満徳　別名・山下小平次常以」がある。

山下常以が出目満徳を名乗ったか、小平次と同一人あろうか、疑問は出目満徳の項でまとめて後述する。

出目満徳

満志弟子　山下平次郎満徳　同（薩州）①

満志弟子　山下等右衛門満徳　今満右衛門と改む　④

満光弟子　山下篤右衛門満徳　薩州　⑤

末吉町住吉神社　大飛出面箱裏書（写真）に大飛出の修復者として「出目満徳　俗名　山下出右衛門（花押）」とある。⑰

嘉永二年（一八四九）制作の調所広郷像台座裏刻銘（写真）に「東武出目満忠（＝満志）門人・薩藩官府出目満徳・九刕工頭俗名山下出右衛門・歳六十五造」とある。⑱

出目満徳の別名・山下平右衛門、山下小平次常以、明和八年（一七七一）生、「東武・出目満忠（＝満志）門人」とある。⑲

【筆者注】

1、出目満徳の俗名が多いことで考えられるのは「出目満徳」の名を面打・山下家の屋号のように用いていたのではなかろうか。例えば、江戸出目の宗家を認められた出目元利家では先祖から代々「源助」を襲名して「出目源助」を屋号のように用いている。そのため、個人の識別は諱や、法号に依らねばならない。

出目満徳を名乗る山下家の家系図が判明すれば解明されるであろうが、今回の調査だけでは資料が足りない。今後の研究を待ちたい。

2、⑤「満光弟子　山下篤右衛門満徳」の記述の信頼度は低い。

3、山下出右衛門によって⑱嘉永二年（一八四九）に造られた調所広郷像台座裏に「歳六十五造」とあり、計算で天明五年生（一七八五）である。

出目満徳の生年について、⑲に「明和八年（一七七一）生」とあるが、これの出典先（理由）は記されていない。調所広郷像の制作年に誤りがなければ、⑲「明和八年（一七七一）生」は誤りである。

なお、また、住吉神社　大飛出面の彩色替えは箱裏書より嘉永七年（一八五四）甲亥二月で山下出右衛門満徳七十歳の時である。

4、⑲山下小平次常以の名からは、③、④、⑤の山下小平次と⑫の山下常以の二人を同一人とした名ではなかろうかとの疑問が残る。

5、小平次と満徳（俗名はいろいろある）が別人であることは、①、④、⑤で小平次と満徳の二人が明確に別人になっていることから明らかであるが、山下小平次も満徳を名乗ったかもしれない。

おわりに

鹿児島から遠い愛知県に住んで、実地調査をしないままに、文献資料だけをもとに、このような発表をすることには躊躇をおぼえる。

鹿児島県には多くの資料（焼印の印影や文献資料など）が残されていると思われ、薩摩藩の能道具資料や売立目録などが入手できれば、さらに明らかになることも多いであろう。

本稿で解明することができなかった⑫山下常以と①、③、④、⑤山下小平次が同一人か否か、および出目満徳の別名の多いことに関する疑問などは、課題を提供したに留まっており、今後の研究を待ちたい。

江戸時代、能を好んだ藩主が細工人を世襲面打家の出目元休家や大野出目家へ弟子として入門させ、藩の能面の補充や修理に当らせている例は数多く見られる。

その中でも薩摩藩は江戸時代初期に鳥居如見を世襲面打家の元休家初代出目満永の下に弟子入りさせて以来、幕末まで次々と細工人を出目元休家へ送り込んでおり、このように江戸時代を通じて、藩の能面師を養成して確保し続けていることが明らかな藩は、薩摩藩を知るのみである。

【資料篇】　薩摩藩の面打師に関する資料

【資料篇】は管見で知り得た「薩摩藩の面打師」に関する資料について記す。

資料はこれ以外にもあったが、内容が重複するものは省略した。

資料の本文は【考察編】と重複するので原則省略した。


【出目元休家の各伝書より抜粋した資料】

（資料①）出目満志著『仮面譜』（国立国会図書館蔵輪池叢書四十一（ち―四三―七））文政十一年（一八二八）未春「鳥居如見、山下小平六、山下平次郎満徳」の各条。

（資料②）出目満志著『仮面作者附』（法政大学能楽研究所蔵、文政十二年（一八二九）七月）「鳥居如見」の条。

（資料③）出目満光著『仮面譜』（法政大学能楽研究所蔵・鴻山文庫）「鳥居如見、山下小平次、同（山下）等右衛門今満右衛門」の各条。

（資料④）「能楽の仮面譜」（雑誌『能楽』第六号〔明治三十五年十二月号編集部編〕出目満守著「鳥居如見、山下小平次、山下等右衛門満徳今満右衛門」）の各条。

（資料⑤）『仮面譜と奈良人形』（国立国会図書館蔵、青山文庫本八四一―一四六）の仮面譜部分・明治二十一年頃出目満守著「鳥居如見、山下小平次、山下篤右衛門満徳」の各条。

【筆者注】

1、出目元休家伝書で、五代・満志、六代・満光、七代・満守の記したものは、喜多古能著『仮面譜』が刊行された後に、古能『仮面譜』の出目家の箇所の記述の誤りを正そうとして何度も書き直されたものである。

とくに、（資料⑤）は明治政府に提出したもので、江戸幕府に提出したものから変更されている場合の記述は信頼度が低い。

2、喜多古能著『仮面譜』の越前出目家の記述の誤りを正した拙稿論文に、『〔論文〕越前出目家の系図の謎解き』（自費出版平成二十六年二月二十八日刊）[1]、およびこれを補遺した『補遺・越前出目家の系図の謎解き――越前出目家各代の名前の混乱』（自費出版、平成三十一年三月刊）[2]がある。

【出目元利家の伝書より抜粋した資料】

（資料⑥）木下敬賢著『能楽蘊奥集』巻之一（明治二十三年九月吉田謡曲書店刊）作面之事並所在二三オ「鳥居如見」の条。

【筆者注】

『能楽蘊奥集』巻之一　作面之事並所在　の巻頭に「享保年間御用御面所出目法眼寿満が調査せる所に拠

る」とあり、元利家二代寿満の記したものである。

（資料⑦）鷺流狂言伝書宝暦名女川本『萬聞書』（法政大学能楽研究所編、能楽資料集成7　古川久、永井猛校訂〈一一、面作者書付〔三七ウ～三九ウ〕〉）七四ページ「鳥居如見」の条。

【種々の能面の図録や研究書より抜粋した資料】

（資料⑧）後藤淑著『民間仮面史の基礎的研究』八七一ページに霧島神社の天狗面の（写真7）とその説明。（墨書）「肥□住人　鳥居重有」とある。

（資料⑨）『民間仮面史の基礎的研究』八七三―四ページに太田神社の平太を思わせる面（写真2）、尉面（写真3）、（写真3〔裏〕）があり、（裏）の焼印部分を拡大すると丸枠焼印「出目／如見」が読みとれる。

【筆者注】

太田神社の面（写真3）は尉面であるが、（写真3裏）は面形より尉面ではなく、（写真2）（平太）の面裏と推定される。

（資料⑩）後藤淑・萩原秀三郎共著『民間の古面』（一九七五年芳賀芸術叢書刊）一五五ページに鎌倉・鶴岡八幡宮の出目如見作・若女の写真、一七四ページに解説があり、解説の中で向山勝定稿「近世薩摩の彫刻家」（『鹿児島史学』十九号）の「出目如見」が紹介されている。

（資料⑪）後藤淑著『日本の古面』（木耳社刊、一九八九年六月）九九ページ「新田神社の王面三面について出目満如作、元文五年（一七四〇）に古い仮面を写したものであることが知られる」とある。

【『南九州の仮面』より】

『南九州の仮面』（鹿児島県歴史資料センター黎明館・平成四年刊）八九―九〇ページには薩摩藩の面打につき

多くの記述がある。資料として個々に分けて記す。

（資料⑫）『同書』八九ページ　「薩摩の出目門人」に鳥居重行、鳥居重宥、鳥居孝重、鳥居満孝、山下常以の活躍時代と主な作品が表になっている。

（資料⑬）『同書』八九ページ　「鳥居重行と鳥居重肯」について説明の条。

【筆者注】

後藤淑著『民間仮面史の基礎的研究』四七四ページにこれの引用がある。

（資料⑭）『同書』八九ページ　「出目如見」について（称名墓誌）の記述と、枚聞神社の尉面、男面の写真がある。

【筆者注】

枚聞神社（尉面裏）の写真は頭の形から尉面ではなく太田神社の（男面？）の面裏ではなかろうか。これと同じ面裏写真が前述⑨『民間仮面史の基礎的研究』に掲載されているが、これの隣に大隅町太田神社の平太の写真があって、「枚聞神社　尉面裏」は誤りで「太田神社　平太裏」ではなかろうか。

（資料⑮）『同書』九〇ページ　「出目満如」の条。

（資料⑯）『同書』九〇ページ　出目満如の作品「揖宿神社　尉面（写真）」、「新田神社蔵・火王面の面裏（陰刻銘）」写真より「新田宮固有之仮面朽壊今／依命換古製／火王／元文五年庚申十一月日／　サ　出目満如作」と読める。

（資料⑰）『同書』九〇ページ　末吉町住吉神社　大飛出面　面箱裏補修箱書き写真の説明に「出目満如作の面がいたんだので、藩主斉彬の命により、出目満徳が彩色しなおした」とある。

同写真から大飛出面の原作者について「大飛出／江戸出目栄満門人／薩州出目満如作／右満如事出目満孝／俗名鳥居如見子也」と読め、補修者について「嘉永七年甲亥二月　出目満徳　俗名　山下

出右衛門　（花押）」と読める。

（資料⑱）『同書』九〇ページ　出目満徳の作品の嘉永二年（一八四九）制作の調所広郷像（写真）、および台座裏の刻銘（写真）がある。台座裏の写真から「東武出目満忠門人／薩藩官府出目満徳／九刕工頭俗名山下出右衛門／歳六十五造」と読める。

（資料⑲）『南九州の仮面』九〇ページ　出目満徳について「山下平右衛門、山下小平次常以、明和八年（一七七一）生、東武・出目満忠門人」とある。

【筆者注】

出目満忠は元休家第五代出目満志と同一人である。

出目満徳の別名とされる名は複数見られるが、中には誤りも含まれる可能性が考えられ再検討の必要があろう。

注

（1）『［論文］越前出目家の系図の謎解き』（二〇一四年二月二十八日自費出版）は『名古屋芸能文化』第二十三号名古屋芸能文化会、二〇一三年十二月刊に発表した拙著「越前出目家の系図の謎解き――出目家（元休家、元利家）の歴史」の改訂版である。

（2）『補遺・越前出目家の系図の謎解き――越前出目家各代の名前の混乱』（自費出版、二〇一九年三月刊）は『名古屋芸能文化』第二十七号、名古屋芸能文化会、二〇一七年十二月刊、拙著「補遺・越前出目家の系図の謎解き（上）――越前出目家各代の名前の混乱」と、『同書』第二十八号、二〇一八年十二月刊、拙著「補遺・越前出目家の系図の謎解き（下）――越前出目家各代の名前の混乱」を合わせて改訂したものである。

徳川家康の駿府城時代の能について

延広由美子

はじめに

徳川家康が駿府城にいた時期は三期に分かれる。第一期は天文十八年（一五四九）から永禄三年（一五六〇）までの今川氏人質の間、第二期は天正十四年（一五八六）から同十八年（一五九〇）までの三河・遠江・駿河・甲斐・南信濃を掌中に収めつつも豊臣秀吉下にあった時期、第三期が慶長十二年（一六〇七）から元和二年（一六一六）の没するまでの大御所時代である。

この三期は、家康にとってすべて立場が異なる。

第一期は人質ということもあり、この時期についての詳細は不明だが、人質とはいえ、やがて今川義元の一族の築山殿と結婚するなどしていることからも、それ相応の教育は受けていたであろう時期である。

第二期は、源氏であることを主張するのをやめ、藤原氏として官位を進めるも、足利義昭が将軍職を返上したことで、自己を源氏と主張する時期である。それは藤氏であることの限界を感じる中で改めて源氏と称することで朝廷での自己の存在を高めることに苦心し、後の将軍職就任、源氏長者への足掛かりの時期である。

第三期は、いわゆる大御所時代で、将軍職は江戸の秀忠に譲ったものの「源氏の長者」としての存在をしめすとともに大坂の豊臣と対立していた時代である。

家康は将軍宣下に際し、足利時代の例を調べさせている[1]。その家康が観世流を重視した理由として、今川氏人質時代の影響とする考え方が一般的であるが、室町幕府の継承という立場も考慮する必要があると思われる。

豊臣秀吉は文禄二年（一五九三）に猿楽の扶持米の配給を決めた。徳川幕府はこの制度を継承したのだが、それが制度として整ったのは家康の死後元和四年（一六一八）になってからである。この時期は猿楽の過渡期でもあった。

一、今川氏人質時代

天文十八年（一五四九）から永禄三年（一五六〇）までが家康の今川人質の時代である。ただし、史料上は「駿府城」と表記されていても、これは「今川館」と称されるもので、戦国大名今川氏が居城する館の意味である[2]。戦国時代の大名にとって猿楽は教養の一端といってよかった。観世流にとって駿河は家の祖である観阿弥が至徳元年（一三八四）に没した地でもある。観阿弥は駿河の浅間社で猿楽を舞った後に他界している。

今川氏は足利の一族であり、氏親の正室が中御門宣胤の娘であり、義元が一時期京都の建仁寺にはいって修行するなどと京との繋がりもあるので、早くから戦国期には多くの公家が下向し、和歌をはじめとする文化を支えていた。

家康の人質期である弘治二年（一五五六）には山科言継が訪れており、翌年三月までの間の記事が『言継卿記』にある。歌会はもとより、十炷香・囲碁・音曲・女房狂言・舞楽などの記事が見え、名所見物にも出かけている。(3) 言経は藤原北家の中流貴族で、公家とはいえ生活は楽でなく、家業（楽所別当・御服奉行）以外の医薬の知識を半井氏・丹波氏らに学び、「家伝の秘薬」なども用いて診療施薬をおこなった。これは彼の交流範囲を広げるのに役立ち、そのうえ、酒好きの食いしん坊がますますつきあいを広くした。かれは、上は天皇や上級貴族から、下は一般庶民にいたるまで気軽につきあった。(4)

弘治三年（一五五七）一月十三日の氏真亭の歌会後の記事には「猿楽三人音曲有之」として直前に「観世十郎大夫、同二郎大夫、同神六」の名がみえ、(5) 同年二月二十五日には、相伴として「観世十郎大夫・同次郎大夫・同神六」の名がみえる。(6) この史料を宮本圭造氏は観世十郎が駿河滞在の最も古いものとし、能役者を統率していたと指摘している。永禄三年（一五六〇）から元亀三年（一五七二）までの十二年間の十郎の活動が不明であることから、彼は今川氏真の下におり、北条氏康の保護下にあったことを『北条五代記』の小田原下向の能役者に「落観世」の名がみえることから推測し、氏康没後に氏真とともに家康のもとにやってきたとしている。(7) これは表章氏の『観世史参究』において「今川義元敗死後に家康を頼って三河・遠江に移ったらしい」とする見解に疑問を呈したものである。しかし、表氏は同書において、武田信玄時代の「猿楽衆」として『甲陽軍鑑』に登場する「観世大夫」を七世宗節ではなく「観世十郎大夫の可能性が高い」ともしてもいる。

これは今川氏の本拠駿河府中（静岡）で活動をしめすもので、徳川家康も人質として府中におり、江戸時代の徳川氏との観世の深い縁の始まりとしているものの(8)具体的なことはわからない。

二、豊臣政権下時代

天正十四年（一五八六）から一八年（一五九〇）七月に北条氏が滅亡し、関東に転封になるまで駿府は家康の居城であった。この時期は同盟者だった信長も他界し、秀吉に臣従するも順調に官位を上げている。本多隆成氏は『底本　徳川家康』[9]において、「後年の飛躍につながる確実な力が蓄えられた時期」としている。

この時期の能の記事はあまり多くはない。天正十四年(一五八六)七月十日・十一日に三河新城にて観世大夫の能があり、同年九・十月に駿河・甲斐・三河で勧進能がおこなわれた。[10]十日の条では亭主である奥平九八郎信昌も吉田から来た酒井左衛門尉父子も鼓を撃っている。奥平に関しては同書の天正十七年七月に「家康公能し玉ふ、道知鼓を打、奥平美作信昌去亥夏より於奈良伝、伊井兵部少直政秋習此之間、今於駿府猶以相伝す」[11]とある。大蔵道知は六月に駿河に来ているなど[12]の記録がのこっている。

永禄九年(一五六六)十二月二十九日に家康は朝廷から従五位下三河守に叙任され、家名を「松平」から「徳川」に改めた。清和源氏の一族の新田氏の末流としながらもこの時、徳川氏は「源氏」ではなく、「藤原氏」として認定されることになった。[13]

そして、天正十四年(一五八六)十一月五日には正三位に叙せられた。家康が駿府に移ったのはこのような時期で、『東照宮御実記』[14]三には「君はこの師走に駿府の城にうつらせ給ふ。浜松には元亀二年(一五七一)よりことしまで十六年が間おはしましましぬ。駿府の城は今川亡し時焼うせけるを新に経営せられ。五ケ国(駿遠三甲信)の本府と定められ。御在城ましくたるなり」と新たに城を作り入城したことがしるされている。この城は天守閣を持つ城であり、すべてが完成するのは天正十七年(一五八九)になってからである。[15]

また、同書では翌年八月八日に「従二位権大納言」に十二月二十八日には「左近衛大将」「左馬寮御監」に補せられているとしている。さらには「是は鎌倉室町のかた将軍家のほか此職に補せられず。いとありがたきためしなるべし[16]」と評し家康の偉大さを強調している。しかし、この「左近衛大将」「左馬寮御監」はすぐに辞任したらしい。

天正十六年（一五八八）正月には足利義昭が正月に二十年にわたる将軍職を返上している。このことは家康にとって重要な意味を持つ。

かつて、家康が「藤氏」を選択せねばならなかった理由に笠谷和比古氏は「源氏系の武士身分のものとして叙爵を求める以上は、源氏の『氏の長者』としての資格を有する足利将軍家の執奏を必要とするであろうが、家康は足利家につてを持たないし、足利将軍家が争乱の極にあって、足利義輝が弑殺されるに至り、将軍職が空白という異常事態を迎えていたので、藤原氏の近衛前久に執奏を依頼した」という事情を紹介している。

そのうえ、足利将軍である義昭は在京していないとはいえ、鞆において諸大名に命令を出すなどの行動を起こしている。その将軍職が朝廷に返上されたのだ。

天正十六年（一五八八）四月に秀吉が催した聚楽行幸の際の記録である『聚楽行幸記』[17]の関白秀吉に恭順する誓詞に「大納言源家康」とし、和歌会においても「するがの権大納言源家康」[18]としている。以後、「大納言源家康」名の書状を書くようになってくる。[19]家康の「源氏」への再変更を義昭の将軍職返上以後、とくに聚楽御幸とする説は納得のいくものである。この時期は官位が進むなか、藤原氏としての限界も考慮する時期になっていったのだろう。この駿府城時代の家康は、藤原氏から源氏に再変更する過渡期だった。それ故に将軍・源氏の氏長者になるための準備に入っていき、家康にとっての猿楽の持つ意味も、単なる嗜好というものではなくなっていくものと考えられる。

天正十八年（一五九〇）一月に徳川家康は秀吉へ観世の紹介を浅野に依頼する書状を送る。

去年内々申候つる観世大夫事、此度罷出候間、関白殿江御礼申上候様、御取入者可為喜悦候、恐々謹言

正月十七日　　家康在判

浅野弾正少弼殿

この書状について、表章氏は「関白殿」は秀次ではなく、秀吉であり、天正十八年（一五九〇）であろうとされている。秀吉は正月二十一日に浅野邸来臨の際に観世大夫の能を見ているのだが、ツレであった日吉大夫が気に入り、観世大夫の売り込みは成功しなかった。[20]

しかし、家康はなぜ、秀吉に観世大夫を見せようと試みたのだろうか。観世大夫を手元においていることをアピールしたかったのだろうか。この時に、源氏の家の能太夫として「観世」が意識されていたと考えてもよいと思われる。

足利将軍家と観世との関わりは足利義満が観阿弥・世阿弥を後援し、義教が音阿弥を寵愛するなど代々にわたっていた。

永禄十一年（一五六八）の義昭の将軍就任に際しての演能にも観世大夫は出演している。[21] 二十年前とはいえ、当時の関係者は存命している。観世座の状態は必ずしも万全とはいえなくても、大和猿楽のブランドとしては十分意味をもっており、足利将軍家とも近い関係のある観世大夫を手元に置くことは源家康にとって意味のあるものであった。彼が室町幕府を継承する幕府を開くためにも「源氏」ということを意識して観世流との関わりを強化していったことは十分考えられる。

文禄二年（一五九三）に秀吉が猿楽の扶持米を配給した折、観世は含まれていなかった。それはすでに徳川氏のもとにあったからである。

三、大御所時代

徳川家康は慶長十年（一六〇五）に将軍職を息子の秀忠に譲り、同十二年（一六〇七）一月に駿府を隠居の地とし、七月に入城した。しかし、十二月に失火により焼失、翌十三年（一六〇八）三月に改めて落成し、元和二年（一六一六）に他界するまで大御所として権勢を振るった。家康のこの時の立場は源氏長者であり、それは室町幕府の継承者を意味するものでもあった。

しかし、慶長十六年（一六一一）徳川家康が武家の官位を別個のものとして扱うことを申し出たことで、武家の名を補任歴名から除くに至ったといい、同二十年（一六一五）制定の『禁中並武家諸法度』においてこれが明文化された。[22]将軍職も同様に適用されるようになり、近世武家官位の確立により、将軍はようやく制度的に貴族社会から離脱することを得た。これにより「源氏の長者」が武家の称号になったのは家光が将軍宣下をうけた元和九年（一六二三）のことである。[23]

家康は、朝廷からの制度上の独立をはかるとともに、武士全体を掌握する術を手に入れたのである。慶長十三年（一六〇八）三月に家康は豊臣氏の大坂城にいた四座の猿楽に駿府詰番を命じた。それは家康が他界する元和二年（一六一六）までの間、大和四座の拠点を駿府に置くことになる。

秀吉が猿楽に対し何をなしたかを『国史大辞典』の「能楽」の項よりみてみると、

大和猿楽四座と能は豊臣秀吉の庇護によって救われた。織田信長も能に好意を持ち梅若贔屓で知られたが、秀吉は四座に各千石程度の配給米を支給し、素人上がりの役者にも個人的に扶持を与え保護し、長期間中絶していた薪猿楽や春日若宮祭礼能を四座皆参の形で復活もさせた。（中略）徳川家康が幕府を開くと、四座は早速その支配下に入り、秀吉時代と同様に知行・配当米・扶持を受けることになった。慶長八年（一六〇三）、家康の将軍宣下祝能を四座出勤で催して歴代の例とし、同時に観世座の筆頭の地位も確定した。（片桐登）

と、「配当米」の支給とともに「薪猿楽や春日若宮祭礼能」の復活がある。これは大和猿楽としては本来のあり方であり、当然のことであった。この秀吉が復活させた「薪猿楽」や「春日若宮祭礼能」を駿府時代の家康はどのように扱ったのだろうか。

『薪能番組』[24]によると慶長十六年（一六一一）から家康の没した元和二年（一六一六）までの記事はない。また、『春日若宮祭礼能番組』[25]でも、慶長十五年（一六一〇）から元和四年（一六一八）までの記事はない。これは慶長十四年（一六〇九）十月に家康が役者の駿府詰を命じ、[26]豊臣秀頼が猿楽への配当米を停止したことによるものである。

それでも同年十一月二十八日の春日若宮祭礼には金春が後日の能を勤め、翌十五年（一六一〇）二月の薪能はおこなわれたものの、雨天の日が多く、南大門の能は「老松　キリ」のみで、薪能二日目には金剛大夫が一番勤めただけであった。

これは大和猿楽の本拠地であるはずの奈良への参勤が認められなかったということであり、秀吉が復活させた大和猿楽としての伝統的行事の全面否定であり、猿楽が寺社の下にないことの表明である。

当然ながら豊国社の祭礼への出勤もなくなる。豊国神社は秀吉が他界したのを機に建てられた神社であり、春と秋に演能があった。とくに慶長九年（一六〇四）八月十四日の七回忌にあたる豊国社臨時祭には小鼓十六挺による四座立合の「翁」、四座の各一番ずつの新作能が演じられた。武王（観世）、橘（金春）、太子（宝生）、孫思邈（金剛）である。[27]この日の盛り上がりは家康にしたら面白いものではなかったろう。翌年からは四座揃うこともなく、慶長十二年（一六〇七）を最後に演じられなくなる。

演能の記事から考えると、能役者は駿府と江戸との往復することが多くなり、上方での記録が見受けられにくくなる。記録する者の多い京などと異なり、この時期の実態はわからないことが多いが、頻繁に往復していたであろうことは推測できる。

慶長十五年（一六一〇）五月二十二日に観世大夫身愛は逐電してしまう。『当代記』には「梅若太夫を被為愛故歟[28]」としていることについて、表氏は『観世史参究[29]』で、『駿府記』の赦免記事の「往年為非理之訴欲殺無辜人故背御意」とあり、同様の記事が『四座役者目録』の身愛の条の頭書に近い記事があると指摘し、

> 公事ニ付、板倉伊賀殿ワケヤウヨクナシトテ、観世太夫ハタレニモ御ッガセアレトテ、花伝書ヲ永井右近殿ニ預ケ、モトイハライ、高野へ行。

を挙げ、京都所司代の裁定に不服ゆえの逐電で、「家芸継承の証拠たる花伝書―秘伝書一式―を預けることで、後事一切を任せる意志を永井右近に伝えたのであろう」説明している。

ここで興味深いのは、花伝書を預けることで、継承者をも任せていることである。この結果として、梅若太夫に謡初めの代行がおこなわれたり、金春大夫や下間少進に活躍の場を与えることになってしまう。

伝書を預けるという行為については、正当な後継者以外所持することが禁じられていた覚一本『平家物語』が、「覚一の没後しばらくして足利将軍家に進上され」「当道の支配権が足利将軍家にゆだねられたことを意味する」という兵藤裕己氏の指摘もあり、それは「源氏の氏の長者」によって管理されたとする。さらに徳川家康も征夷大将軍に任じられた慶長八年（一六〇三）に惣検校伊豆円一に当道の保護を約束され、以来、将軍宣下や室町時代からおこなわれていた毎年正月十四日の惣検校の将軍家参賀などが、「先例通り」におこなわれた[30]。家康の猿楽支配のあり方も、これら一連の動きと関連して考えてよいものと思われる。

また、慶長十年（一六〇五）四月十九日の豊国社猿楽能には雨天ながらも能五番がなされ、「難波」・「項羽」を観世が、「湯屋」「籠太鼓」を宝生が、「西王母」を観世子が演じている。凡舜はこのお礼に五月十七に家康を訪ねている。さらに翌六月十一日にも伏見城に家康を訪ね、『謡抄』十冊を進上している。これは「表紙紺、外題龍山公」とするものである。この本は豊臣秀次の命で作られたもので、金春流の謡を底本にした最良の注

釈書といえるものであった[31]。

この身愛の逐電は家康は単なる能のスポンサーというだけでなく、源氏長者として琵琶法師同様、猿楽を幕府に組み込んでいくことになっていくきっかけの一つではなかっただろうか。そこで、家康は観世座を自分好みに強化していく。

見方を変えれば、駿府詰とはいえ、梅若はもとより、京・大坂・奈良で十分活躍できる金春大夫にさかんに演じさせる場を与えたということでもあったが、伝書を預かっていた家康には観世流の管理権が家康にあったということにも解され、座を強化し、観世大夫身愛がその後、帰参した後は謡本への節付けに力を入れ、観世流内百番の詞章をほぼ確定した元和卯月本の校訂に関わるなどの後の事績を考慮すると、江戸時代の観世流の基礎作りがここでなされたともいえそうである。流儀の安定のためには不可欠な作業でもあったろう。

鈴木正人は『能楽史年表　近世編』上巻の解説において以下のように記している。

家康時代の最大の出来事は、家康による観世座の補強策であろう。家康が秀忠に将軍職を譲り、駿府城で大御所時代を築いてからは、駿府は能の一大中心地になり、四座の役者が詰め、華やかであった。特に観世座に限って言えば、慶長十九年（一六一四）八月十五日観世大夫暮閑〔前名身愛〕が最後の五番を舞い、さらに同二十六日には、家康は息子の観世三十郎重成に五番を演じさせ、父観世大夫に米百俵・鳥目三千疋を与えている。これは三十郎を後継者に仕立てた褒美金の形の退職金と思われる。また、九月三日の駿府城三の丸でも三十郎が能五番〔老松・江口・大会・小塩・西王母〕を舞い、家康はこれを楽しんでいる。更に太鼓方の金春左吉と宝生座狂言方の鷺仁右衛門に観世座付を命じている。これこそ、まさに家康による観世座強化策の一環そのものである。

さらに、氏は「慶長十九年八月二十日　太鼓方金春左吉に観世座への転属命令が出る。（観世元信氏蔵通達書）」という史料から事前通達がなされたことを記している[32]。

これらのことを総合的にみていくと、家康の観世座強化は、源氏長者として、観世座をそれに相応しいものにしようとの試みともとらえられる。

おわりに

家康が駿府に居城していた時期は、家康本人にとって「源氏」を意識せざるを得ない時期であったろう。松平氏は本来は賀茂氏の流れである。

第一期は源氏の足利一門の今川氏の下にあった。ここでの生活についてはよくわからない。しかし、源氏ゆかりの今川氏に仕えるべき武将としての教育を受けていたはずである。

第二期は、藤原氏として叙されるも、足利義昭が将軍職を返上したため、俄に「源氏姓」に改姓した時期と重なる。源氏姓に変える、将軍職の望みが生じたと同時に、将軍職だけでは室町幕府のように有名無実化の可能性をも考慮しなくならねばならなくなった時期でもあった。

「源氏長者」の立場は自分自身が官位を与えることのできる地位であり、足利幕府の将軍の中でも任じている事があることも考慮し、それを再興することを目指したといえよう。

第三期は、隠居城として駿府城に入ったものの、「源氏長者」という名目は残し、豊臣氏に対し、主導権を手に入れた時期から没するまでの時期である。秀吉が晩年に能に夢中になり、大名たちにもそれは好意的に受け入れられていた。その能をそのまま否定的に扱わず、秀吉が採用していた猿楽の扶持米の配給制度を採り入れ、観世座を整えるとともに四座を独占することを試みた時期である。

これは平家琵琶の琵琶法師の管理権を室町幕府がもったあり方を参考にしたものだろう。家康が早くから世阿弥の伝書を所有していたことも重要な要素であったろう。また、『謡抄』の所有の意義も考慮すべきかもしれない。これらはやがて猿楽が儀礼化していく基となった。

しかし、家康の生存中には、秀吉の猿楽に対する事業を否定し、源氏の長者として猿楽を支配下に置くにとどめるだけであり、江戸幕府のスタイルとしてのあり方は次の世代にゆだねなければならなかった。

また、家康の書籍への関心は、本人が学問好きということも否定はしないが、支配者としての「源氏の長者」の姿としてとらえることもできるだろう。「源氏長者」は天皇の息子を主人公とする『源氏物語』をも半ば同一視し、重視する立場でもあり、家康は慶長十九年には飛鳥井雅庸から秘訣を受け[33]、元和元年には中院通村からも講義を受けている[34]。書籍はもはや単なる趣味ではなく、権威と結びつくものになっていく。駿府版の出版も彼の地位向上に役立ったことは間違いないし、単に武力だけでないアピールになったものと思われる。

こうみていくと、駿河は家康にとって良いことが多くおきているようにもみえる。

家康は駿府を頼宜に譲り、御殿場に隠居しようとした[35]。さらに、久能山を安住の地と願った。これらはいずれも富士山がよく見える場所である。そして、「富士見」は「不死身」に通ずるという意識が家康にあったのではないかと足利健亮氏が『地理から見た信長・秀吉・家康』(吉川弘文館、二〇一六年)に記している。彼がこの地を気に入った理由に、軍事的な理由もあろうが、富士山に対する個人的な思い入れも含まれても不思議ではあるまい。

為政者家康にとって能はもはや単なる趣味ではなく、室町幕府の後継者の証であり、富士山同様「日本一」を示すものになっていった。

注

（1）『東照宮御実記』（国史大系編集会『徳川実記』一（吉川弘文館、一九五四年、七三ページ）慶長八年二月十二日に宣下の記事の後に先例についてしるされている。

征夷の重任は日本武尊をもて濫觴とするといえども。文屋綿丸。坂上田村麻呂。藤原忠文等は禁中に召宣下ありしなり。幕府に　勅使を遣はされ宣下せらるゝ事は鎌倉右大将家にもとひす。其時は鶴岡八幡宮に　勅使を迎へ。三浦次郎義澄。比企左衛門尉能員。和田三郎宗實。郎従十人甲冑よろひ参りその宣旨をうけとり。幕下西廊にて拝受せられしこそ此儀の権与とはすべけれ。足利家代々此職うけつがれしかど。

等持院。實篋院。鹿苑院三代の間は時いまだ兵革の最中なれば。典礼儀注を講ぜらるゝに及ばず。およそ勝定院のころよりぞ。式法はほゞそなはりけるなるべし。それも応仁よりこのかたは。幕府また乱逆のちまたとなりぬれば。礼典の沙汰もなし。このたびの儀は其絶たるをつぎ廃れしをおこされ。鎌倉。室町の儀注を斟酌して。一代の典礼をおこさせ給ひしものなるべし。（此日の作法は宣下記并に勧修寺記。西洞院記にほゞ見ゆるといへども。麁略にして漏脱多し。ひとり出納職忠記最詳なれば。今は職忠の記に従がひてこれをしるし。宣下記。勧修寺記。西洞院記の中にもほゞそのとるべきをとりて補ひぬ。この時の作法は　当家典礼の権与といへども。いまだ全備せしにはあらず。これより世々たびたび沿革ありて。いまにいたりて全く大備せしといふべし。

（2）黒沢脩「駿府城」（藤野保他編『徳川家康事典』コンパクト版、二〇〇七年、新人物往来社、一二二ページ

（3）本多隆成／荒木敏夫／杉橋隆夫／山本義彦『静岡県の歴史』山川出版社、一九九八年、一三三ページ。『静岡県史』通史編 中世

（4）村井章介「山科言継の駿府生活」（『静岡県史』通史編二 中世、九六七―九九二ページ。この論文は言継の駿河での人間関係について詳しい。

（5）国書刊行会編『言継卿記』三、一九九八年、二三六ページ

（6）同書、五〇四ページ

（7）宮本圭造「徳川家康の政治戦略と能　②」（『観世』八三巻七号、檜書店、二〇一六年七月）

（8）表章『観世史参究』檜書店、二〇〇八年、五四〇ページ
（9）吉川弘文館、二〇一〇年、二ページ
（10）『当代記　駿府記』群書類従完成会、一九九五年、五二ページ
（11）同書、五六ページ
（12）同書、五六ページ。「大蔵道知入道駿河江下、是鼓打至于当世無双之上手也」
（13）笠谷和比古「徳川家康の源氏改姓問題」（『日本研究』十六、国際日本文化研究センター、一九九七年九月、三八ページ
（14）国書刊行会編『徳川実記』一編、吉川弘文館、五五ページ
（15）黒沢脩「駿府城」、藤野保他編『徳川家康事典』コンパクト版、二〇〇七年、新人物往来社、一二二ページ
（16）国書刊行会編『徳川実記』一編、吉川弘文館、五六ページ
（17）大村由己、桑田忠親編『戦国史料叢書一　太閤史料集』所収。人物往来社、一九六五年、一一四ページ
（18）同書、一二三ページ。「みどりたつ松の葉ごとにこのきみの千才のかずを契りてぞみる」で、徳川美術館に下書きの短冊が現存する。
（19）笠谷和比古「徳川家康の源氏改姓問題」『日本研究：国際日本文化センター紀要』十六、一九九七年、三三―四八ページ
（20）表章前掲書　一九九ページ～
（21）太田牛一『信長公記』奥野高広・岩沢愿彦校注　角川書店、一九六九年、八九―九一ページ
（22）末柄豊「足利義稙の源氏長者就任」『日本歴史』七四八号、九四ページ、吉川弘文館、二〇一〇年。堀新「近世武家官位の成立と展開――大名の官位を中心に」（山本博文編『新しい近世史①国家と秩序』（新人物往来社、一九九六年）所収）による。
（23）末柄豊「足利義稙の源氏長者就任」『日本歴史』七四八号、九四―九五ページ、吉川弘文館、二〇一〇年
（24）『日本庶民文化資料集成　能』所収、三一書房、一三五ページ

(25)『能楽研究』十六号所収、法政大学能楽研究所、一九九一年、二〇四ページ～

(26)『当代記』には「二六日、古太閤御時より、猿楽共大坂に令詰番相詰、於向後者、大坂番を相止、駿河に可相詰由、今日大御所仰也」とある(『当代記　駿府記』続群書類従完成会、一九九五年、一四九ページ)。

(27)表きよし「大倉源次郎氏蔵『小鼓大倉家古能組』」(『能研究と評論』十五号、月曜会、一九八七年、五四ページ

(28)『当代記　駿府記』一六四ページ～

(29)二一〇ページ

(30)兵頭裕己『平家物語の歴史と芸能』吉川弘文館、二〇〇〇年、一―五ページ

(31)『舜旧記』(史料纂集)舜旧記　二、一九七三年、続群書類従研究会、一七五―一八〇ページ。江戸時代を通じて同書以上の注釈書は作られなかった。

(32)『能楽年表』四七ページ

『駿府記』には「九月三日、於三之丸御能五番、老松、江口、大会、小塩、西王母、観世子(三十郎)勤之、金春左吉(太鼓名誉)、鷺二右衛門(狂言名誉)、但鷺者自往昔宝生座、右両人従今日観世座可罷成之旨被仰出云々」(『前掲書』二百七十一ページ)としており、『駿府記』からの記事として『東照宮御実記』には「九月三日　駿府にて猿楽催さる。老松。江口。大会。小塩。西王母五番。宝生座の鷺仁右衛門と金春左吉は。けふより観世座に入らる。」としている(黒板勝美編『徳川実記』一、一九六四年、六七八ページ)。

(33)『大日本史料』十二編十四冊、二四二ページ

(34)『大日本史料』十二編二二冊、二五三ページ

(35)御殿場は源頼朝のゆかりの地であり、富士の巻狩りの地である。

能《石橋》連獅子型演出の変遷――夫婦獅子から親子獅子へ

橋場夕佳

はじめに

紅白二頭の親子獅子がダイナミックな「毛振り」の演技を見せる『連獅子』は歌舞伎の人気演目として多くの人が思い浮かべる作品のひとつだろう。『連獅子』に代表されるいわゆる「石橋物」のもととなったのが能《石橋》である。能《石橋》は現在、「大獅子」「連獅子」といった小書（特殊演出）が付く、紅白二頭以上の獅子が登場する演出（以下、「連獅子型演出」と呼ぶ）で上演されることが多い。今では一般的なこの連獅子型演出が江戸末期からの比較的新しいものであることは、表章氏の指摘によって知られているところである(1)。《石橋》は室町期に作られた演目であるが、すべての流派において上演されない「中絶」の時期があった。連獅子型演出は、《石橋》が中絶する室町末期以前にもあったのだが、二代将軍秀忠の時に本曲が再興されて以降も、江戸末期に至るまで長らく上演されていなかった。このため、室町期の連獅子型演出と江戸末期以降のそれとの間には大きな断絶がある。現在上演されている連獅子型演出に直接つながるのは、江戸末期に復活し、各流派が工夫を重ねてきたものであると言える。

本稿では、江戸末期に再興され現在に至る《石橋》の連獅子型演出が、本曲中絶以前の演出からどのように変化したのかを踏まえて、その変化が本曲の性格にもたらした影響について考えてみたい。また、能《石橋》をもとに作られた歌舞伎舞踊の「石橋物」について、その変遷を能との関連という視点で考察する。

一、連獅子型演出の変遷

まず、《石橋》の梗概を通常の演出によって述べておく。

唐へ渡った寂照法師（ワキ）は中国・清涼山の石橋へたどり着く。そこへ童子（前シテ）が仙境のような清涼山の景色をめでながら現れる。童子は石橋を渡ろうとする寂照法師に、橋の向こうは文殊の浄土だが、下は数千丈もの深い谷、幅一尺足らずの苔むした橋を渡るのは、相当な修行を積んだ者でさえ難しいと思いとどまらせる。文殊菩薩の影向を待つよう言い残して童子は姿を消し、やがて、文殊菩薩に仕える獅子（後シテ）が現れ、華やかな舞を見せる。

前半の文殊の浄土へと続く雄大な石橋の描写は、本曲の舞台を作り上げるうえで欠かせない場面であるとは言え、本曲の眼目が後半の獅子の舞にあることは明らかである。獅子舞を独立した芸として猿楽が導入し、その獅子舞を見せ場として作られた能が《石橋》であったと言われている。[2]《石橋》の源流である獅子舞はどのような芸能だったのだろうか。[3]獅子舞は、大陸から伎楽とともに伝わって民間に浸透し、現在でも日本中に分布する。一頭の獅子を二人以上で演じる伎楽系の「二人立ち」と一人で演じる風流系の「一人立ち」に分類され、猿楽に取り入れられた当時の獅子舞は二人立ちの獅子舞であった（主として関東以北に伝わる「一人立ち」は室町末期よりは遡ることができない）。二人立ちの獅子舞は一頭だけが出る場合と二頭出る場合、古くは五頭出たこともあったようだが、二頭の場合は妻獅子男獅子となることが多い。一人立ちのいわゆる「三匹獅子舞」になると、男獅子二頭に女獅子一頭、あるいは子獅子が出る場合でも男獅子女獅子の夫婦が基本となる。いずれにせよ、《石橋》が取り入れた当時の獅子舞は夫婦を基本とした獅子舞であり、中絶以前の本曲の連獅子型演出においても、二頭の獅子は夫婦と解されている。例えば、大蔵虎明の『聞《きき》書《がき》并《ならびに》笛《ふえ》集《しゅう》付《つけたり》唱歌《しょうが》』[4]には「観世の家にハ妻獅子男獅子二疋出る也。」という記事があり、妻獅子が二三段舞った後に男獅子が出るとある。また、観世宗家蔵の《石橋》の型付『二人獅々之事』[5]には次のような記事がある。

二人獅々之事
一　女獅々ハ作物ニ入大小之前ニ置、装束ハ赤頭之獅々成。
一　男獅々ハ白頭之獅々成。常之コトク衣カツキ出橋カヽリニテ衣トリ下ニ居テ三ツ飛。夫ヨリ舞臺之内へ入リ常之コトク獅々舞男獅々一段舞ト女獅々引廻シトリ其マヽ飛出二段目ヨリ男獅々女獅々ニテ連舞。

右の型付が室町期の演出をそのまま伝えるものであるかどうかは慎重に判断せねばならないが、現在の観世流の連獅子型演出とは細かな点で相違があり、少なくとも連獅子型演出が復活した江戸末期以降の演出について述べているものではないと考えられる。同型付では、赤頭の女獅子が作り物に入り、白頭の男獅子が一段舞うと、女獅子が作り物から出て相舞となるという。ここでも、赤頭の獅子を女獅子、白頭の獅子を男獅子と解釈している。民俗芸能の獅子舞を源流とする同曲が、連獅子型演出の場合に夫婦獅子の相舞となるのは自然なことであった。

一方、現在の連獅子型演出はどのようなものだろうか。現在、上演されている各流派の連獅子型演出について、三宅襄氏の「能の特殊演出」[6]、松本雍氏の「能の現行小書」[7]、「天台山に「石橋」を訪れた頃（座談会）」[8]に拠って、以下にまとめておく。

まず、観世流には「大獅子」「師資十二段之式」の小書がある。「大獅子」では、前シテの童子は尉に変わる。後シテは白が先に出て、次に赤の二頭の獅子が出るのが基本であるが、山の作り物が出て白獅子はその中に入り、赤獅子が三人出る場合もある。一畳台は二つ出る。「二人の時は親兒獅子、四人は雌雄に兒獅子の心とされてゐる」（三宅氏）とある。獅子登場の際に、「白はどっしり出るし、赤は敏捷、キビキビと出てくるという違いがある」（『観世』座談会・武田氏）とされる。「師資十二段之式」では、獅子が二頭の場合も、四頭の場合もあり、舞の段数は十二段になる。一畳台は一つで、二頭の場合でも四頭の場合でも牡丹の花を挿した山の作り物を出し、白獅子はこの中に入って後から出る。

この「師資十二段之式」について少し説明を加えておきたい。『観世』座談会の武田氏の発言によると、二十二世観世大夫である観世清孝（天保八年〔一八三七〕～明治二十一年〔一八八八〕）が同小書を始めたということである。観世流において多くの小書が創案された十五世観世元章（享保七年〔一七二二〕～安永三年〔一七七四〕）の伝授目録にも「師資十二段式」があるが、これは舞を十二段にする演出で、上演記録からも登場する獅子は一頭のみである。つまり、明治期に名称は元章の創案した小書をほぼそのままに、内容を現行のものに変えた小書が作られたということになる。管見の上演記録では、清孝の息子で二十三世を継いだ清廉以降に頻繁に上演されていることから、少なくとも清孝が観世大夫であった時代以降に同小書は現在の形になったのだろう。なお、「大獅子」「師資十二段之式」のいずれの場合も「獅子の子落とし」という、白の獅子が拍子を踏むと赤の獅子が一畳台からうしろへ飛び降りる型がある。

次に、連獅子型演出としては最も由緒が古いとされる宝生流の「連獅子」では、前シテは尉になる。一畳台は三つ出し、牡丹はそれぞれに一本ずつ三本立てる。宝生流では親子で勤めるのが本来とされ、非常に重い習いとなっている（三宅氏）ようである。

金春流の「連獅子」でも、前シテは尉になる。後は白・赤二頭の獅子が出て相舞をする。一畳台は二つ、牡丹は赤・淡紅・白の三本を立てる。

金剛流では、「和合連獅子」「狻猊之式《さんげいのしき》」がある。連獅子は宝生流へ養子とともに送ったので「和合」と名称を変えたものとする説が知られているが、表章氏によると「金剛で和合連獅子を創案するに際して、由緒の古さを誇るために作られた伝説」[9]である。「狻猊之式」は金剛右京氏の創案による。前シテは唐帽子白垂に水衣、着流しの尉になる。ツレ男が負柴で従う。後は白獅子・赤獅子二頭が出て相舞をする。赤頭の子獅子は一畳台から蹴落とされて前回りする型がある。

喜多流の「連獅子」も前は尉になる。後は白・赤二頭の獅子が出る。一畳台は二つ、牡丹は二本立てる。

以上のように、現在、各流派でおこなわれている連獅子型演出は、いずれも二頭の獅子を「親子」と解する演出である。観世流の「獅子の子落とし」の型や金剛流の「狻猊之式」の子獅子が一畳台から蹴落とされて前回りする型は、獅子は我が子を産んで三日経つと数千丈の谷へ投げ落とし、生き残ったものだけを育てるという俗説による成語「獅子の子落とし」（「自分の子に苦しい試練を与えてその才能をためし、りっぱな人間に育てることのたとえ」[10]）によるもので、親子獅子の解釈が明確に表れている。同曲が断絶してから再び連獅子型演出が復活する江戸末期までの間に、源流であった獅子舞との関連性は薄れ、かわりに獅子のイメージとして定着していったのが、親子獅子型演出の根拠となっている「獅子の子落とし」だったのだろう。「獅子の子落とし」が成語として文献上に登場するのは近代になってからだが、その原拠となった俗説は『太平記』に初出する。[11]これが、《石橋》などの獅子の芸能と実際に結びつくのは江戸末期頃となるが、それより遡って「子落とし」は獅子のイメージの定番としてあったようだ。先述の「師資十二段之式」の小書を最初に創案した一五世元章が謡本に施した注釈的書込の中に「師資トハ師ト弟子也」と小書名の由来を記したものがある。[12] これなどは、「獅子の子落とし」と芸道における師弟関係を結びつけた発想と言える。

ともあれ、同じ連獅子型演出でありながら、本曲中絶前後では二頭の獅子の解釈は大きく異なり、それは恐らく演技の質に変化をもたらしていると考えられる。江戸末期以降の連獅子型演出では、親子獅子の解釈によって「獅子の子落とし」の型のようなややアクロバティックな演技が加わり、白の親獅子の重厚な動きと赤の子獅子の敏捷な動きの対照が見所にもなっている。

二、連獅子型演出復活以後の上演状況

夫婦獅子から親子獅子への《石橋》連獅子型演出の変化は、演技の質を変えただけではなく、本曲の上演に特別の意味合いを付与することになったと考えられる。江戸末期から明治期にかけての《石橋》の上演状況を『古典芸能研究センター蔵能番組データベース』、『大阪大学文学研究科演劇学研究室デジタルアーカイブ』、飯塚恵理人氏の『能楽番組検索システム』の検索結果を中心に、上演年月の古い順に列記すると以下のようになる（上演年月日、上演場所、演者、小書名、＊備考の順に記した。）。

①嘉永三年（一八五〇）五月九日　（シテ）宝生大夫　宝生石之助
　＊江戸城徳川家光二百回忌法会済日光門跡饗応能
②明治四年（一八七一）四月二九日　大野藤五郎宅舞台　（シテ）古春増五郎（ツレ）内田雨耕
③明治十四年（一八八〇）六月一二日　古春宅舞台　（シテ）小春増五郎（ツレ）伊東太郎一

④明治十六年（一八八二）十一月二十三日　芝能楽堂　（シテ）観世清廉　観世鉄之丞
師資十二段之式　＊観世父子（観世清孝・清廉）主催能
⑤明治一八年（一八八五）十一月十五日　橋岡舞台　（ツレ）西東太郎（小西新右衛門）（シテ）大西鑑一郎
師資十二段ノ式　＊アイ記載なし。番組冒頭に「父寸松三年祭催　大西鑑一郎」
⑥明治十九年（一八八六）二月十四日　観世舎　（シテ）西東太郎（小西新右衛門）大西鑑一郎
連獅々十二段ノ式　＊（アイ）（伊東）正三郎
⑦明治二十年（一八八七）二月十七日　大阪　（シテ）藪清右衛門　小西新右衛門
師資十二段ノ式　＊（アイ）伊藤正三郎　＊天覧能
⑧明治二十年（一八八七）十月十六日（シテ）観世清廉　観世鉄之丞
大獅子　＊（アイ）森山浄夢　＊梅若実・同六郎主催梅津兵庫頭千年忌能楽番組
⑨明治二十一年（一八八八）一月二十二日　芝能楽堂　（シテ）金春武三　金春広成
連獅子　＊（アイ）高安甚左衛門
⑩明治二十一年（一八八八）三月十日　観世舎　（前ツレ）林喜右衛門　子獅子　大江信之助
（シテ）片山九郎右衛門　大獅子　＊アイ記載ナシ
⑪明治二十一年（一八八八）三月十八日（前ツレ）橋岡忠三郎　子獅子　段五郎
（シテ）（片山）九郎右衛門　大獅子　＊「催主　大西鑑一郎・橋岡忠三郎」
⑫明治二十一年（一八八八）七月十五日　橋岡舞台
前ツレ　廣嶋二郎　（シテ）大西鑑一郎　観世清廉　子獅子　俣野常二郎　仝　久田学知
大獅子　＊間　又三郎　＊番組冒頭に「東京　観世清廉名ヒロメノ為ノ催」

⑬明治二十一年　十月二十一日　観世舎　（シテ）大江信之助　大西鑑一郎
資師十二段式　＊（アイ）伊東正三郎
⑭明治二十二年（一八八九）十一月二十三日　橋岡舞台　（シテ）大澤永言　西東太郎（小西新右衛門）
十二段ノ式　＊アイ記載なし。
⑮明治二十三年（一八九〇）六月八日　芝能楽堂　（シテ）金剛鈴之助　金剛氏重　和合　＊アイ記載なし。
⑯明治二十三年（一八九〇）十月十二日　金剛能楽堂　（ツレ）高岡鵜三郎（シテ）金剛謹之助
＊小書記載なし。アイ記載なし。＊冒頭に「亡野村三次郎廿年祭」「申楽倶楽部別会」
⑰明治二十四年（一八九一）二月十一日　観世舎　（ツレ）室戸太夫　子獅子　野々口重次郎　同　位野樹三
（シテ）大西亮太朗　大西鑑一郎　大獅子　＊「催主　大西鑑一郎」＊アイ記載なし。
⑱明治二十五年（一八九二）十一月二十日　芝能楽堂　（シテ）梅若六郎　観世鉄之丞
＊観世清廉主催愚弟観世寿義片山九郎三郎京都表弟子片山家相続披露能組
⑲明治二十七年六月十二日　愛知県博物館内舞台　（シテ）観世清廉　（ツレ）柴田穀彦
⑳明治三十一年（一八九八）五月十五日　鉄之丞　竹世　誠　資之式
＊「獅々ハ掛リ地小返シ干呂大返シトメ七段也」＊万三郎宅の催
㉑明治三十三年（一九〇〇）一月二十八日日比谷之倶楽部（シテ）三井元之助高寛　分部新吉
師資十二段之式　＊三井一家能初
㉒明治三十五年（一九〇二）十一月二日　六郎　織雄　亥三郎　師資之式
㉓明治三十五年（一九〇二）十一月三日　久米民之助方舞台　民之助　亥三郎　＊久米民之助方舞台開ノ能
㉔明治三十六年五月二十四日　那古野神社　（シテ）観世清之（ツレ）木下敬賢

㉕明治三十九年十月二十八日　那古野神社　（シテ）寺田左門治（ツレ）金剛巌　金剛鈴之助　和合連獅子
㉖（年不記　明治期か）五月二十六日　野村宅　（ツレ）竹内達三郎　（シテ）喜多金吾
和合連獅子　＊（アイ）茂山千作

《石橋》は、その曲柄から弔事慶事いずれの場においても上演される演目であるが、これら幕末から明治期にかけての《石橋》連獅子型演出の上演状況から言えることは、同曲が親子獅子型の連獅子演出によって上演され始めて以降、同曲の上演にしばしば師から弟子への芸の継承の祝言性というテーマが付与されていることだろう。連獅子型演出が復活して以降の上演として最も古い①は、宝生大夫とその子石之助によるものであるが、この時すでに親子獅子の解釈がされていたからこそ、師弟でもある親子で演じることが趣向として成り立ったのだろうと思われる。以降、宝生流の連獅子が親子で演じることを基本としているのは、この上演に由来しているのだろう。⑤、⑥は大西鑑一郎（大西閑雪）とその弟子である西東太郎（小西新右衛門）の師弟獅子であるし、⑦は金春流七四世宗家である金春広成と七五世金春武三による親子獅子である。⑩は大江信之助（大江又三郎）と片山九郎右衛門（晋三）、⑬は金剛鈴之助（後の右京）が、父・金剛泰一郎を亡くした後に師事した伯父の氏重との師弟共演となっている。⑰も大西鑑一郎とその甥の大西亮太朗（手塚亮太朗）の組み合わせである。大西亮太朗は明治十三年に上京して梅若実や観世清簾に師事しているが、幼いときから鑑一郎やその父・寸松の教えを受け、寸松の養子となっていたので、鑑一郎の弟分にあたると言われている。(13)《石橋》の親子獅子の姿に師弟の芸の継承を重ねた趣向の上演であると言える。

もちろん、単純に師弟で親子獅子を演じる趣向だけではない。④明治十六年十一月の芝能楽堂での「師資十二段之式」、⑧明治二十年十月の「大獅子」は、いずれも観世清廉と観世鉄之丞清永《きよひさ》によるものである。これは次に観世宗家を継ぐ清廉とその後見人となるだろう鉄之丞清永という組み合わせと捉えられるだろうか。明治維新の時に、大夫の清孝は徳川家への忠義のため慶喜公を追って静岡へ移り住んだが、清永は東京に留まっている。生活に困窮し梅若実宅に同居していたこともあって、梅若実とともに明治維新後の能楽復興の中心となっていった清永は、清孝にとって分家である以上に頼るべき存在だったようで、清孝が胃癌で亡くなる直前には清廉の後見を頼んでいる。明治二十一年七月上演の⑫は、同年二月十七日に清孝が没し、長男の清廉が二十二歳で家督を継いだ直後のものである。同催しは「観世清廉名ヒロメノ為ノ催」とあり、若き観世宗家と清孝時代からの関西の高弟である大西鑑一郎（閑雪）との共演である。明治維新後の観世宗家を支えてきたのは関西の門弟たちであり、明治十二年に清孝は清廉を連れて京都へ行っているのは、その門弟たちとのつながりをより強固にするためでもあったと言われている。[14] 大西鑑一郎は言わずと知れた当時の関西能楽界の重鎮である。⑤、⑥の大西鑑一郎と小西新右衛門の関係にしても、師弟であると同時に小西が有力なパトロンであるということもあるだろう。

三、能《石橋》と「石橋物」

歌舞伎舞踊の演目には、能《石橋》をもとに作られた「石橋物」という一大系統がある。歌舞伎舞踊における連獅子型演出もまた、能から舞踊へと影響して成立したものであると言われている。能《石橋》と「石橋物」に見られる連獅子型演出の関連を考えるために、ここでは、「石橋物」について整理しておく。

歌舞伎舞踊における「石橋物」は大きく分けて、『風流相生獅子』『英執着獅子』など女方舞踊として完成されていったもの、『連獅子』や『春興鏡獅子』のような能《石橋》後半の内容をそのまま引き継いだものとがある。前者は、「太神楽系の祝福芸としての獅子舞を取り込んだもののようで、雌雄の獅子の狂いを立方と女方の二人で演じるもので、軽業的な要素も含まれた所作事だったらしい[15]」と推測されている「獅子の乱曲」の所作事に始まる。それが、女が夢中で獅子と化して恋心を吐露しながら舞う『風流相生獅子』（享保十九年〔一七三四〕二月江戸中村座にて初演）へと発展し、能《石橋》の詞章や所作が取り入れられていく。その後、宝暦四年（一七五四）三月に江戸中村座で上演された『英執着獅子』は、夢中に現れた遊女の亡霊が獅子頭を手に持ち牡丹の花と蝶に戯れて舞うもので、「歌舞伎所作事への変容の一つの到達点に至った」と言われる。雌雄の獅子の芸から雌獅子雄獅子を踊り分ける女方の舞踊へという芸態の変遷が見られる。後者は、立役が長い頭の毛を振り回す「毛振り」が最大の見所で、文殊菩薩の眷属である獅子の親子の舞を見せる『連獅子』は、明治五年（一八七二）五月の東京村山座で上演された。「獅子の子落とし」を取り入れた筋書きで、白頭の親獅子と赤頭の子獅子が絢爛な狂いを見せる。この『連獅子』は、文久元年（一八六一）五月、初代花柳寿輔とその息子である花柳芳次郎が芳次郎名披露目の会で舞った演目、通称『勝三郎連獅子』（河竹黙阿弥作詞・二代目杵屋勝三郎作曲）を原作としている。寿輔が振付をした同演目は、能《石橋》の世界をもとにしながら、「獅子の子落とし」を詞章に取り入れて、親子獅子の舞を見せるものである。同演目は、舞踊において「親子獅子型」の演出が採用された最初であるし、親子獅子を明確に筋書きとして取り入れたという点においては、獅子の芸能における親子獅子型演出の先駆けとも言えるだろう。

このように「石橋物」を概観すると、その変遷は能のたどったそれと重なってくる。獅子舞の芸を取り入れることから始まった最も初期の「石橋物」が雌雄の獅子の狂いを立ち方と女方で見せる芸であったことは、中絶以前の《石橋》の連獅子型演出、すなわち、夫婦獅子型と同様の受容であると考えられる。また、『英執着獅子』に至るまでの系譜は、そうした夫婦獅子型からの派生であると捉えられる。さらに、能において連獅子型演出が上演された嘉永三年（一八五〇）から十年あまり経た文久元年（一八六一）には『勝三郎連獅子』が上演されている。能の影響を受けて成立したのが「石橋物」であるから、歌舞伎舞踊のこのような変遷は至極当然の現象とも言えるが、そのような先後関係よりむしろ注目したいのは、江戸中期頃まで雌雄の獅子を立方と女方の二人で演じる夫婦獅子型の所作事が顔見世や新春の演目の大切《おおぎり》に演じられていたということ、江戸末期に至ってようやく親子獅子型の演出が現れたということである。そこには、連獅子型演出が長らく途絶えていた能には見られない獅子の芸の傾向を見ることができるのではないだろうか。

おわりに

歌舞伎舞踊においてもそうであったように、能《石橋》において夫婦獅子から親子獅子への解釈の変遷が、演技の質にも影響をもたらしたことは確かであろう。制作された当時には同曲の源流であった獅子舞のイメージは薄れ、かわりに親（師）が子（弟子）を厳しく育て上げるといった本来《石橋》にはなかった要素が、成語「獅子の子落とし」の浸透によって付加されるようになっていった。新たに加わった親子獅子の解釈によって、文殊の浄土の再現という祝言性と能における師から弟子への芸の継承の祝言性が重ねて描かれるようになっていったと考えられる。

注

（1）表章「能〈石橋〉の歴史的研究」『能楽史新考（二）』わんや書店、一九八六年、二二一―二三二ページ
（2）天野文雄「能と中世芸能2　獅子の能と獅子舞」『観世』第四十八巻第四号、一九八一年、三―一二ページ
（3）以下、獅子舞の展開については『三匹獅子舞の研究』（笹原亮二、思文閣出版、二〇〇三年）に拠った。
（4）大蔵弥太郎編『大蔵家伝之書　古本能狂言』臨川書店、一九七六年
（5）観世宗家蔵『二人獅子之事』は『観世アーカイブ』（36／122）に拠った。なお、同資料については、執筆者が「観世文庫の文書91」（『観世』第八十三巻第十号）に紹介している。
（6）三宅襄「能の特殊演出」野上豊一郎編『能楽全書　第三巻』創元社、一九五四年
（7）松本雍「能の現行小書」『能を面白く見せる工夫　小書演出の歴史と諸相』檜書店、二〇〇九年、二〇七ページ
（8）「天台山に「石橋」を訪れた頃（座談会）」『観世』第三十一巻第五号、一九六四年、一四―二七ページ
（9）表章、前掲論文、二二九―二三〇ページ
（10）『日本国語大辞典　第二版　第六巻』小学館、二〇〇一年、六四五ページ
（11）『故事俗信ことわざ大辞典』小学館、一九八二年、五二四ページ
（12）観世宗家蔵『明和改正謡本改装本』（34／1）
（13）表章「観世流「雪号」考」『観世流史参究』檜書店、二〇〇八年、四六八―四七八ページ
（14）表章「最後の観世大夫二十二世清孝」同書、四〇八―四一八ページ
（15）安田徳子「「石橋物」の成立と展開――能を原拠とする歌舞伎所作事の一様相」『名古屋芸能文化』第二十六巻、二〇一六年、三六―四八ページ

土佐派の演能図

藤岡道子

はじめに

四月は桜の丹波篠山能の季節である。JR大阪駅から篠山口駅まで特急で約五十分。さらに神姫バスで二十分、丹波篠山城下の静かなまちの春日神社能舞台で毎年演能がおこなわれる。二〇一八年四月、能楽研究者の田口和夫氏より篠山市立歴史美術館（現・丹波篠山市立歴史美術館）に土佐光孚筆演能図が展示中であるとの情報をいただいた。――篠山能を見てきた帰りに寄ってみましてね。以前、土佐光孚についてお書きになっているので調査しては、とのことだった。さっそく急行し、熟覧のうえ館に写真提供を依頼し、六月の六麓会（関西における能楽研究会）にて口頭発表をした。

以前、土佐光孚について書いた拙稿とは「土佐光孚の狂言絵」（「聖母女学院短期大学研究紀要」第二十九集、二〇〇〇年）である。狂言を描いた絵画、とくに近世初期の狂言古図といわれるものを探索し狂言の演出を考える研究に着手していて、その一環として土佐光孚の狂言および能の上演図を検討した稿であった。それ以後、土佐派の演能図に関して管見に入るものはなく、土佐光孚の演能図についてはそれ以上踏み込むこともなかった。

篠山市立歴史美術館蔵の土佐光孚筆演能図屏風はガラスケースに展示中であった（展示は二〇一八年四月〜九

月）。六曲一双の屏風で一扇に一曲、能、狂言の一場面が描かれている。拙稿で紹介した図と署名落款も同じ。類図もあり、新出の図もある。とくに曲名のすぐに特定しにくい図もあり、さっそくに検討をせねばという思いに駆り立てられた。

ちょうど同じころ、滋賀県甲賀市信楽町のMIHO MUSEUMにて「猿楽と面」展が開催されていた（開催は二〇一八年三月〜六月）。近江、大和、白山に残る膨大な数の古面を集めての展観であったが、そこになんとも思いがけず土佐派の演能図屏風が展示されていたのである。六曲一双で、展示替えがあって展示は一隻のみ。閲覧できなかったもう一隻も館に写真提供を依頼し全図の情報を得ることができた。「猿楽と面」展図録は思文閣出版から展観前に準備刊行されていたが、本屏風はこれに掲載されていない。本館からの情報では本屏風のMUSEUMへの寄贈が図録刊行後であったためとのことであった。本屏風の筆者署名は土佐光孚の父親光貞である。

二件の新出の土佐派演能図に出会い、その報告とともにかつての拙稿の誤りも訂正し、新見も加えねばならなくなって、六月の六麓会にて口頭発表したことは前述の通りである。本稿では、まず既刊の拙稿を抄述し、訂正加筆したものを一章にまとめることにした。次に丹波篠山市立歴史美術館蔵の演能図の紹介と考察を一章にまとめ、最後にMIHO MUSEUM新収蔵の演能図の紹介と考察を一章にまとめていく。

本稿への図像の公刊については各所蔵者・館からの許諾を得ており、ここに謝意を表したい。

ここで記述したように、新資料との出会いは全くの偶然か、予想外の情報の提供からであることが多い。これまで二十余年の主として狂言の古図の探索についてもしかりであった。コレクター諸氏によく聞く、不運にも好資料を入手し損ねる痛恨は、研究活動上でも体験してきたことで、ここで土佐派の演能図をまとめられたことは、そうした意味でも感謝に堪えない一事である。

一、「土佐光孚の狂言絵」より

土佐派は日本美術史上狩野派に並ぶ一大画系である。参考のため簡単な解説を引用する。

土佐派　やまと絵の代表的画系。南北朝期の藤原行光を祖とするが、最初に土佐姓を称したのは室町期の土佐行広。室町期・戦国期の土佐光信は宮廷・幕府の支持を得、子の光茂とともに派を確立した。一五六九（永禄十二）光茂の子光元が戦没し本家は絶え、門弟の光吉が和泉堺で派を守った。一六三四（寛永十一）光吉の子光則《みつのり》が帰京。子の光起《みつおき》が五四（承応三）繪所預《えどころあずかり》に復帰し、土佐派を再興。以後幕末までその地位を保った。

（『日本史辞典』角川書店）

中世から幕末までの土佐派の系図を『土佐家の肖像粉本』(1)から引用しておく（二七二ページ）。『土佐家の肖像粉本』は肖像画制作をひとつの核としていた土佐派の画業をたどれる恰好の著作である。

（中世土佐派）
行光…光信―光茂―光元
（近世土佐派）←
光吉―光則―光起―光成―光裕―光芳┬光淳―光時―光禄―光文（光孚実子）―光章→
　　　　　　　　　　　　　　　　└光貞―光孚―光清―光武―光輝→

本章で演能図を取り上げる光孚はすなわち土佐家（分家）の二代目当主である。土佐光孚について『土佐家の肖像粉本』より略歴を引用する（二八〇ページ）。

土佐光孚（とさみつざね・みつたか）安永九年～嘉永五年（一七八〇～一八五二）

分家光貞の子。御薗玄蕃頭の三男を養子にしたという。幼名は虎若丸。字は子正。鶴皐と号した。寛政二年（一七九〇）従六位上、備後介、同九年正六位下、享和四年（一八〇四）従五位下、文化三年土佐守、同八年従五位上、文政元年（一八一八）正五位下、同十二年従四位下、天保十一年（一八四〇）従四位上、嘉永五年（一八五二）正四位下に叙せられた。寛政度内裏では幼少ながら父とともに清涼殿に障壁画を描き、文政元年（一八一八）には大嘗会悠紀主基屏風を描いた。墓は京都市知恩寺にある。

『土佐派絵画資料目録（二）』[2]を参考に若干の追加をすると、土佐光孚は繪所預光貞の猶子で、十歳の時、寛政度内裏の清涼殿屏風を描き、以後禁裏の画事を承して父に勝ると言われたという。十六歳で土佐守に補任。叙位は十一歳で従六位上、十八歳で正六位下、二十五歳で従五位下、三十二歳で従五位正、三十九歳で正五位下、五十歳で従四位下、六十一歳で従四位上、そして七十三歳没後に正四位下を追贈されている。

土佐光孚は近世土佐家歴代の中で最も長命で、そのため歴代最高位の正四位下を叙されており、禁裏での御用絵師としての安定した評価がうかがわれる。『土佐派絵画資料目録（六）』[3]によれば、光孚の祖父光芳以来、禁裏より御台所十人扶持方が支給されていて、それが土佐家の基本的な財政基盤であった。繪所預、内裏御用の職責を果たしながら、禁裏以外の注文制作に応じ、画料を得ていたであろうことは今日伝存する作品群からうかがうことができる。光孚の伝存作品の画題は「源氏物語図」「名所図」「十二月図」等の伝統的土佐派の画題がほとんどである。また『冷泉家展』図録（一九九九年～二〇〇一年）、『冷泉家の至宝展』図録（一九九七年～九九年）によれば、冷泉家歴代の肖像画も手掛けていた。禁裏、公家のほか豪商からの注文制作にもあたっていた。光孚の作品についてのまとまった研究は美術研究においては未だないようだが、祖父光芳については「土佐光芳と絵巻」が『土佐派絵画資料目録（六）』にあり（七八―八四ページ）、これが近世土佐家歴代の画業の数少ないまとまった論考である。

土佐家の作品群のなかで演能に関する絵画はまったく報告されていない。伝存していないのか、そもそも描かれなかったのか。本稿で取り上げる演能図が唯一の言及となる。本稿では二件の作品を紹介考察した。まず国立能楽堂蔵「演能図」屏風、次に生駒市宝山寺獅子閣の襖絵である。

本稿所収の演能図　曲名一覧　略号　国（国立能楽堂蔵一隻屏風）、西（宝山寺獅子閣襖西の間）、東（同東の間）、篠右（丹波篠山歴史美術館蔵屏風右隻）、篠左（同左隻）、M右（MIHO MUSEUM蔵屏風右隻）、M左（同左隻）

番号　1～6は各隻第1扇～6扇、また襖の順番を指す

能　**あ行**「芦刈」国2、M右2　「雲林院」国4、M右4　「江口」M左4　**か行**「邯鄲」西1　「鞍馬天狗」東4、M右6　「現在七面」篠左3　「小鍛冶」国6、M左6　「小袖曽我」M左2　**さ行**「猩々」西5　**た行**「高砂」国1、M右1　「張良」国5、M右5　「道成寺」西3　**は行**「羽衣」M左3　「橋弁慶」東1、篠左1　「鉢木」M左5　**ま行**「三輪」東6、篠右6、M左1　「紅葉狩」篠右4　**や行**「熊野」国3、M右3　以上18曲

狂言　**あ行**「朝比奈」篠左2　「麻生」篠左4　「石神」篠右2　**か行**「青薬練」篠左6　**さ行**「三番叟」篠右1　「末広がり」西4　「煎物」篠右2　**た行**「釣狐」西2　**な行**「業平餅」西6、篠右3　**は行**「花子」東5、篠左5　「鼻取相撲」東3　「福の神」東2　以上12曲

国立能楽堂蔵「土佐光孚筆演能図」屏風

六曲一隻。絹本着色。屏風法量は二五二×三〇〇（糎）。画面は一五五・〇×五一・八。一扇に能一図を貼付け。全六図。『国立能楽堂収蔵資料図録（二）』(4)に掲載があり、能絵の展観の際にもしばしば公開されてきていて周知の図である。ではあるが本屏風についての研究的な論究は皆無で、美術史からも能楽研究からも関心をもたれてこなかった。拙稿においても図録から短い解説を引用したのみであったのでここで一図ずつ取り上げ改めて見つめ直したい。曲名の特定は『国立能楽堂収蔵資料図録（二）』による。

〈第一扇〉「高砂」

「高砂」前場。シテ尉は尉面、尉髪、着付、茶水衣、腰帯、白大口、右手にサラエ。ツレ姥は姥面、姥髪、亀甲紋の着付、濃緑水衣、右手に箒。ワキ大臣は大臣烏帽子（カ）、赤上頭掛、濃紫の狩衣、白大口。ワキツレは大臣烏帽子、黒上頭掛、赤地狩衣、白大口。着付の濃紫はワキの狩衣と共通し、ワキの着付の厚板はワキツレの狩衣の色、紋と共通する。

通常演能図では客席側からの舞台図であるが、本図はまったくその慣例にしたがっていない。ワキは鏡板側から描いているが、シテとシテツレはそうではない。土佐派独自の構図で、実際の演能ではないところが特色といえる。

〈第二扇〉「芦刈」

「芦刈」後場。シテは直面、茶筅髪、着付段熨斗目、萌黄水衣、腰帯、白大口。右手の塗笠を掲げて舞う。ツレは若い女面、鬘、鬘帯、着付、唐織（カ）、紅入腰帯、右手に中啓。ワキは茶筅髪、素襖上下。

「芦刈」後場の笠の段、〽かさゝぎも有明の、を舞うシテ。ワキは後ろ姿で、ワキがあたかも観客であるように描かれワキの見るシテの舞といった構図となっている。

本図も客席側からの舞台図ではなく、ツレ、ワキは「いるべき」位置にいない。「自由な」構図の演能図である。

〈第三扇〉「熊野」

「熊野」の道行き場面。シテは若い女面、鬘、鬘帯、右手に中啓。段替亀甲紋唐織の着装は腰帯をしないで糸留めをする江戸初期の演能図にしばしばみられる形である。ワキは風折烏帽子、着付、濃緑の袷狩衣衣紋付け（カ）、白大口、右手に中啓、太刀。ここで奇異なのは間狂言で、本来は素襖上下のワキツレであるべきところを太郎冠者出立の間狂言として描く。髷、着付は段熨斗目、白い肩衣、丸紋の狂言半袴。「熊野」に間狂言を描いているのは本図が実際の演能や謡本を見ての演能図ではないことを示すものである。作り物は車、白い布で巻く（カ）。

〈第四扇〉「雲林院」

「雲林院」後場。シテは中将面、初冠、赤地着付に藍色の狩衣、腰帯、紫の指貫、指貫の裾をこのようにふくらませて描くのは土佐派の特徴。右手に中啓を開いて舞う。ワキが茶筅髪、掛素襖、腰帯、白大口、塗笠を置く。作り物は桜立木、丸台。見事な桜の木である。

序之舞に入る前の〽狩衣の袂を冠の巾子にうち被き忍び出づるや如月の、の場面。ワキ、立木とも実際の舞台でのあるべき位置になく、雰囲気は十分に「雲林院」だが、本図も「自由な」構図の演能図である。

〈第五扇〉「張良」

「張良」後場。シテは悪尉面、濃紫の唐帽子には裾に毛が付けられている（あるいは白垂の毛末をこのように描いたか）。白い狩衣、茶色地牡丹唐草紋様半切。左足の沓が脱げているのは謡本詞章通り。右足は沓をはく。沓はシテの前方向に落ちている。右手に緑唐団扇。ワキは直面、唐冠、亀甲紋着付、藍色飛雲紋様半切、緑色の腰帯、剣。作り物は一畳台。台の浅黄色の絹布の紋様まで丁寧に描かれ、衣装、作り物の描き方に注意が払われていることは、近世の他の演能図と共通する。注文者がそれを期待したことが読み取れる。

〈第六扇〉「小鍛冶」

「小鍛冶」後場。シテは飛出面（カ）、赤頭、狐戴、濃紫龍紋様法被、右肩脱ぎ、腰帯、赤地半切、右手に鎚を振り上げる。ワキは風折烏帽子、着付小格子厚板（カ）、長絹（カ）肩上げ、腰帯、白大口、右手に鎚、左手に刀。二人の前に作り物の鉄床。作り物の一畳台角には幣が立つ。ワキツレは洞烏帽子（カ）、赤地狩衣、腰帯、白大口。一畳台の紋様は第五扇「張良」の台の紋様が襲用されている。総じて本屏風の直面の男（若い男は除く）の顔には髭の剃り跡が薄墨で掃かれている。

総じてどの図も実際の演能とは一致しないが、役それぞれの演技に大きな齟齬はない。実際の演能を見ていたか、役者にポーズをとってもらい写したかとも考えられる。土佐光孚がどのように本図を描いたかを確認する文献的資料はない。土佐派の作画法は、伝統的画題の場合は土佐家に蓄積されていた膨大な粉本を手がかりに古式にのっとって描くのが通常だった。しかし、演能図のような画題は家に先例がなく、実際の観察、スケッチから入ったものと考えられる。

とくに、直面の顔貌表現は、土佐家得意の肖像画に近いものがあり、江戸後期の「観世座能狂言写生帖」(5)のように、特定の役者の顔ではないかと想像もされる。注文主の依頼があったかもしれない。現時点ではまったくの仮説であるが。一方、着装などには古い能絵を参照したらしいところもあり、現在残る土佐家の粉本のなかには能にかかわる絵がまったく伝存していないが、散逸したものの中にはあったかもしれない。今後の土佐派の能絵分野研究の課題ではある。

画面が実際の演能とは異なることは述べてきたが、あえて奇異を狙った図というより、屏風絵のための縦長の画面に横長の舞台を収める工夫であったのかもしれない。とくに第六扇の「小鍛冶」などはどうしても横長のクライマックス場面をその形で描き留めたくて斜めの構図にしたことがありありとうかがえるのである。

本図の演出史料としての活用については、以上のような土佐派の独自性、実写か否かのあいまいさ、誤謬、などを差し引いたうえで、なおかつ取るべきところを取っていくべきであろう。

本図の制作年については筆者落款が「畫所預従四位下土佐守藤原光孚」とあるので文政十二年(一八二九)から天保十一年(一八四〇)の間ということになる。

本屏風は現在一隻が伝来しているわけだが、もう一隻には何が描かれていたのだろう。もう一隻も能絵尽くしであったか、狂言絵が描かれていたか。その出現を待たねば確実な答えは出ないはずであった。しかし、後述するように、新出のMIHO MUSEUM蔵屏風によってその答えを得ることができた。後の章でそのことについて触れたい。

以上、旧拙稿では筆の及ばなかった本屏風の内容について考察を追加した。以下の作品については紙幅の関係で本図ほどには詳述できないが、およそこのような視点と方法で検討を加えていく。

生駒市宝山寺獅子閣の「土佐光孚筆演能図」襖絵

奈良県生駒市宝山寺の獅子閣は明治期に立てられた木造西洋風の迎賓館で、当寺資料室発行の「獅子閣の概説」[6]、また拙稿「宝山寺獅子閣の能狂言襖絵」[7]に紹介がある。ここでは和室二室に立てられた襖の画面十二面について画像を列挙し、簡単な考察を記述しておく。列挙の順序は二室の襖六面の配置順による。その実際の二室の状態については前掲資料を参照いただきたい。襖の順は入れ替わっている可能性もある、と寺の説明があった。

画面の法量は一二三・五×五七・三また一二四・五×五五・〇。もともと襖用に制作されたものか、屏風に仕立てるものであったか、等の伝聞や記録はない。

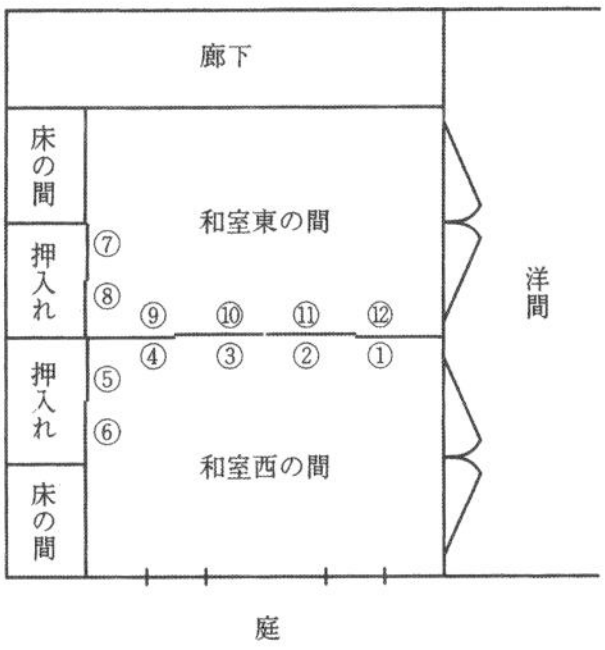

獅子閣　和室二間の見取図

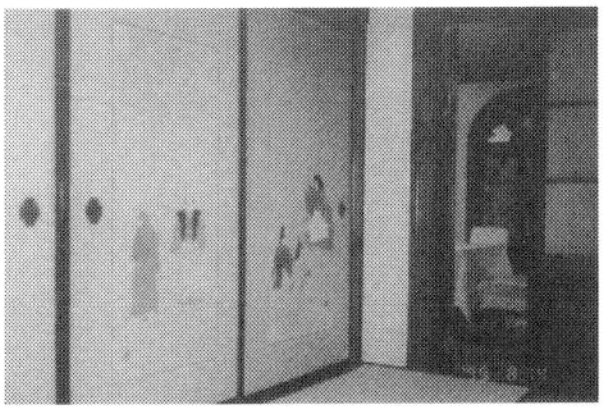

西の間　襖と洋間へ通じるガラス扉

東の間の襖

和室西の間

〈図一〉能「邯鄲」

〈図二〉狂言「釣狐」

〈図三〉能「道成寺」

和室東の間

〈図一〉能「橋弁慶」

〈図二〉狂言「福の神」

〈図三〉狂言「鼻取相撲」

〈図四〉狂言「末広がり」

〈図五〉能「猩々」

〈図六〉狂言「業平餅」

〈図四〉能「鞍馬天狗」

〈図五〉狂言「花子」

〈図六〉能「三輪」

本襖絵の画面については紙幅の関係で解題は旧稿「土佐光孚の狂言絵」に委ねたいが、画面だけは他図との関係で掲載する。ただ一図、和室東の間の図一の曲名の特定を訂正しておきたい。「鉢木」か、としたのだが、「橋弁慶」の前場の弁慶と従者か」とした方を是として採りたい。これについては後続の新出屏風、丹波篠山市立歴史美術館蔵演能図屏風の章で再度触れる。

本図の制作年は筆者落款が「畫所預従四位上土佐守藤原光孚」とあるので天保十一年（一八四〇）から嘉永五年（一八五二）の間ということになる。すなわち国立能楽堂蔵屏風より後の制作である。

二、新出丹波篠山市立歴史美術館蔵「土佐光孚筆演能図」屏風

本屏風については「はじめに」において簡単に紹介した。館によれば伝来は不明で、現在は館蔵品とのことである。

六曲一双。紙本着色。屏風法量は一三七×三七六（糎）。画面は一一三×五〇。一扇に能、狂言一曲ずつを描く。全十二図。能六図、狂言六図。各隻を一図ずつ検討していきたい。

歴史美術館の展観時の解説での曲目比定は次の通りであった。

右隻　第一扇　狂言「三番叟」、第二扇　狂言「不明」、第三扇　狂言「業平餅」、第四扇　能「紅葉狩」、第五扇　狂言「不明」、第六扇　能「三輪」

左隻　第一扇　能「不明」、第二扇　狂言「朝比奈」、第三扇　能「不明」、第四扇　狂言「不明」、第五扇狂言「花子」、第六扇　狂言「膏薬練」

以上のように曲目特定しにくい画面であったことは確かである。以下、各隻を一図ずつ検討していきたい。

〈第一扇〉「三番叟」

「三番叟」鈴の段。剣先烏帽子に黒式尉面。着付厚板（カ）、素襖上下、袴は半袴、衣装の紋様は鶴らしいが剥落してやや不明。右手に鈴、左手に扇。右足を左内側にはね上げる「三番叟」図は他にない。屏風絵における「三番叟」図は数が少ない。この「三番叟」図も類例のない描き方である。剣先烏帽子の形も不鮮明、扇もバランスを欠く大きさで、光孚筆なのかとやや不審。あるいは工房の別人筆か。光孚作品には贋作も出回るとのことだが、よし真筆でなくとも土佐派演能図として取り扱うことは問題はない。

〈第二扇〉狂言「煎物」

本図は「鍋八撥」のようにも読めるが、右の男は烏帽子を被り商人の姿ではない。「観世座能狂言写生帖」（注5）に類図があり（一〇一ページ）、「煎物」とした（注8）。左の男は角頭巾、十徳、丸紋半袴、腰帯。右手に杉の葉を持つ。右の男は烏帽子、着付肩上げ、半袴くくり、腰に羯鼓を括り、右手に撥を二本持つ。煎物売りが祭の囃子物の稽古をするのをまねているところ。本図の曲名は狂言研究者複数で検討し田口和夫氏から「煎物」との指摘を受けた。ここで筆写不明「観世座能狂言写生帖」の筆者特定にも新展望が予測されることとなった。

〈第三扇〉狂言「業平餅」

本図は前章一の（二）の生駒市宝山寺獅子閣の襖絵の和室西の間の第六図と類図である。男は初冠、中将の面、狩衣、指貫、左手袖で顔を覆う。女は鬘、乙の面、着付に縫箔（カ）を腰巻にしている。髪の先をひょろひょろ描くのは琳派などにも共通する醜女の描き方。舞台実際にはこのような鬘は用いない。足袋の色が茶色。業平に能の面をかける演出があったことは文献からは全く確認はできない。本図の業平は前述の国立能楽堂蔵「演能図」の「雲林院」の業平とは描法が違うようで、舞台の写実よりは土佐家粉本業平図に依ったとすべきだろう。

〈第四扇〉能「紅葉狩」

左に紅葉を付けた山の作り物が描かれていたようだが、剥落したか紅葉のみで他は見えない。鬼は鍬形付き黒頭、鬼の面（カ）、白い着付、半切（カ）、右手に打杖を持つ。男は直面、着付、法被（カ）、朱鞘の刀を抜かんとする態。鬼の面は実際の面の写実からは遠い。山の紅葉、鬼の唇に鮮明な朱色が残る。総じてこれまで見てきた顔貌も唇に濃く朱色が入れられている。土佐派の演能図の特色の一つと言える。

〈第五扇〉狂言「石神」

女は白い布でビナン鬘、布の端を非常に長く垂らす、着付縫箔（カ）、右手に神楽鈴、左手に扇。足袋の色が茶色。夫は頭巾、面を頭上に押し上げている、着付、水衣、半袴、腰帯。胸に紙垂を掛けている。足袋は茶色。女の顔貌は美しい女性の顔で、男の役者にはみえない描き方。夫は鬘桶（カ）に腰を掛け、石神に扮している。面は現行では嘘吹きか毘沙門を掛けるが、この図では不鮮明で読み取りにくい。夫の首にかけている標は文献では確認できない小道具。民俗信仰の石神の神体の紙垂をつけた注連縄を絵師の裁量で描いたか。

〈第六扇〉能「三輪」

右手に作り物の杉小屋が描かれていたらしいが剥落。後シテの女は風折烏帽子、女面、鬘、長絹、朱の大口、右手に幣を持つ。シテの持つ幣は剥落しているが面は美しく残り、若い女面であることがわかる。長絹は盛花籠の大紋様。これぞ神楽の始めなる〳〵ちはやぶる、と神楽に移る場面。制作当初は相当に美しい画面であったと思われる。以上、右隻の曲目配列は五番立てを意識したものでもなく、能狂言屏風制作にさほど詳しい作者ではなかったようだ。

【左隻】

〈第一扇〉能「橋弁慶」

生駒市宝山寺獅子閣の襖絵の和室東の間の第一図と類図である。旧稿では「鉢木」かとしていた図だが「橋弁慶」の前場である。（ちなみに現行であるが『観世流謡曲百番集』「橋弁慶」四七五ページ頭注部分に類図があり参考になる。）左の男は髷、素襖上下（カ）、右手に太刀を捧げ持つ。右の男は角帽子らしいかぶりもの、着付、水衣（カ）、白大口、右手に中啓、刀を差す。太刀に長い下げ緒が描かれていて、太刀の描き方は獅子閣襖絵と違っている。はなやかな後場ではなく「橋弁慶」の前場を描いた意図は不明。「高砂」前場のように意味ある場面でもない。

〈第二扇〉狂言「朝比奈」

男はさばき髪（カ）、着付厚板（カ）、白い法被肩上げ、白大口、太刀を佩き、右手に竹の棒を持つ。鬼は赤い毛のついた鬼頭巾、面は武悪面（カ）、着付厚板（カ）、表着厚板壷折（カ）、腰帯、白い半袴（カ）括る。前に細い攻め杖。朝比奈の顔貌は「紅葉狩」の維茂に似る。武人の顔貌表現か。「朝比奈」の古図では必ず七つ道具を背負うのだが、本図ではそれが描かれない。土佐派の狂言がいわゆる狂言古図によっていないらしいことが推測される。ただしこの朝比奈と鬼の位置と姿態は多くの狂言古図と類似する。実写であったのかもしれない。

〈第三扇〉能「現在七面」

龍女は龍戴、白頭、着付、法被（カ）、朱大口、打ち杖をつく。男は花帽子、朱水衣、白指貫、紋様あり、左手に数珠、両手で経巻を広げ持つ。作り物の一畳台は他図に例のない描き方。シテの龍女の輪冠のたてものは大龍戴だが、本図ではおとなしい龍である。ワキ日蓮上人が、その時上人御経を取り上げ於須臾頂便成正覚と高らかに唱へ給へば忽ち蛇身を変じつゝ　とシテ龍女に向き合う場面。花帽子から美しい役者の目がのぞいている。「現在七面」は現在でも稀曲で、絵画の残存例も他に知らない。

〈第四扇〉狂言「麻生」

左の男は髷、着付段熨斗目、素襖上下、刀を差し、中啓は前に置く。右の男は着付熨斗目、狂言肩衣、半袴、足袋は茶色。左手に棒を持ち烏帽子を掲げる。漆で塗り上げた烏帽子を棒の先に掲げて戻ってきたものの、主人の宿舎がわからなくなった下人が囃子物で探し回ると、待ちかねた主人が囃子物に浮き立ってしまう場面。下人は二人出るが、本図では一人に省略されている。「麻生」は江戸時代を通し脇狂言の人気曲だったが、本屏風では脇の位置すなわち巻頭に置かれていない。屏風制作の常道にはずれている。主人の顔は他の男とは異質で後補か。

〈第五扇〉狂言「花子」

男はさばき髪、唐織（カ）を羽織り、素襖の袴、刀を差す。女は着付、ビナン鬘の布の端が見える、小袖を被く。鬘桶に腰掛ける。足袋の色は不明。花子の宿から戻った男は多くの狂言古図では素襖の右肩を脱いで放心の態を演出する。本図では唐織（カ）を着ているらしく、花子の小袖をまとって帰ってきた態の演出か。

『狂言記』では男は着流しの上に女ものの小袖を羽織っている。花子の小袖を羽織る演出があった可能性はある。獅子閣襖絵の「花子」とふたりの姿態は似るが、衣装の色、紋様はかなり異なっている。

〈第六扇〉狂言「膏薬練」

二人とも着付は熨斗目、狂言肩衣、半袴、足袋は茶色。額に短冊状の紙を貼り付けている。足袋は茶色。衣装部分が剥落しているが、狂言肩衣の紋様などはよく残っている。画面がだいぶ剥落して見えにくい。右の男の膏薬の紙が見えにくいが、額に張り付けた短冊形の白紙が上方になびいている。膏薬の薬効による引き合いの滑稽がみどころで、多くの狂言古図は大仰な二人の演技を描くが、本図では二人の距離が近いせいもあり、動態が穏やかである。以上、本屏風の現状から相当に使用されたものと推測され、おそらく能狂言を愛好するように愛された調度だったのだろう。

総じて、他の能狂言図とことに違いはないが、面の描き方が恣意的であるのは土佐光孚の特徴か。また角帽子の描き方にも不審がある。「橋弁慶」などは実際の舞台は見ていなかったと思われる。「業平餅」の業平に中将の面を描くなどもまた同じである。土佐家の粉本の業平を描いてしまっている。本屏風は剥落部分が多く、衣装の紋様や色も不明のものもある。「紅葉狩」のように、あるいは写しか、と思われるような粗雑な感のある絵もある。

本図の制作年は、筆者署名が「畫所預従四位上土佐守藤原光孚」とあるところから、生駒市宝山寺獅子閣襖絵と同じ、天保十一年(一八四〇)から嘉永五年(一八五二)の間ということになる。もし本図が写しであったとしてもその原図は土佐光孚のものであったことはまちがいないであろうから、稀少な土佐派の演能図屏風としてここにとりあげておく。ことに他に作例のない「現在七面」図を含む点は貴重である。

三、新出 MIHO MUSEUM 蔵「土佐光貞筆演能図」屏風

本屏風についても「はじめに」の章で簡単に紹介した。館によれば寄贈者は館のある甲賀市信楽町在住の今居家(展示キャプションには「今居由佳里氏寄贈」とあった)で、さらにそれ以前、同家への伝来の経緯については未詳である。

六曲一双。絹本着色。屏風法量は一七〇・五×三六八・四(糎)。画面法量は一二四・六×五〇・五~五二・三。一扇に能一図。全十二図。国立能楽堂の一隻屏風と類図が「高砂」「芦刈」「熊野」「雲林院」「張良」の五図で、その順も同じである。制作圏が非常に近いと判断される。本図の出現で、国立能楽堂蔵「演能図」屏風の対の一隻も狂言図ではなく能図であったことがわかる。また土佐光孚の演能図は管見に入ったものは旧稿で

取り上げた二件だけであったから、孤本に近いものかと推測していたが、ここに光孚の父親の屏風が出たことで、土佐派に演能図の伝統があったことが推測されることになった。

土佐光貞について『土佐家の肖像粉本』より略歴を引用する（二七九ページ）。

元文三年～文化三年（一七三八～一八〇六）

光芳の次男。幼名茂松丸。字は士享。初め内匠と名乗る。宝暦四年（一七五四）従六位上、内匠大属となり、本家とは別に一家を立てた。同十一年正六位下、同十三年内匠允、明和元年（一七六四）左近衛将監、同五年従五位下、安永四年（一七七五）従五位上、土佐守、天明二年（一七八二）正五位下、寛政四年（一七九二）従四位下、享和二年（一八〇二）従四位上に叙せられた。明和元年（一七六四）、同八年（一七七一）、天明七年（一七八七）等の大嘗会悠紀主基屏風を描く。寛政度内裏造営では清涼殿の障壁画を描いた。

墓は京都市知恩寺にある。

光孚の一代前にすでに土佐家分家の基盤は強固にできていたことがわかる。

本図の制作年は、筆者署名が「畫所預従四位下土佐守藤原光貞」とあるところから寛政四年（一七九二）から享和二年（一八〇二）の間ということになる。本屏風の画面内容は右隻の第一扇から第五扇までは国立能楽堂蔵「演能図」と重なるので簡略に記す。

MIHO MUSEUM蔵「演能図」屏風

右隻　第一扇「高砂」前場、第二扇「芦刈」後場、第三扇「熊野」道行、第四扇「雲林院」後場、第五扇「張良」前場、第六扇「鞍馬天狗」後場

左隻　第一扇「三輪」後場、第二扇「小袖曽我」、第三扇「羽衣」、第四扇「江口」後場、第五扇「鉢木」、第六扇「小鍛冶」

【右隻】

〈第一扇〉「高砂」

本図は国立能楽堂蔵「演能図」屏風第一扇とほぼ重なっている。彩色、構図も、衣装紋様も近い。粉本を同じくしたか、光貞図を光孚が模したか、であろう。水衣の透ける表現などは完全に踏襲され、いわば得意技の見せ所であったことが伺える。（これは土佐派に限らないが。）姥の鬘帯は白で、国立能楽堂蔵屏風も本屏風も全図同じように鬘帯は白い。他の能絵は多様な彩色の鬘帯に描かれているから、白い鬘帯は土佐派の独自表現と言えるだろう。

〈第二扇〉「芦刈」

本図シテの姿は国立能楽堂蔵「演能図」と重なるが、ツレとワキの位置が違う。それぞれの工夫の余地があったらしい。

それにしてもワキは本図のほうが普通で、なぜ光孚は後ろ向きのワキを描いたのかは不審である。その答えを得るためにはもう少し多くの土佐派演能図の出現を待たねばならないだろう。

〈第三扇〉「熊野」

本図もまた国立能楽堂「演能図」屏風第三扇とほぼ重なっている。衣装の色、紋様もほとんど同じだが、顔貌表現が光孚は独特である。光貞のほうはやさしげな大和絵風である。花見車の屋根が、現行のように紅緞で巻かれている。作り物を紅緞で巻くことは江戸初期の能絵にも描かれていて、光貞、光孚の時代もそうなっていたはずである。白布で巻く作り物図も土佐派の独自表現と言ってよいだろう。

〈第四扇〉「雲林院」

本図もまた国立能楽堂蔵「演能図」屏風第四扇とほぼ重なっている。粉本を同じくしたか、光貞図が光孚に伝わったのであろう。

〈第五扇〉「張良」

本図もまた国立能楽堂蔵「演能図」屏風第五扇にほぼ重なっている。一畳台の紋様まで近い図になっている。写真のような肖像画を専門にしていた画派であるので、動態表現に活気がないのは光貞も光孚も同じである。

〈第六扇〉「鞍馬天狗」

生駒市宝山寺獅子閣の襖絵の和室東の間の第四図と類図である。光貞から光孚へ、図様が伝わっていたことがわかる。天狗は兜巾、非常に毛先の長い赤頭、緑色の狩衣、青地の半切。右手に羽団扇。牛若はさばき髪（カ）、振袖の着付、白大口（カ）、腰帯、右手に長刀を持つ。面ははなはだ実物のべしみ面らしくない。光孚の図もまた光貞以上に実物らしからぬ面であった。

【左隻】

〈第一扇〉「三輪」

〈第二扇〉「小袖曽我」

「三輪」図は光孚に二例あった。宝山寺獅子閣の襖絵の和室東の間の第六図とこの度新出の丹波篠山市立歴史美術館蔵「演能図」屏風の右隻第六扇である。ともに、黒風折烏帽子、女面、鬘、鬘帯、青地の長絹、朱の大口、右手に幣を持つ。作り物杉小屋が画面右上に描かれている。ところがこの光貞図では杉枝を立て紙垂をつけた杉小屋の作り物は同じく右上に描かれるが、女は女面、天冠（カ）、鬘、鬘帯、長絹、朱大口、右手に黒骨の扇を開いて持つ。男は角帽子、白水衣、着付着流し（カ）。

巫女に三輪明神のついた出立ちが天女姿ではありえず、ここはあきらかに光貞の誤謬であろう。そのため光孚は是正した図を描くことになったのであろう。光貞から光孚への伝承とは別の粉本の流れがあったことを想像させる。

女は女面、鬘、鬘帯、紅無唐織（カ）、中啓を持つ。男ふたりは直面、侍烏帽子、着付は段厚板（カ）、鶴の大紋様の掛直垂（カ）、白大口、腰帯、左の男の中啓（カ）が見える。

〽舞のかざしのその隙に　兄弟目を引き、これや限りの親子の契りと、の場面。母の下居姿は国立能楽堂蔵「演能図」第二扇「芦刈」の妻の姿に重なる。

〈第三扇〉「羽衣」

女は女面、天冠（カ）、鬘、鬘帯、着付は摺箔（カ）、縫箔を腰巻、右手に中啓を持つ。男は茶筅髪、着付段熨斗目、緑色の水衣、右手に扇を持つ。作り物は松の立木で丸台、松に衣が掛けてある。

天冠の描き方は「三輪」図とおなじく輪冠に立てものでない中国風のかぶりもので、光貞もまた実際の舞台のスケッチによっていないことがわかる。

〈第四扇〉「江口」

女三人は女面、鬘、鬘帯、唐織（カ）を打ちかけ風に着て糸留めし腰帯を使っていない。江戸初期の能絵に見られる着装法で、光貞の描き方は粉本あるいは絵鑑のような参考図によっていたことがうかがえる。左はしの女は右肩脱ぎで、右手に竿を持つ。作り物の舟の描き方は他のどの図より『能絵鑑』[9]に近い。狩野派の手になる『能絵鑑』を土佐光貞が披見した可能性はないだろうが、その粉本時点のものはあるいは目にすることはあったかもしれない。ただし舟に屋形がなく「江口」の舟の図としてはより古様である。

〈第五扇〉「鉢木」

男は直面、捌き髪、着付段厚板（カ）、側次、腰帯、白大口、左手に長刀、右手に鞭。右手前の男は角帽子沙門付らしく描いたか、段厚板（カ）、水衣、濃い緑色の半切（カ）、右手に中啓、鬘桶に腰をかける。ツレ男は梨打烏帽子（カ）、着付厚板、側次、白大口。間狂言の男は熨斗目、肩衣、半袴、右手に太刀を持つ。佐野源左衛門が痩せ馬で駆け付ける場面と鎌倉の最明寺入道が近距離にいるようだが、これも細長の画面に描き込む工夫としての画面圧縮だろう。

〈第６扇〉「小鍛冶」

「小鍛冶」図は国立能楽堂蔵「演能図」屏風の第六扇に類図がありそこで画面は検討した。ただしワキツレ勅使の位置と向きがちがう。この程度の改変は許容範囲だったのか、光孚は父光貞図より、より実際の舞台に近づけようとしたか。これだけの残存作例からは確定的なことは言い難いが予測はしておきたい。ワキツレが後ろ向きであるのは国立能楽堂蔵「演能図」第二扇「芦刈」のワキが後ろ向きであることと似ている。こうした鑑賞者を無視した構図、描法はなにか意味があるのか、土佐派の演能図の一つの課題として記憶に留めておきたい。

以上、本屏風の内容について検討してきた。本屏風の出現で、光孚の演能図がすくなくとも父光貞まで遡りうることがあきらかになった。さらにその先については確実な作例か粉本がたどれれば、より土佐派演能図の流れと価値について言及できることになるだろう。

さて本屏風の左隻「三輪」、「江口」、「鉢木」についてはほぼ同じ図が現状額装として旧観世会館（渋谷区松濤）のロビーにかざられていたのを見たことがある。光貞筆であったか光孚筆であったかいずれかであった。伝来、所蔵者などを館に問い合わせたがはっきりとした答えは得られなかった。ただこのように、屏風装として使用されず伝来している図があることは確かなのである。

おわりに

美術史側からも、演能史資料としてもまったく関心を持たれてこなかった土佐派の演能図。このたび新出本にめぐりあったことで、急ぎ紹介と簡略ながら考察を加える作業に取り組むことになった。とくに粉本主義の強い土佐派の舞台図は千変万化に動く演能を描くにはいささか向かなかったということは言え、それゆえ美術的にも評価されにくいところもあったのだろう。しかし演能図は写真や映像のない時代の演能を知るうえでの一級資料であることは間違いなく、ことに筆者と制作年のわかるものは数が極めて少ないのだ。土佐光貞、光孚は禁裏御用絵師で、その作品はおそらく高額で禁裏また高位、富裕の人々の元に受容されたはずである。新出屏風二件が丹波篠山市、甲賀市信楽町に伝来していたことも能の受容とともにあった土佐派屏風の意味について様々考えさせてくれるのである。

注

(1) 榊原吉郎／松尾芳樹『土佐家の肖像粉本　像と影』京都書院、一九九八年

(2)『土佐派絵画資料目録（一）』京都市立芸術大学創立110周年記念事業実行委員会、一九九〇年

(3)『土佐派絵画資料目録（六）』京都市立芸術大学芸術教育振興協会、一九九六年

(4)『国立能楽堂収蔵資料図録〈1〉』日本芸術文化振興会、二〇〇一年、一〇二ページ

(5)『国立能楽堂収蔵資料図録〈2〉』日本芸術文化振興会、二〇〇二年、六四ページ

(6) 築部章三『重要文化財　獅子閣の概説』（リーフレット）生駒山宝山寺

(7) 藤岡道子「宝山寺獅子閣の能狂言襖絵」『金剛』一五七号、五十五巻一号、二〇〇〇年、一五―一六ページ

なお「宝山寺獅子閣の能狂言襖絵」稿に書き漏らした情報を一言追記したい。宝山寺には明治期に世阿弥禅竹の自筆伝書を含む多量の貴重な能楽関連資料が金春宗家から移管されて伝来していることは周知のこととなっている。幕末、金春宗家の縁者駒岡隆範が入山し、後に管長になっていたという事情下のことであるが、獅子閣襖絵の能狂言絵はそのルートからの伝来ではないとのことである（宝山寺資料室からの聞き取り）。しかし明治初期の創建である寺の迎賓館の和室襖に能狂言絵が選択されているのは金春家人脈の関わりを感じさせるところである。

(8)「観世座能狂言写生帖」『国立能楽堂収蔵資料図録〈2〉』一〇一ページ。

ここに類図のあることについては田口和夫氏からご教示を得た。下図↓

(9)『能絵鑑』は現在三本が知られ公刊されている。国立能楽堂蔵本、法政大学能楽研究所蔵本、宇和島伊達家伝来本である。

「観世座能狂言写生帖」煎物図

「幽玄」と「たけ」と「たけたる位《くらい》」――『風姿花伝第三問答条々』「位の段」再考

三苫佳子

はじめに

今日の能の上演においては、小書（特殊演出）が付くと「位が重くなる」というようなことをしばしば耳にする。この場合の「位」とは、一つの能を演出するための全体的なイメージの基準のようなものといえる。その能に出演するそれぞれの役者の演技や演奏の、テンポやトーンあるいは気迫などの指針、さらに作品世界の深さや人物像のなどを表現するための指針が「位」と呼ばれ、その「位」を各出演者が感覚的に把握しながら舞台は創られていく。

「位」とは、そもそも能の創成者である世阿弥が重視していたことであった。世阿弥は初期の伝書『風姿花伝第三問答条々』の六番目の問答で「位」を取り上げている。本稿で考察しようとしているのが、この「位」についての問答、すなわち「位の段」である。

「位の段」では、役者の演技の理想的な品位・格調といった意味合いで「位」が用いられていると考えられる。ただし「幽玄」「たけ」「たけたる位」といった複数の「位」が話題となるため、しばしば「位の段」の論旨が明確でないことが指摘されてきた。その原因として、本文に増補改訂がおこなわれた可能性が考えられてきた。[1] 実は筆者もかつてこの問題について検討したことがある。[2] しかしながら、「位の段」の増補改訂については、いまだに推測の域を出ていないといえるだろう。

『風姿花伝』は金春家伝来の〈金春本〉系の本文をもとにして検討されてきた。しかし本稿では、これまで取り上げられてこなかった異本《宗節自筆巻子本》も合わせて考察することで、「位の段」の内容を再検討したい。

宗節とは七世観世大夫元忠（一五〇七～一五八四年）のことである。宗節は元亀二年（一五七一）徳川家康の元に伺候していた兄の駿河の十郎大夫を頼って浜松に下向した。天文十一年（一五四二）に火災のために観世宗家伝来の文書の多くを焼失していた宗節は、当地で、世阿弥直系の観世十郎大夫家の世阿弥伝書を書写したのであった。《宗節自筆巻子本》とは、署名はないが宗節自筆と考えられている片カナ書きの写本のことで、「観世アーカイブ」のＨＰより「観世宗節巻子本」『風姿花伝』で検索閲覧できる。

本稿の末尾（一七四―一七五ページ）に〈金春本〉と《宗節自筆巻子本》の「位の段」本文対照表を掲載し、一文ごとに①～㉖までの通し番号を付けた。本文中の「位」という言葉には傍線を付し、「幽玄」という言葉については★印、「たけ」については▼印、「たけたる位」については▲印を付けて、目印とした。また、〈金春本〉にあって《宗節自筆巻子本》には無い本文については◆印を付けている。

一、〈金春本〉の増補推定箇所

「位の段」についてのこれまでの考察

「位の段」は〈金春本〉の本文を基にして理解されてきたため、その内容のわかりにくさについては、まず〈金春本〉の本文に沿って確認しておきたい。

〈金春本〉の「位の段」の問い②は、「能に位の差別を知る事は、如何」とある。能において役者の芸の「位」の違いを判断すること、という「位の差別」が問題となっているわけだが、④で「目きき」は「位の差別」を容易に見分けることができるとする。⑤では、一般には、段階を経て「位」は上がっていくものだが、不思議な事に十歳ぐらいの子供の役者でもすでに「位」が上がっている場合があることを述べる。

⑧では「生得の位」として「たけ」をあげて、⑭「生得幽玄」な所を「幽玄」とし、これを「位」とするが、⑯では「幽玄」ではない「たけ」もあると続く。「幽玄」と「たけ」は共に「位」と認められているようだが、ここではその差別（違い）が話題になっていると考えられる。⑨から⑬は、よく間違われる「たけ」と「嵩」の違いが述べられて、「たけ」は「位」だが、「嵩」は「位」ではないとする。

しかし、位を得る事、上がることを心掛けて稽古すると、むしろ「稽古」した分だけ「位は下がる」と⑲⑳にある。ところが㉒では、「稽古」を極めていけば「位」がおのずから出てくる事もあると、⑲とは反対のことを意味する内容が書かれている。

さらに、結末の㉔では、「幽玄の位」は「生得」のものであるが、「たけたる位」は「稽古の功入りたる所か」と、「幽玄」に対して「たけ」ではなく「たけたる位」を対比させて、両者の差別（違い）が書かれている。ただし「たけたる位」と「たけ」の違いについては、ここでは明確にされていない。

このように「位」として「幽玄」と「たけ」、また「たけ」と「嵩」区別、さらに「幽玄」という「位」と「たけたる位」がそれぞれに比較された上で、「位」と「稽古」の関係についても論じられているため、「位の段」の主旨がわかりにくいという印象を受ける。

小西甚一氏によれば、「位の段」の論旨の複雑さの原因として執筆時期の隔たりが考慮され、〈金春本〉の◆㉔◆㉕◆㉖が後の加筆箇所と指摘された。[1] その後、『風姿花伝』の全体を通して世阿弥自身の手による増補改訂の可能性が、表章氏によって検討された[3]。表章氏によれば、世阿弥による本文改定の作業は「第三まで完結していた形に第四神儀と奥義を加えた段階と、書名を【花伝】から【風姿花伝】に改めた段階の二度の機会にかなり集中的に行われたことはほぼ確かであろう[4]」と推測されている。『風姿花伝』全体の増補改訂箇所については、「公案」などの禅林用語などや、世阿弥が好んで用いた特徴のある言葉や文章に注目して、その可能性が考えられている。「位の段」の増補推定箇所としては、小西氏と同じく◆㉔◆㉕◆㉖が指摘された。

また筆者は拙稿[2]において、世阿弥の幽玄についての考え方の変化に伴って増補改訂の必要が生じたと仮定して検討を試みた。その結果、小西氏と表章氏によって指摘された増補推定箇所◆㉔◆㉕◆㉖の他に、新たな増補箇所⑬⑭⑮⑯◆⑰を推定する、という結論に至った。

〈金春本〉にはあるが《宗節自筆巻子本》にはない本文

これまでの「位の段」についての考察は、あくまで〈金春本〉の本文に基づいたものであった。では、これとは異なる本文を持つ《宗節自筆巻子本》の場合はどうだろうか。

実は、両者を比較すると、《宗節自筆巻子本》にはないが、〈金春本〉には書かれている文章があり、本文対照表には、その箇所に◆印を付けていた。〈金春本〉のみに書かれた文は◆⑦◆⑰◆㉓◆㉔◆㉕◆㉖の六つであった。

〈金春本〉には、《宗節自筆巻子本》にはない本文が六つある。この事実をどのように捉えたらよいだろうか。たとえば、《宗節自筆巻子本》の執筆後に、増補加筆等がなされるなどの改訂を経て〈金春本〉に至った、という推測ができるだろう。そうであるなら、〈金春本〉にのみ書かれた六つの文は、《宗節自筆巻子本》の段階より後に、修正され書き加えられた増補箇所であったということになるだろう。

ここでさらに興味深いのは、《宗節自筆巻子本》には無くて〈金春本〉にある六つの本文のうちの◆㉔◆㉕◆㉖が、小西氏と表章氏による増補推定箇所と一致することである。また、筆者が指摘した増補箇所の中では◆⑰が〈金春本〉のみの文章と一致している。つまり、〈金春本〉の本文中に推定されていた四つの増補箇所◆⑰◆㉔◆㉕◆㉖が、《宗節自筆巻子本》には書かれていないのである。それならば、〈金春本〉に増補の可能性を指摘したこれまでの考察は、《宗節自筆巻子本》が〈金春本〉以前の本文だったことの論拠の一つとならないだろうか。

しかしながら、《宗節自筆巻子本》の形は〈金春本〉以前の内容ではなく、〈金春本〉を書写する過程で改竄されていった結果だと主張されてきた。

二、〈金春本〉と《宗節自筆巻子本》

『風姿花伝』五巻本について

『風姿花伝』は〈金春本〉系の本文によって紹介されてきたわけだが、その経緯について、『世阿弥・禅竹』〈収載書解題〉(5)からみておこう。『風姿花伝』は五巻本と四巻本に分けられる。五巻本は、『序』の他に、『第一年来稽古条々』（以後『年来』）、『第二物学《ものまね》条々』（以後『物学』）そして「位の段」のある『第三問答条々』（以後『問答』）、そして『第四神儀云』（以後『神儀』）と『奥儀云』（以後『奥儀』）の五つの内容で編纂されている。五巻本の伝本に〈金春本〉〈宗節署名本〉〈吉田本〉があるが、これらは同一の祖本に基づくと考えられていて、とくに〈金春本〉は世阿弥の自筆ではないが、内容的には誤脱が少ないとされるため、この本文を基にして伝書の内容は紹介されてきた。この三書に対して、その本文が〈金春本〉系統ではあるが、後人改竄本と考えられてきた写本が観世宗節（七世観世大夫元忠）自筆の巻子本《宗節自筆巻子本》である。また、四巻本とは、最後の『奥儀』を持たない写本のことで、伝本は多くあるが、善本とは考えられていない。[6]

《宗節自筆巻子本》に対する否定的評価

《宗節自筆巻子本》は昭和十四年に能勢朝次氏[7]によって紹介され、川瀬一馬氏による『頭注世阿弥二十三部集』「序説[8]」に「世阿弥自筆の初稿本」を宗節が写し伝えたものとする見解が認められる。川瀬氏はこれを「宗節自筆別本」と呼び、「本文が最も素朴な感があり」「他の三本よりさらに以前に執筆せられた稿本の姿を伝える」と述べられている。ここで言う「他の三本」とは、「世阿弥自筆本」は〈金春本〉のことであり、他は〈宗節署名本〉と〈松廼舎本〉だが、〈松廼舎本〉は焼失しその翻刻が〈吉田本〉と呼ばれている。

一旦は、〈金春本〉等より以前に執筆された内容と紹介された《宗節自筆巻子本》だが、その後は、後人による改竄の加えられた写本として、これまで否定的な評価が与えられてきた。

昭和三十六年（一九六一）発行の『歌論集・能楽論集[9]』の〔諸本解説〕には、《宗節自筆巻子本》について「他本とは著しく本文が異なり、世阿弥の初稿本とする説もあるが、第五までを具備した本が初稿であるはずはなく、誤写と後人改訂が重なった結果の異文と見られる」とある。さらに、昭和四十六年（一九七一）発行の『世阿弥・禅竹[5]』の〔収載書解題〕でも、《宗節自筆巻子本》は他の写本とは「著しく本文が異なるが、①（金春本）系統の本文に基づく後人改竄本と認められ、世阿弥の草稿本系などとは考えられない」とされる。

その後、平成十二年（二〇〇〇）「観世文庫蔵文献資料紹介（その三）観世宗節筆巻子本『風姿花伝』影印と翻印と解題と[10]」の「解題」では、表章氏によって《宗節自筆巻子本》と同系統の別本、能楽研究所所蔵の「伊達本」と「能研本」の存在が認められているが「改竄の程度が能研本では比較的小さく、《底本（宗節自筆巻子本）》では比較的大きい」、また「伊達本は（中略）能研本に近く、どちらかといえば原形に近い本文のようである」と判断された。結論としては「《底本（宗節自筆巻子本）》が改竄の程度の進んだ最も後年の形の本文を伝えているようである」と、《宗節自筆巻子本》を改竄本とする見解は変わっていない。

『風姿花伝』以外の宗節自筆本に対する評価

『風姿花伝』以外の宗節による自筆写本にも、みな改竄が加えられた可能性が認められているのだろうか。この点について、『世阿弥・禅竹』(5)の〔収載書解題〕からみていこう。

『音曲口伝（音曲声出口伝）』については、宗節筆冊子本「音曲之書」と、宗節筆巻子本（別本）があるが「みな良い写本」。『三道』の宗節自筆本（国会図書館蔵）は、「他本と大差なく、注記の形が原形に近いようだ」。『風曲集』の場合は、署名はないが宗節自筆とされ「吉田本と大差ない」。『五音曲条々』宗節自筆伝本は「吉田本とは小異、こちらの方が若干すぐれている」。その他、『五音』（上・下）の宗節自筆の抄写本、『申楽談儀』では、宗節自筆の観世本（聞書）・宗節本（第十六段途中まで）・抜書本のすべてに改竄等は指摘されていない。『風姿花伝』以外の宗節自筆の写本は、多くが「良い写本」と評価されていて、とくに改竄は指摘されていない。それならば、《宗節自筆巻子本》の『風姿花伝』の内容に仮に疑問が持たれているとしても、その内容を検討してみる価値はあるように思われる。

〈金春本〉のみにある本文

〈金春本〉と《宗節自筆巻子本》はどちらが先に書かれた内容なのだろうか。この点を明らかにするために、いくつかの視点から両者の比較を試みたい。

両者の本文を対照させると、〈金春本〉にはあるが《宗節自筆巻子本》には無い本文が「位の段」以外にも認められる。まずこの点をみてみよう。

《宗節自筆巻子本》になくて〈金春本〉にはある本文の数を、項目ごとに［ ］内に算用数字で示す。合計としては［37］例の文章が認められた。「位の段」は『問答』の「六」則ち第六問答であるが、『問答』後半の「五」〜「九」の問答に〈金春本〉のみの本文が多く認められた。

『年来』「七歳」［1］「三十四五」［1］、『物学』「修羅」［2］、『問答』「一」［2］「四」［1］「五」［6］「六」［6］「七」［5］「八」［4］「九」［5］、『奥儀』［4］

〈金春本〉のみの本文と判断したのは、今回の方針としては対応する内容が《宗節自筆巻子本》に認められない場合のみである。仮に文章表現が違っていても、同様の内容を示している場合は、異なる本文とはみなさないことにした。なお、逆に〈金春本〉にはなくて《宗節自筆巻子本》にのみある文章については、文中に別の内容が加わっているという形はあっても、あえて新しく一文が付け加えられた、という印象を受ける内容は認められなかった。したがって全体の印象としては〈金春本〉を改竄して《宗節自筆巻子本》の形になったというより、《宗節自筆巻子本》が修正されて〈金春本〉の内容となったと理解するほうが自然であるように思われた。

世阿弥独自の用語「公案《こうあん》」「申楽《さるがく》」

《宗節自筆巻子本》は『風姿花伝』と名付けられた五巻本としてまとめられているわけだが、その内容を概観すると、すでに、世阿弥の造語である「申楽」という言葉や、世阿弥が好んで使用した「公案」などの禅語が使われている。それらの用例数を〈金春本〉と比べてみよう。

ⓐ「公案」の用例

《宗節自筆巻子本》にはすべて「コウアン」とカタカナ表記で、次の五例が認められる。

　『物学』「老人」〔1〕「物狂」〔2〕「唐事」〔1〕、『問答条々』「四」〔1〕

〈金春本〉には次のように合計〔11〕例が認められるので、《宗節自筆巻子本》より六例多くなっている。

　『年来』「二十四五」〔1〕、『物学』「老人」〔1〕「物狂」〔2〕「唐事」〔1〕、

　『問答条々』「四」〔3〕「五」〔1〕「六」〔1〕「八」〔1〕

「公案」という禅語は《宗節自筆巻子本》よりも〈金春本〉のみの用例が多い。表章氏によれば〈金春本〉が改竄される過程で「公案」という言葉が削除されていったと考えられているが、[3]《宗節自筆巻子本》執筆以後に「公案」という言葉が加筆された可能性も一概に否定できないと思われる。

ⓑ「申楽」の用例

《宗節自筆巻子本》において、「申楽」の用例は次のように全部で十七例であった。

　『序』〔2〕、『問答』「一」〔1〕「三」〔1〕、『神儀』〔12〕、『奥儀』〔1〕

〈金春本〉では「申楽」の用例は合計〔42〕例となり、こちらの方が二十五例多い。

　『序』〔2〕、『年来』「七歳」〔1〕「十二三より」〔1〕「二十四五」〔1〕「四十四五」〔1〕「五十有余」〔1〕、

　『物学』「物狂」〔1〕、『問答』「一」〔9〕「二」〔5〕「三」〔5〕『神儀』〔14〕、『奥儀』〔1〕

《宗節自筆巻子本》に「申楽」とある箇所は、そのまま〈金春本〉でも「申楽」とあり、〈金春本〉のみで「申楽」とある箇所はすべて《宗節自筆巻子本》では「能」となっている。すでに指摘されていることだが、世阿弥が用いた「能」という言葉は、役者に関わる技芸・技術的な能力・演技あるいはその出来栄えと、芸能としての興行・公演・演目との二つの意味で用いられている。[3]〈金春本〉のみで「申楽」となっている箇所は、

《宗節自筆巻子本》では興行・公演・演目という意味での「能」となっている。したがって、《宗節自筆巻子本》で「申楽」に書き換えられる箇所をいくつか変更した結果〈金春本〉となった、という見方もできなくはないのである。

なお、『神儀』については、他と比較すると両写本の異同が各段に少ない。『神儀』の「申楽」の用例は、《宗節自筆巻子本》では十二例で〈金春本〉は十四例だが、〈金春本〉のみに認められる「申楽」は二例のみで、それ以外はすべて同じ箇所で「申楽」となっている。そもそも《宗節自筆巻子本》の『神儀』には「上宮太子・末代ノ為・神楽成シヲ神ト云文字ノヘンヲノケテ・ツクリ斗ヲ残シタマウ・是ヒヨミノ申ナルカユニ・申楽ト名付」と「申楽」という言葉の由来が明記されていて、〈金春本〉においても同文である。一般には「猿楽」あるいは「能」という言葉が通用していたところを、あえて「申楽」という言葉を世阿弥は作ったのであり、これを表明することが『神儀』執筆の目的の一つであったのだろう。

実は、表章氏による先の「解題」[10]においても、《宗節自筆巻子本》より〈金春本〉の方が、「公案」の用例が多いこと、さらに「能」と「申楽」についても〈金春本〉のほうが「申楽」が多いことは確認されていた。しかしながら、〈金春本〉の「申楽」が後人によって改竄されて、《宗節自筆巻子本》の状態になったという結論はそれ以前と同じであった。

そこで次に、〈金春本〉と《宗節自筆巻子本》のそれぞれの「位の段」の内容を比較することで、執筆時期の前後関係を考えていきたい。

三、「闌けたる位の態《わざ》」

「位の段」の論点

「位の段」について、〈金春本〉と《宗節自筆巻子本》の明らかな違いは、〈金春本〉のみの文章が六つあることと、最初の問い②である。それ以外の内容については、文章表現としては違っていても、その内容や意味合い自体が大きく異なっているわけではない。

〈金春本〉の問いは「能に位の差別と知る事は如何」とあるから「位の差別」が取り上げられていると考えられる。これに対して、《宗節自筆巻子本》は、「能と位との各別を知る事如何」と問うているから、「能と位」の違いが問題となっている。世阿弥が「能」と言う時、役者の技芸・能力という意味と、催し・公演・芸能としての能という意味の二つがあったが、この問いの「能」は、役者の演技の技術的な能力を指しており、一方の「位」は、技量とは別の観点による評価の基準ということになるだろう。「位の段」の問いを見る限り、〈金春本〉と《宗節自筆巻子本》とでは論点が違っている、ということになる。

〈金春本〉のみにある文章は次の六つである。

◆⑦ まつ 稽古のこう入て くらゐのあらんハつねの事也

◆⑰ これは★ゆうけんならぬ▼たけ也

◆㉓ 稽古とは 音曲 舞 はたらき 物まね かやうのしなしなを きはむるかた木なり

◆㉔ よくよくこうあんしておもふに ★いふけんのくらゐハしやうとくの物か

◆㉕ ▲たけたるくらゐハ こう入たる所か

◆㉖　心中にあんをめくらすへし

〈金春本〉の末尾の◆㉔〜㉖では、「幽玄の位は生得の物か」、「たけたる位はこう入りたる所か」と、それぞれがどのような「位」なのか「心中に案をめぐらす」ようにと結ばれている。これは、問いの「位の差別」に対応した結末といえるから、「幽玄の位」と「たけたる位」の差別を説くことが〈金春本〉「位の段」の目的であったと考えられる。この結末の文章の中で《宗節自筆巻子本》にはない言葉が、㉕の「たけたる位」である。《宗節自筆巻子本》の場合は、「位」として「幽玄」と「たけ」が話題にされているということになる。

『至花道』の「闌けたる位の態《わざ》」

〈金春本〉のみにある「たけたる位」については、世阿弥の伝書『至花道』の第三条「闌位事」から知ることができる。そこでは、「上手の極め至りて、闌たけたる心位にて、時々異風を見する事」を「闌けたる位の態《わざ》」とする。この「闌けたる位の態」について『至花道』から引用してみよう。

抑、闌けたる位の態とは、この風道を、若年より老に至るまでの年来稽古を、ことごとく尽くして、是を集め、非を除けて、已上して、時々上手の見する手立ての心力なり。これは、年来稽古の程は嫌い除けつる非風の手を、是風に少し交ふる事あり。

「闌けたる位」に達した役者がみせる態とは、年来の稽古、すなわち若年より順を追って稽古をことごとく尽くして、良いところを伸ばし、悪い癖などをなくして、技芸を極めた上手な役者が、時々見せる態であるため「手立ての心力」と呼ぶ。しかも、稽古の過程で本来はすべきではない「非風の手」をあえて交えるというのだから、通常の上手な芸を越えた自在な芸風といえるだろう。このような破格の態である「闌けたる位」は、一般的に評価されていた「たけ」と同じ「位」とは言えないだろう。

また、稽古を極めることが強く要求されている、という点を見逃すわけにはいかない。引用文中に二回使用されている「年来稽古」という言葉からは、『風姿花伝』の『第一年来稽古条々』が思い起こされる。常に時に応じた稽古を続けるという姿勢が必要条件とされているのである。『至花道』は奥書に応永二十七年（一四二〇）六月とあるから、世阿弥が六十歳頃の書である。

〈金春本〉の加筆推定箇所

「闌けたる位」という特別の「位」についての教えを、「位の段」に加えようという方針で、増補加筆がおこなわれた。仮にこのような前提で〈金春本〉のみの本文をみてみよう。

◆⑦「まづ稽古の功入りて、位のあらんは常の事なり」という一文は、「闌けたる位」を「稽古の功入りたる所」とする◆㉕に対応している。

「位」には「稽古の功入る」ことが必要とされる、という点に関連する内容として、世阿弥は『花鏡』の「劫之入用心之事」に次の様に説く。ここでの「劫」は「功」の意味を含んで用いられていると考えられる。

　この芸能を習学して、上手の名を取り、毎年を送りて、位の上がるを、よき劫と申す也。…（中略）…都にては、目利きの中なれば、少しも主に覚えず住する所、やがて見物衆の気色にも見え、または讃談《さんだん》・褒貶《ほうへん》にも耳を打たすれば、連々悪き所除きて、よき劫ばかりになれば、磨き立てられて、おのづから、玉を磨くがごとくなる劫の入るなり。

すでに上手として活躍している役者が、さらに位が上がることを「よき劫」と呼んでいる。とくに都では、見物衆の反応や目利きの厳しい批判に常に晒されているので、悪いところが除かれ、芸の位が停滞したり下がることにはならず、「よき功」によって芸に磨きがかかる。「功入る」とは、年功を積んで良い結果を得ることであり、稽古による年功もよい形に作用すれば「位」がさらに上がる。そうした意味で「闌けたる位」は「功入りたる所」なのだろう。〈金春本〉の⑥に「但稽古なからんハをのれと位ありともいたつら事也」とあるのも、「十（歳）ばかり」で「位」が認められた後にも、常に稽古が必要なことが補足されたのではないか。

◆⑰は、「幽玄」だけでなく、「たけ」も「位」であることを再確認した文章であり、◆㉓は、稽古とは具体的に「音曲　舞　はたらき　物まね」の技術を磨くことだと教えている。これらは「たけ」の延長線上に「たけたる位」があり、そこに至るためには稽古習道が必要だという考えを補足する内容といえる。

◆㉔◆㉕◆㉖については、「位の差別」という問いに対する答えといえる。「位の段」の時点では「幽玄の位」は「生得の物」なのか、「たけたる位」は「功入りたる所」なのかを考えさせるようにしておいて、次に『花鏡』『至花道』の段階で詳しく教える、というのが世阿弥の方針であったと推測できる。

◆⑦◆⑰◆㉓の三箇所については、「闌けたる位」というさらに進んだ境地をこの問答に加えるにあたって、その理解を補うために「稽古」や「たけ」についての内容が補足されたという見方ができる。

四、「幽玄」と「たけ」

「たけ・位の極まる為手」

〈金春本〉のみの文章を除いた《宗節自筆巻子本》の本文では、「位」としては「たけ」と「幽玄」が話題となっているといえる。

　まず「たけ」について、当時はどのような評価であったのだろうか。世阿弥の伝書の中の「たけ」の用例は少ないが、『風姿花伝』の『奥儀』後半「私云」に「上根上智ノ　ユルサレ御メニミユル所・タケ位　ノ極タル

為手ニヲイテ ワサ・至極ナレハ是非ナシ」とある。都の目利きである「上根上智」から「たけ・位の極まる為手」であり態《わざ》を極めていると評価されるなら言うことはない。「たけ」という位が役者に対する高い評価として通用していたことは、このような記事からみてとれる。

また、世阿弥六十歳以後の聞書きである『申楽談儀』第九条には、道阿という法名を持つ犬王という役者が、京極の道誉（応安六年〔一三七三〕没）に、その音曲が日本一とほめられたという記事がある。時期的には世阿弥十歳以前のことである。道阿の謡を「闌けたるかかりの有るは、音曲長（たけ）有りて聞こゆるなり」と、六十歳を過ぎた世阿弥が「たけ」そして「闌けたるかかり」があると評価するのだから、それは極めて格調の高い謡であったことだろう。

「幽玄」観の変遷

a 「時分の花」と「まことの花」

今日では、能と言えば幽玄であるとされ、「幽玄」は能の代名詞になっているといっても過言ではないだろう。しかしながら、世阿弥は最初から、能のすべてが幽玄であるべきだと主張していたわけではない。『風姿花伝』『年来』の「十二・三歳」の項には、「先トウギヤウナレハ・ナニトシタルモユウケン成ヘシ聲モ立比也」と童形の姿と声を「幽玄」と評価していた。この背景には、十二三歳頃に藤若という名で義満に見いだされ、二条良基を始めとする公家社会の教養人に接してその美貌がもてはやされていた世阿弥自身の体験が背景にあると考えられる。[11] とはいえ、「サリナカラ・此花ハマコトノ花ニハアラス・タ、時分ノ花也」と、それが一時的な「時分の花」にすぎないことが理解されていた。その一方で最後の「五十有余」の項では、父観阿弥の五十歳頃の芸を「是マコトニエタリシ花」と評して、目標とすべき「まことの花」を伝えようとしている。『年来稽古条々』は、幼くして幽玄だと賛美されていた世阿弥が、父観阿弥のように「まことの花」を咲かせる役者に成長することがシミュレーションされた内容とみることもできる。ただし世阿弥は「まことの花」に対して「幽玄」とは評価していない。『風姿花伝』に見える最も早い年記として〈金春本〉の『問答』に応永七年（一四〇〇）とあるが、この時世阿弥は五十歳どころか四十歳にも達していない。童形の幽玄を述べる「十二三より」の内容には、世阿弥の最も早い時期の「幽玄」観が反映されていると考えられる。

b「幽玄無上の風体」

目標とする観阿弥の芸を『年来稽古条々』では「まことの花」としていた世阿弥だが、『奥儀云』では「幽玄無上の風体」とする。そこでは、江州すなわち近江猿楽が「幽玄の境」を優先して「物まね」を次にしているのに対して、大和では「物まね」を優先するものの、物数（レパートリー）と「幽玄」を目指していることが主張される。世阿弥はさらに大和の芸を擁護して、実際には、物まねと「儀理」（物事の筋道）を基本として、「長けのあるよそおい」「怒れる振る舞い」など様々な演目をレパートリーにしていると述べ、観阿弥について語る。絶頂期の亡父は「静が舞の能」「嵯峨の大念仏の女物狂の物まね」を得意とし、天下の賞賛と名声を得た隠れもない名人であった。その観阿弥の芸は「幽玄無上の風体」であったと世阿弥は断言するのである。

c「幽玄の風体第一」

さらに世阿弥は、あらゆる面で「幽玄」であることを第一とするようになる。

奥書に応永三十一年（一四二四）とある『花鏡』では、「幽玄之入ㇾ境事」という項目をたてて「幽玄の風体のこと諸道・諸芸において、幽玄なるを以て上果とせり。ことさら当芸において、幽玄の風体第一とせり」と、すべての芸の目標に「幽玄」を目指すようになる。

d「妙所」と「幽玄の風体の闌けたらん」

同じく『花鏡』の「妙所之事」では、最高の感動を与えてくれる芸について考えられている。それは言葉にできない境地だとして「妙所」と名付けられ、「生得、初心よりもこの妙所のおもかげのある事もあり。その為手は知らねども、目利きの見いだす見所にあるべし」と述べられている。また、「幽玄」「闌ける」という言葉を用いて「およそ、幽玄の風体の闌けたらんは、この妙所に少し近き風にてやあるべき。能々心にて見るべし」と世阿弥は説明する。「幽玄」とは生得のもので初心すなわち童形の時期にも見いだせる場合があり、さらに、「闌ける」「闌けたる位」という、役者の芸がひときわ輝きを増すという作用・働きを生じさせるものとも考えられるようになっていく。

五、《宗節自筆巻子本》から〈金春本〉へ

《宗節自筆巻子本》の「位の段」

「位の段」に注目して〈金春本〉と《宗節自筆巻子本》の本文を検討したところ、〈金春本〉には「闌けたる位」という『至花道』に認められる発想が加わっていた。そこに、世阿弥の六十歳頃の考え方が反映されていることは明らかといえる。

《宗節自筆巻子本》では、「位」として「幽玄」と「たけ」が取り上げられていた。そこには「闌けたる位」が無いだけでなく、「幽玄第一」とする強い主張も認められない。その意味で、『年来稽古条々』の段階、つまり、上手な役者が専ら「たけ」という位で評価されていた時代であり、観阿弥の芸をまだ「幽玄」とは表明していなかった時期の内容とみなすことはできるだろう。執筆時期の目安としては、『風姿花伝』の『問答』の奥書に応永七年（一四〇〇）とあった。これは世阿弥が三十七歳頃であり、目標とする「まことの花」である

父観阿弥の五十という歳には至っていない。この段階の世阿弥は、「幽玄」といえば、稚児に対する「位」という理解に留まっていたのではないだろうか。ところが、応永九年（一四〇二）とある『奥儀』には、《宗節自筆巻子本》でも、観阿弥の芸を「幽玄無上の風体」と述べていた。

《宗節自筆巻子本》の「位の段」は、世阿弥が「幽玄第一」を表明する前の段階、「幽玄」といえば優れた子役・童形の役者を賞賛する言葉であり、一般には「たけ」が「位」として評価されていた時の内容と考えられる。その時期については、仮に〈金春本〉の『第三問答条々』の奥書にある応永七年を目安としたい。一方の〈金春本〉は「闌けたる位の態」を説く『至花道』を執筆した応永二十七年頃、世阿弥六十歳以降の考え方が加えられた内容といえる。その時期には「闌けたる位の態」に至るための稽古が重要視されていたため、その点も〈金春本〉に増補されたのではないか。一応の結論として、《宗節自筆巻子本》の「位の段」は世阿弥三十七歳以前の内容であり、〈金春本〉の「位の段」は世阿弥が六十歳以降に改訂した『風姿花伝』最終稿と考えたい。

「能」と「位」

上演の成功、観客の評価は、単に役者の技術的な側面だけでは決まらない。何をどうしたら都の目利きに評価されるのか。その答えを探して世阿弥が「花」を追求したことは、『風姿花伝』『至花道』という題名にもあらわれている。観客に「面白い」と感じてもらうこと、観客の心に「花」と映ることは、演者の技術そのものとしての「能」ではない。そこから現れ出てくる何かが、観客にとって「花」とか「面白いという印象」となる。そういった感動とか余韻とか風情というものは、感覚的に心に訴えてくるものであり、目には見えない。しかし、その質や品格を人は思い思いに感受して評価判定できるのである。その指標として、当時は「位」という基準が設けられていて、その評価が役者にとっての名誉となっていた。世阿弥は、父観阿弥や、道阿すなわち犬王などの先人の芸の魅力を我が物とするために工夫を凝らし、稽古の方針や芸の質そして「位」を意識することで、常に向上しようと努めた。その結果、能においては、技芸そのものが今日に伝承されるだけでなく、同時に目には見えないけれど上演の指標となる「位」という発想も受け継がれてきている。

注

（1）小西甚一『能楽論研究』塙書房、一九六一年、一一〇ページ
（2）三苫佳子「世阿弥の幽玄観の変遷――「位の段」にみる増補の可能性をめぐって」『能研究と評論』十八、一九九一年
（3）表章「【花伝】から【風姿花伝】への本文改訂」『語文』大阪大学、一九八一年四月
（4）同書、六一ページ
（5）加藤周一・表章校註『世阿弥・禅竹』日本思想大系二十四、岩波書店、一九七四年
＊世阿弥伝書の本文は、とくに断らない限り、『世阿弥・禅竹』から一部表記を改めた形で引用している。
（6）表章「四巻本風姿花伝」考――附『花伝』七篇の成立をめぐる諸問題」『能楽史新考（一）』所収、わんや書店、一九七九年
（7）能勢朝次「観世家の『花伝書』と『申楽談儀』」『文学』一九三九年五月号
（8）川瀬一馬『頭注世阿弥二十三部集』能楽社、一九四五年、一六―一七ページ
（9）西尾実校注『歌論集・能楽論集』岩波書店、一九六一年
（10）表章「観世文庫蔵文献資料紹介（その三）観世宗節筆巻子本『風姿花伝』影印と翻印と解題と」『花伝』五号「財団法人観世文庫年報　五号」二〇〇〇年、十二月三十日編集発行　財団法人観世文庫
（11）石黒吉次郎『世阿弥――人と文学』勉誠出版、二〇〇三年、一五―二四ページ

『風姿花伝第三問答条々』第六問答「位の段」本文対照表

〈金春本〉「位の段」

①問
②のうに くらゐのしやへちとしる事ハ いかむ
③答
④これ目き、のまなこにハ やすく見ゆるなり
⑤凡くらゐのあかるとはのうの重々の事なれとも
ふしきに十はかりの能者にも この くらゐ
をのれとあかれる風体あり
⑥但 稽古なからんハ をのれと位ありとも
いたつら事也
◆⑦まつ 稽古のこう入て くらゐのあらんハ
つねの事也
⑧又 しやうとくのくらゐとは ▼たけ也
⑨かさと申ハ 別の物也
⑩おほく人 ▼たけと かさとを
おなしやうに おもふ也
⑪かさと申物はもの〳〵しく
いきをひのある かたち也

《宗節自筆巻子本》「位の段」

①問
②能ト・位トノ・カクヘツヲ知コト イカン・
③答
④是・目キ、ノ眼ニハ安事也・
⑤凡 位ハ 能ノ重々ノコトナレ共・
フシキニ・十ハカリノ能者ニモ・コノ位
ヲノレト以テ出来るアリ・
⑥但 ケイコナクテハ ヲホツカナシ・
◆⑦
⑧シヤウトクノ位ト言ハ・▼タケ也・
⑨カサトハ ベチノ物也・
⑩タブン・▼タケト・カサト 同ジヤウニ
ヲモウナリ・
⑪カサト申ハ物〳〵シキ
イキヲイノアル カタチ也

⑫又云 かさは 一さいにわたる き也
⑬くらゐ▼たけは へちの物也
⑭たとへは しやうとく★ゆうけんなる所あり
⑮これ くらゐ也
⑯しかれとも さらに★ゆうけんにハ なきしての
▼たけのあるもあり
◆⑰これは★ゆうけんならぬ▼たけ也
⑱又初心の人 おもふへし
⑲けいこにくらゐを心かけんハ 返々かなふまし
⑳くらゐハ いよいよかなハて あまつさへ
稽古しつるふんも さかるへし
㉑所詮 くらゐ▼たけ とハ しやうとくの事にて
えすしてハ 大かたかなふまし
㉒又けいこのこう入て あかおちぬれは
此くらゐをのれと いてくる事あり
◆㉓稽古とは音曲 舞 はたらき 物まね
かやうのしなしなを きはむるかた木なり
◆㉔よくよく こうあんしておもふに
★いふけんの くらゐハ しやうとくの物か
◆㉕▲たけたる くらゐハ こう入たる所か
◆㉖心中に あんをめくらすへし

⑫カサ（＊註記タケカ）ハ 一切ニ渡ル 儀也・
⑬位▼タケハ 別ノ物也・
⑭⑮タトエバ・シヤウトク・★ユウケンナル所ヲ
位ト言也・
⑯又★ユウケンニハナキ仕手ノ・
▼タケノアルモアリ・
◆⑰
⑱又初心ノ人ヲモウヘシ・
⑲稽古ニ・位ヲ心カケテハ・返々叶マシキコト也・
⑳位ハ イヨイヨカナハデ・アマツサエ
ケイコシツル分モ サカルヘシ
㉑ショセン・位・▼タケハ シヤウトクノ事ニテ・
得スシテハ 大方カナフマシキ（＊註記コト）也・
㉒ケイコノ・コウ入テ・アカヲチヌレハ・
クライヲノツカラ 出来る也
◆㉓
◆㉔
◆㉕
◆㉖

「かぶき踊」の誕生——女芸継承の一様相

安田徳子

「かぶき踊」はいうまでもなく、出雲の巫女と名乗る女芸人が、江戸幕府誕生と期を同じくして、新しい舞台芸として創始したものである。「かぶき踊」は民衆の圧倒的な好感と驚嘆を以て迎えられたが、幕府には好ましくない芸能として否定され、女芸人が舞台に立つ事の禁止によって変質を余儀なくされ、新たな男芸「歌舞伎」を生み出すこととなった。「かぶき踊」は「歌舞伎」の原初としてその実態や本性について、多くの研究が進められているが、(1) 女芸としての視点からは、いまだ追求されていない側面も多い。本稿では、「かぶき踊」は新興の近世社会に、我が国の女芸の伝統が生み出した新興の芸能で、その創始には「女能（女猿楽）」の存在が大きかったことを指摘しておきたい。

一、阿国の「かぶき踊」のはじまり

阿国の「かぶき踊」のもっとも古い資料は『当代記』の左記の記事である。

「此日（慶長八年三月廿一日）参内之節より相曇、還御の比雨也、四月一六日伏見江帰城也。

此比かふき躍と云事有、是は出雲国神子女〈名は国、但非好女〉仕出、京都江上る、縦は異風なる男のまねをして、刀脇指衣装以下殊異相、彼男茶屋の女と戯れる体有難したり、京中の上下賞翫する事不斜、伏見城江も参上し度々躍る、其後学之かふきの座いくらも有て諸国へ下る、但江戸右大将秀忠公は終不見給、」

この記述に拠れば、慶長八年（一六〇三）三月末から四月初頃、「国」と名乗る出雲国の巫女が、上洛してきて異風な男の真似をして刀脇指を帯して男装し、遊廓で茶屋女と戯れる様を踊った。これが京中で圧倒的な人気を博し、伏見城の家康（将軍）にも度々上覧した。これを真似る一座が多く出来て、諸国へ興行したが、江戸の秀忠（二代将軍）は終に見なかったという。『当代記』は寛永年間（一六二四—四四）頃の成立とされるが、他資料を利用して記されたもので、そのまま信じがたい部分もある。しかし、舟橋秀賢の『慶長日件録』慶長八年五月六日条に「於女院、かぶきをどり有之、出雲国人云々。女院之御振舞也」とある。この「女院」は芸能好きで知られた、後陽成天皇生母の新上東門院のことで、この女院御所で自身主催の「かぶき踊」がおこなわれたことが記されている。五月には、家康の伏見城ではないが、御所に招致されるほど知られていたことが裏づけられる。また、同日の『お湯殿の上日記』には「女ゐんの御所へ女御の御かたよりやゝこおとり御めにかけまいられ候て、く御ニもならします」とあり、さらに『時慶卿記』には五月四日条に「女院御所ヨリ明後日六日ヤ、コ跳ニ被召候、外様ニハ予一人御触也」、六日条には「女院御所へ女御殿御振舞アリ、ヤ、コ也、雲州ノ女楽也、貴賎群衆也、巳刻ニ参上候、外様ニハ阿野ト両人斗也」とある。この二書には「かぶき踊」ではなく「やゝこ踊」と記されているが、同じ日で同じ女院御所の催し、演者も「出雲国人」とか「雲州の女楽」とかとあるので、同じ催しの記録であろう。さらに、『当代記』にある「国」と同じ一座によるものと見ることができるので、この『当代記』の記事はほぼ信じてよく、「かぶき踊」の始まりとして広く認知されている。

ところで、右の女院御所での上演に見える「やゝこ踊」は、小笠原恭子氏などの詳細な調査によると[2]、天正九年（一五八一）九月九日を皮切りにこの上演まで、公家日記や寺社記録の中に、繰り返し拾うことができる。

その中で天正一〇年五月一八日の『多聞院日記』に「於若宮拝屋、加賀国八才十一才ノ童、ヤ、子ヲトリト云法楽在之、カ、ヲトリトモ云、一段イタヰケニ面白云々」とあり、慶長五年（一六〇〇）七月一日の『時慶卿記』に「近衞殿ニテ晩迄雲州ノヤ、コ跳、一人ハクニ（国）ト云、菊ト云二人、其外座ノ衆男女十人斗在之」とある。天正九年の記事は諸説あって、疑わしいが、慶長五年の記事は、慶長八年と同じ出雲の阿国であろう(3)。従って、「ややこ踊」は阿国が「かぶき踊」を始める前に踊っていた芸であったらしい。この「ややこ踊」の詳細を伝える資料は見出せないが、その面影を伝えているとされる民俗芸能(4)が各地に伝わっている。これらの記録や民俗芸能の芸態から、「ややこ踊」は風流踊りの一種で、少女が二人乃至三人で小歌風の踊歌を歌い舞うものであったが、「かぶき踊」の創出とともに消滅した芸能と思われる。女院御所での踊りを、なぜ「かぶき踊」と記したものと「ややこ踊」と記したものがあるのか。この一座が二種の踊りを披露したので、それぞれの筆者が自身の関心の高い方を記したとも考えられるが、二種の踊を共に記した記録はない。新出の「かぶき踊」の名には未だ馴染みがないので、阿国一座と言えば、自分も見たことがあり、二十年以上も前から踊られてきた著名な「ややこ踊」と書いてしまった可能性が高い。この日以降は「ややこ踊」の記録が拾えないのである。ただ、阿国の「かぶき踊」を真似た「女かぶき」の踊歌に「ややこ」がある。阿国の「かぶき踊」が持てはやされると、これに押されて「ややこ踊」は中心芸からは消えて、女踊の中に取り込まれてしまったのであろう。

二、阿国の「かぶき踊」の屏風絵と絵草紙

慶長一〇年から家康の側近となった林羅山に、「歌舞妓」（『林羅先生文集巻第五十六』）と題する小文がある。

「今之ノ歌舞妓ハ非ニ二古之ノ歌舞妓ニ二也、若キ二教坊梨園及ヒ小蠻樊素カ之流一ノ、所謂古之ノ歌舞妓也《ナリ》。「男服シ二女服ヲ一、女ハ服シ二男服ヲ一、断レ髪ヲ為二男髻ヲ一、横ヘレ刀ヲ佩ヒレ嚢ヲ、卑謳俚舞、淫哇嘈雑、蠅鳴蟬躁、男女相共、且ツ歌ヒ且踊ル、此今之ノ歌舞妓也《ナリ》、出雲国淫婦九二ト云者、始テ為《ナス》レ之ヲ、列国都鄙皆習フ之ヲ、其風愈盛ニ愈乱ル、不レ可二勝テ数フ一、云々」

これにおいては「歌舞妓」の語は歌舞をする芸女の意のようで、中国唐代の芸女と比較して、出雲の阿国の芸は、女が男装し、男が女装して歌い舞う、卑俗淫乱なものだが、国中がこれに溺れている。文の最後には「天魔舞」だと断じている。この小文が何時書かれたものかはわからないが、阿国が「かぶき踊」を始めた頃は京都にいたし、その後、阿国は伏見城でも江戸でも踊っているので(5)、おそらく踊りの実態を踏まえた非難なのであろう。この非難はともかく、阿国の「かぶき踊」は、国女が男装をして女装の男と遊廓で戯れる様を歌い踊るものであった。

この阿国の「かぶき踊」を描いた絵画が、①京都国立博物館蔵『阿国歌舞伎図屏風』(六曲一双、慶長末年頃)、②サントリー美術館蔵『阿国歌舞伎図』(六曲一双、寛永年間頃)、③出光美術館蔵『阿国歌舞伎図』(六曲一双)及び④同(六曲一隻)などとして伝わっている(6)。

これらを見ると、いずれも北野天満宮の境内と思しき所の能舞台(7)で、中央に刀脇指の男装の阿国、頭にユライを付け扇で顔を隠して座る茶屋女、頬被りをして床几や軍配、扇などを持って足を高く上げて拍子を踏む猿若の三人が描かれている。さらに、舞台奥には笛・小鼓・大鼓・太鼓の囃子方が描かれている。①京博蔵の阿国は、肩までの垂れ髪で白地に模様入縁取の着流しに袖なしの上着を着て、紅の帯に脇指を指し印籠らしき物を提げて、紅鞘の長刀を担いで、腰を縒って乱拍子の左足のつま先を上げている。②サントリー蔵の阿国は、髷を結い派手な模様の着流しを着て刀脇指を指し、扇を持った立姿、③出光蔵の阿国は、髷に鉢巻きで覆面をし、着流しの模様は異なるが衣裳はほぼ①と同じ、刀脇指は腰に差して手を組み、腰を少し縒った立姿、④は着付の模様は異なるが、①とよく似た姿で、長刀も担き、加えて扇を持ち、腰を縒って足を開いた立姿、である。阿国の男装は、当時京の町に異様な風体で闊歩していた「かぶき者」を真似たもので、彼らの茶屋での遊興の様を踊って見せたものとわかる。また、舞台端に座る茶屋女は、ユライで頭を覆っていること、扇で顔を隠している姿は、まさに男の狂言師の演じる能狂言の女と同じである。猿若はかぶき者の下男といった風体で、袴を着けて足高く拍子を踏んで踊り、座を盛り上げる若衆で、少年芸のようである。囃子方は、③は笛方がいなくて三人のみ、④は小鼓が二人で五人だが、全て裃姿の男(ただし、①では小鼓と大鼓方、②でも小鼓方は前髪立で若衆か)が座っている(①と②は敷物上)。さらに、囃子方の後に、①では若衆が三人と男が一人、同じく裃姿で座っている。②では阿国と同じように、男髷を結い、派手な着流し姿の女が六人(敷物の外に女童一人)、④では裃姿の男が二人が座っている。②で口を開けているように描かれているし、これらは能や狂言の地謡と同じで謡い手であろう。このように見てくると、阿国の「かぶき踊」は、能あるいは狂言の芸態に学んだ点が非常に多いものであったようである。

ところで、「ややこ踊」は芸態を示す図像などが伝わっていないが、文献資料や「ややこ踊」の面影を伝えるという「綾子舞」などから類推すると、二人乃至三人の踊子が同じ振りで踊るものだったらしい。それに対して「かぶき踊」は、踊手の三人は三者三様に描かれているように、それぞれに役割があり、歌い手の歌に合わせて、異なった振り(所作)で踊ったものと思われる。むしろ、「綾子舞」でおこなわれている、猿若の踊を伝えるという「囃子舞」や中世の能狂言を伝える「狂言」に通じる所がある。阿国の「かぶき踊」は、能や狂言のように、叙事的要素を持つ寸劇的な踊りだったように思われる。もう一つ、①には興味深い人物が描かれている。橋掛かりの所に、烏帽子に素袍姿で幣らしきものを持つ神官風の男と裃に扇を持つ年配の男が座っている。これは一座や舞台を仕切る人物ではなかろうか。④で囃子方の脇に裃姿で舞台に向かって座る男が描かれているのも同じである。風流踊とは一線を画す舞台芸としての形が整っていたようである。

阿国の「かぶき踊」を伝える資料には、絵画の他に絵草紙もある。⑤京都大学図書館蔵『国女歌舞妓絵詞』（文十四丁、挿絵十五面、慶長年間写）と、⑥中村梅玉旧蔵松竹大谷図書館蔵（梅玉本）『かふきのさうし』、及び⑦大和文華館蔵『阿国歌舞妓草子』断簡（「茶屋遊び」「念仏踊」の絵図二枚、文一枚）がある。[8] 絵草紙ではないが「新謡曲百番」の内に、草紙と類似内容の⑧「歌舞妓」がある。これらについても先学の詳細な検討があり、[9] ⑥京大本がもっとも古形で、⑥梅玉本と⑧謡曲は、⑤京大本を元として増補改作あるいは脚色されたもの、⑦断簡も現装は順逆に綴じ誤られてはいるが、⑤と同様の絵草紙の「念仏踊」と「茶屋遊び」部分に当たるものと考えられている。

図１　『国女歌舞妓絵詞』（京都大学附属図書館所蔵）

⑤の内容をみると、まず、芝居場所の前を描いた絵があって、物語は阿国の親が登場、娘が出雲の巫女国と名乗った後、「かぶき踊」を踊らせるために阿国を伴って都へ上る（出雲大社と親子の旅の絵）。都見物（絵）と花見（絵）の後、阿国は、北野右近の馬場の舞台で、社参の群衆を前に、まず「念仏踊」（絵）から始める。念仏の声に引かれて、かぶき人名古屋山三の亡霊が登場し（絵）、阿国とありし昔のように歌ってかぶこうと阿国を誘う。かぶき者に扮した阿国と山三の亡霊は茶屋に上り（絵）、数曲の「小歌おどり」の後、「これは早古くさき歌にて候ほどに、珍しきかぶきをちと見申さう」と山三がいうと、阿国は「浄瑠璃も

どき」を鼓の拍子で数曲踊る（絵）。別れの時となって、名残の一節を鼓に合わせて拍子を踏み、阿国も山三も茶屋の女も猿若も加わって踊って（絵）、消える。最後に、「此お国と申は忝くも大社の仮に顕はれ出で給ひ、かぶきおどりを始めつゝ、衆生の悪を払らはんため、かゝるかぶきの一節を表し給ふばかりなり」と締め括る。⑤は能の仕組みを利用して作られている。

⑤の念仏踊部分を省いただけで、ほとんどそのまま⑧の能に仕組まれているように、阿国が右近の馬場の舞台でまず「念仏踊」を始めると山三の亡霊（シテ）が登場する。ここまでが前場。後場は茶屋女（ワキ）の前に、かぶき者に扮した阿国（シテ）が山三の亡霊（シテツレ）と猿若（アド）を伴って現れ、かぶいた昔を再現して歌い踊り、最後は茶屋女も加わって総踊りで消える。といった展開だが、これは絵草紙、そのまま阿国及び「かぶき踊り」の実態を描いているとは思い難い。前場に当たる道行から念仏踊までの部分は、⑦でも名乗りと都見物が簡単に付いているだけで、ほぼ後場に当たる部分のみである。阿国の「念仏踊」に言及するのは、林羅山の『徒然草』注釈書『野槌』（元和七年〔一六一九〕成立）の二一五段注や黒沢石斎『懐橘談』（承応三〔一六五四〕）、浅井了意の『東海道名所記』（万治元〔一六五八〕）など、時代が下った資料ばかりである。記述が⑤に近似しているものもあるので、⑤の影響下に広がったものであろう。

⑤⑥⑦では「念仏踊」に誘われて「かぶき人名古屋山三」が登場する。これも『当代記』をはじめ⑤より古い資料あるいは日記類には見出せない。名古屋山三郎は、室木弥太郎氏が明らかにされているように[10]、織田信長の縁に繋がる名門の出で、美貌で武勇にも遊芸にも優れた伊達男、一五歳で蒲生氏郷の陸奥名生城攻略に従って一番槍の武勲を立て、小歌にも歌われたが、若くして剃髪、京都に隠栖した。しかし、慶長初年頃には還俗し、名護屋九右衛門と名乗って、森忠政に仕え、美濃金山から川中島、さらに美作と主君に従って移り、同藩の井戸宇右衛門との刃傷沙汰で没した。大徳寺高桐院にある過去帳と位牌から慶長八年四月十日、『森家

先代実録』によれば享年は三十二歳だった。この山三の経歴からすると、阿国との出逢いがあったとすれば、京都隠栖時代ということになるが、この時期にはまだ阿国は京で活動してはいなかった。そうして、慶長初年頃から山三は京を離れた。そうして、阿国がちょうど「かぶき踊」を始めた慶長八年四月には、山三は死んでしまったのである。従って、阿国と山三は親しくした時期はまったくなかった、おそらく、僅かの出逢いさえもなかったと思われるから、山三の霊が顕れて、ありし日を懐かしむことはあり得なかった。阿国は「かぶき踊」を創始した時には山三をイメージして「かぶき者」に扮したわけではなかろう。しかし、山三は非常に有名な伊達男であり、「かぶき踊」を始めたと同じ頃に非業の死を遂げたので、「かぶき踊」を繰り返して居るうちに、阿国が扮する「かぶき者」は、山三がイメージされるようになり、阿国と山三の伝説も膨らんでいったのではなかろうか。そうして⑤の草紙の物語が生まれたと思われる。

三、阿国の「かぶき踊」の実態

⑤では、出雲から都に上ってきた神子女阿国は出雲大神の化身で、衆生済度のために姿を顕したのだとする。そのために、まずは「念仏踊」を踊って、非業に命を落とした「かぶき者」の霊を呼び寄せるのである。しかし、屏風絵は全て、かぶき者に扮した阿国と茶屋女に扮した男と猿若の三人の茶屋遊びの場面で、女姿の阿国もかぶき者（あるいは山三）も描かれていない。やはり、この茶屋遊びの場には屏風絵のように三人しか登場しなかったのではないか。

阿国が扮した「かぶき者」というのは、関ヶ原の戦いに勝利した徳川家康によって、堅固な管理の下に平穏な時代が訪れると、かえって緊張と目標を失い、享楽の遊びや自暴的行動に身を投じた若者だった。彼らは、派手な伊達姿で巷間を闊歩して民衆の注目を得た一方で、喧嘩や暴挙で儚く命を落とす者も多かった。阿国の「かぶき踊」の眼目は、この命を落とした「かぶき者」の霊を浄土に導くことにあったのではないか。阿国が「かぶき者」に扮するのは、阿国に「かぶき者」が憑依しているのである。能の『松風』や『井筒』で、シテの女は恋い慕う人の衣裳を身につけることで、恋人の行平や業平の霊が憑依し、二人一体となって舞う。「かぶき踊」は、能舞台を使い、囃子も地謡も皆能と同じ形式、茶屋女に扮したのは男の狂言師だったのだから、阿国自身の芸も能の手法に学んだところは多かったであろう。

徳川美術館蔵『歌舞伎図巻（采女草子）』（慶長一七、八年頃）は采女という女芸人の「かぶき踊」を描いた絵巻である。これは、まさに阿国の「かぶき踊」を真似たものが描かれている。これをみると、序で采女を小歌の名手と讃え、五曲の踊歌とその踊の舞台及び周辺の市井の風景図があり、その後に、舞台を見ようと群衆する貴賤老若を一時の夢だと冷ややかに評して詞を結び、最後に阿国の「かぶき踊」に酷似した「茶屋遊び」の図が描かれている。踊図は「ふじのおどり」が二人踊、「しのびをどり」が三人踊、「いなばをどり」も二人踊、「かねきゝ」「して」は一人踊である。冒頭の二曲は小袖姿の女が扇を持って踊っているが、後の三曲は頭にユライを付けて腰巻風の衣裳の者が踊っている。「茶屋遊び」の茶女と酷似しているので、この三曲の踊手も女装の男であろう。最後の「茶遊び」で、采女が「かぶき者」で登場し、茶屋女の狂言師と戯れるさまを見せたのである。これは⑤⑥の後半部とほぼ一致する。阿国の「かぶき踊」も、ほぼこれと同じだったのではなかろうか。まず、以前から踊っていた若女の小歌踊があって、茶屋女に扮した男の女踊があって、その後に阿国の「茶屋遊び」が踊られた。すなわち、阿国が創出した「かぶき踊」は「茶屋遊び」部分だけだったのではないか。

阿国は、「かぶき踊」を始めて一年半ほど経た慶長九年十月、清須・桑名で興行した。桑名の豪商太田吉清は『慶長自記』に桑名の興行のことを次のように記している。

十月の初、津島もりくにかぶきて清須へ下る。上りがけ十月廿三日桑名につき、同廿七日より勧進五日するなり。御屋敷にて一度かぶきて鳥目廿〆玉はる。又御城にて二度かぶきて鳥目廿〆、小袖・重玉わる也。是はかぶきの開山にて天下一のよし候へとも、一日二日見候ものは何も見あき申候。毎日同し事斗を致たる故、人の見あき候も尤もに候。

阿国は「天下一」「津島もり（対馬守）[11]」の触れ込みで、五日間勧進興行と、「御屋敷」と「御城」で三度「かぶ」いたが、同じことばかりで見飽きたという。この時の「かぶき踊」はかなり単純なものであったらしい。所謂「茶屋遊びの場」のみが踊られたのではなかったか。

このように見てくると、阿国の「かぶき踊」は当初は「茶屋遊び」のみであった。阿国の扮したかぶき者に特定の個人像はなかった。しかし、これはすぐに女芸人に真似られ、「女かぶき」として流行したが、飽きた評判も出てきたので、小笠原恭子氏のご指摘[12]ではないが、さらなる工夫が必要となり、物語化が謀られたのではないか。「かぶき者」に山三のイメージを付加し、地謡か茶屋女（アイ）の「語り」に、「かぶき踊」の根底にあった霊魂の慰撫という精神を明瞭にすべく「念仏踊」の件を加え、阿国の「かぶき者」の登場としたのかもしれない。絵草紙はそれを見える化して、「念仏踊」で山三が登場した絵を出し、さらにその後も『二人静』の如きイメージで阿国に山三が寄り添うように描いたのではないか。そうして、茶屋遊びの中に「小歌踊」も取り込み、最後は茶屋女も猿若も加わった総踊りで、「かぶき者」の霊と共に浄土に向かう如くに舞台から消えたのであろう。

四、阿国の「かぶき踊」の本性

阿国は「出雲の巫女」と名乗っていた。巫女が神を慰撫すべくあるいは祈念事の受納を願って、歌舞を奉納することは、天宇受売命の時からおこなわれてきた。

『古事記』には、「天宇受売命《あめのうずめの》、天の香山の天の日影手次《たすき》に繫《か》けて、天の真拆《まさき》をカヅラと為《し》て、天の香山の小《さ》竹葉《さば》を手草《たぐさ》に結《ゆ》ひて、天の石屋戸に汙気《うけ》伏せて踏み登杼呂許志《とどろこし》、神懸り為《し》て、胸乳を掛き出て裳緒《ひも》を番登《ほと》に忍《お》し垂れき。爾に高天の原動《とよ》みて、八百万の神共に咲《わら》ひき」とあって、天宇受売命は閉ざされた天の岩屋戸の前で伏桶を踏み轟かせて踊り、神懸りした。巫女には、神が憑依する霊力が備わっていた。脇田晴子氏はこれを「葬送の場での鎮魂儀礼」と指摘する。[13] しかし、仏教の渡来と共に、女は五障の者、褥穢の者との意識が広がり、神仏の前には女人禁制ということも多くなり、神仏と関わりの深い歌舞はほどんどが男のものとなり、僅かに「五節の舞」や「妓女舞」、「女踏歌」など、神事の折の奉納舞として女舞の命脈が残るのみとなった。ところが、平安末期、白拍子舞を舞う舞女が現れた。[14]『徒然草』二二五段には「多久資《おほのひさすけ》が申しけるは、通憲入道、舞の手のうちに興ある事どもを選びて、磯の禅師といひける女に教へて、舞はせけり。白き水干に、さう巻をささせ、烏帽子を引き入れたりければ、男舞とぞいひける。禅師が娘静といひける、この芸を継ぎけり。これ白拍子の根元なり。仏神の本縁を歌ふ。其後、源光行、多く本を作れり。後鳥羽院の御作もあり。亀菊に教へさせ給けるとぞ」とある。「白拍子」と呼ばれたこの舞女は、烏帽子水干を纏った男装で「仏神の本縁」を舞い歌った。能『道成寺』のシテ（白拍子）が男装を舞うことを条件に、「女人禁制」の寺院に参入できた[15]ように、男装は女性を隠微する方便であったが、衣裳以外は顔も声も女のままであるから、男装で舞うことは女の巫女性（霊性）と五障の回避を具有する方法でもあった。

「白拍子舞」は室町時代後期にはほとんど見られなくなったが、この男装の伝統は「女曲舞」に引き継がれ、さらに「女猿楽」に引き継がれた。「女猿楽」は直面であった。「白拍子」と同様に、女の性は隠微せず、衣裳と髪形でシテの性を装ったので、二つの性を具有したまま演じられたのである。阿国が男装することを思い立ったのは「女猿楽」がきっかけではなかったか。後藤淑氏によれば、[16]「女猿楽」も地方から上洛してきたと称していたという。

阿国の「かぶき踊」は、このような男装の女舞の伝統の果てに誕生した。阿国が慰撫・鎮魂した「かぶき者」は、関ヶ原の合戦の後に訪れた太平の世になじめない若者たちであった。その前の織豊政権の時代は、転換期で変動と混乱の時代あったが、一方で自由と開放の時代であった。個人の知恵と力で命がけでこの時代を生き抜いた者は、厳しい管理で社会秩序を守って太平を保とうとする徳川政権の体制には収まり切らなかった。彼らは新しい体制下で、刹那の非日常に自由と享楽を求めて命をかけた。阿国の「かぶき踊」は、俗世の罪を背負って苦しむ魂の救いではなく、この世の自由と享楽を刹那に謳歌した魂を浄土へ送る、新しい時代の「女芸」であった。京都には関ヶ原の合戦の敗者であった西軍に所縁の者も多かったので、「かぶき者」に心を寄せる者も多かった。そんな状況下で、阿国の「かぶき踊」は庶民には大好評で迎えられた。しかし、女が男装をして「かぶき者」を演じる「傾（かぶ）く」芸は、為政者には体制を乱す異様なものでしかなかった。また、「女芸」が持ち続けてきた巫女性は霊性と共に常に情欲的で官能的な側面を抱えていたので、儒学思想で管理しようとした江戸幕府には、これもまた許容できないものであった。阿国の「かぶき踊」を引き継いだ「女かぶき」のみならず、「女芸」は全面禁止となり、表舞台からは追い出されてしまったのである。

注

（1）服部幸雄『歌舞伎成立の研究』（風間書房、一九六三年）、小笠原恭子『かぶきの誕生』（明治書院、一九七二年）他

（2）小笠原恭子『出雲のおくに　その時代と芸能』中公新書、一九八四年

（3）小笠原恭子（『出雲のおくに』）は、前掲の天正十年五月十八日の記事も慶長五年七月一日の記事も出雲の阿国の記事とするが、室木弥太郎氏（『語り物（舞・説経・古浄瑠璃）の研究』）や服部幸雄氏（『歌舞伎成立の研究』）などは、天正十年五月十八日の記事については出雲の阿国と同一人物とは認め難いとする。

（4）小笠原恭子『かぶきの誕生』『出雲のおくに』に詳しい。

（5）『武家閑談』に、慶長十一年十月—十二年二月の間に、伏見城で松平秀康（家康次男）が阿国の「かぶき踊」を見たこと、『当代記』慶長十二年二月二十日条に阿国が江戸の能舞台で勧進興行したことが記されている。

（6）①②は徳川美術館新館開館十周年記念秋季特別展『かぶく美の世界』図録、③④は諏訪春雄編『歌舞伎開花』（角川書店）を参照。

（7）富山福野神明社蔵『北野社頭阿国歌舞伎図屏風』（『天神さまの美術展』図録所載、慶長十二年以降の成立）には北野社の南門外の能舞台（①の舞台画と酷似）に「茶屋遊び」が描かれている。一方、⑤に拠れば、阿国の芝居場所は北野神社に隣接する「右近の馬場」であった。小笠原恭子も紹介されている（『出雲のおくに』）、新潟県両津市妙法寺蔵『洛中洛外図屏風』（六曲二双、元和七年以降十六世紀中期）には、左双の右上、北野天満宮の下、右近の馬場の位置に芝居が描かれ、舞台上に「茶屋遊び」の場面、横に「天下一」「対馬守」とある。「天下一」「対馬守」は阿国が名乗っていた称号（『慶長自記』）であるから、これは阿国の興行の図である。この屏風の北野神社は「慶長十二年以前の古様」で描かれている（楢崎宗重「洛中洛外図屏風」、『国華』九三二、一九七一年四月）ので、慶長十年頃には、阿国は「右近の馬場」の舞台で踊っていた。

（8）⑤京都大学図書館のネット公開、⑥国会図書館デジタルコレクション「かぶきさうし」（米山堂出版、一九三五年）、⑦徳川美術館新館『かぶく美の世界』図録を参照。

（9）服部幸雄『歌舞伎成立の研究』、小笠原恭子『かぶきの誕生』、諏訪春雄編『歌舞伎開花』解説、他

(10)室木弥太郎『中世近世日本芸能史の研究』(一九九二年)、鳥居フミ子氏
(11)注7に紹介した妙法寺蔵『洛中洛外図屏風』を参照すると、「津島もり」は「対馬守」である。
(12)小笠原恭子『出雲のおくに』参照。
(13)脇田晴子『女性芸能の源流――傀儡子・曲舞・白拍子』(角川選書三二六、二〇〇一年)
(14)「女かぶき踊」に至る「女芸」の展開については、別項を用意している。
(15)細川涼一『逸脱の中世』(JICC出版局、一九九三年)及び阿部泰郎『湯屋の皇后』(名古屋大学出版会、一九九八年)にも「白拍子姿」を女が越境するための方法と指摘している。
(16)後藤淑「室町時代初期の女猿楽について」『昭和女子大学女性文化研究所紀要』二、一九八七年

第Ⅲ部　三河地域周辺の芸能　研究・学習便覧

◉序

三遠南信地域の芸能によせて

朝川直三郎基金　代表　**朝川知勇**

東海能楽研究会の記念となる書籍の刊行にあたり、論文を寄稿して下さった皆様、また編集に携わった多くの方々に感謝を申し上げます。何より、この記念すべき論文集の第Ⅲ部に三遠南信地域（三河、遠州、南信濃）の能楽および芸能についての資料と紹介という内容を取扱って頂きましたことに対して、敬意をもって感謝申し上げます。私が代表をつとめる朝川直三郎基金がこのような企画を支援できることを嬉しく思います。

学術論文集といえば、私ども一般人からすれば、非常に格調の高いものであり、かつ別世界のものという印象は容易に拭うことはできません。しかしながら、第Ⅲ部の「三河周辺地域の芸能　研究・学習便覧」においては、能楽についての様々な興味を誘い出し、能楽に関心を持つ人が増えるような内容であることを願っております。

日本各地にはそれぞれの地域に根付いた能楽の歴史があり、能楽が地域の文化の一部となっていただけでなく、その文化が近隣地域とも連携していました。能楽は人々にとって身近な存在であったといえるでしょう。こうした能楽の点と点をむすんだ線が網となり、それが面つまり地域となり、そこに歴史という時間軸を加えることで、当時の立体的に連携していた能楽の姿が浮かび上がることを期待します。

人生においては、誰しも一期一会の出会いと別離を体験いたします。私が朝川直三郎基金による活動として始めた豊橋能楽こども教室は、大倉流大鼓方の能楽師で無形文化財総合保持者でありました筧鉱一師、そしてシテ方宝生流嘱託の織田哲也さん等との出会いがあって実現したものです。

平成十八年（二〇〇六）に発足した豊橋能楽こども教室は、多くの人々の御理解・協力・支援に支えられて今日に至っています。

・挨拶で始まり挨拶で終わる。
・三河人として常在戦場・緊張感で以って学ぶ事を学ぶ。

これが豊橋能楽こども教室の行動指針です。

活動としては、名古屋・中村、桑名・員弁《いなべ》能楽こども教室と合同で稽古発表会を開催しております。舞台発表を通して交流を図り、お互いに礼をもって接し、相手を尊重し共に学ぶこと。さらに、三河人として己の自信・誇りを持ち名を惜しみ、緊張感を以って学ぶ事を学び、自己を確立し、精神の高揚に努めること。これを生徒等に期待しています。

能楽を通して〝学ぶ事を学ぶ〟という想い、すなわち「興味もしくは関心を持ち、自らがさらに学ぼうと思い立つこと」の先に何があるのかと問われれば、将来を荷なう子供たちに託す夢と期待、と私は答えます。

三遠南信地域では、人々は豊かな自然の恵みの中で暮らしてきました。自然は命であり神であり師である。このように自然を敬うことで、人は自然との共生をはたしてきました。そこには共存共栄を多種多様な形で積上げてきた歴史があります。そうした歴史を学ぶ事から、新たな着眼点が見出され、新鮮な発想が培われることでありましょう。その先に想像されるのは、己を大切にし、自尊心を抱き、己以外は全て師として素直に学びながら、新しい着想で課題に取り組み、明日の発展・繁栄を導き築いていくという若人の勇姿であります。

現代社会に求められている人材とは、想い（着想・理念・夢）を形（作品・商品・サービス）にする感性と創造力豊かな企業人であり、国際規模で協調、企業経営の出来る人材ではないでしょうか。もちろん、三河人は何時、何処に居ても三河人であり、充実した英語教育を体得したからといって欧米人には成り得ない。しかし、相手の意見・文化を尊重し、己の意見・文化も尊重して対話・交流するところから、個と個をむすび連携する線が網となり、それが面となりさらに立体化していくならば、三河人でありながら同時に国際人としても活躍できることでしょう。

こうした人材を、能楽を通して「学ぶ事を学ぶ」ということによって育成するという私の夢と期待は、豊橋能楽こども教室の現在の生徒等、その次世代、次々世代へと続いて行きます。本書の第Ⅲ部「三河周辺地域の芸能　研究・学習便覧」が、そうした未来の子ども達にとっての手引書となり役に立つことを期待してやみません。

三遠南信地域には、能楽以外にも、花祭り・霜月祭り・田楽（田峰・黒澤・鳳来寺・西浦）・安久美鬼祭りなどの芸能があります。これらの芸能は、子供のつとめと大人の仕事分担、互いに信頼して任し任される良き中世の自立の精神に支えられています。また芸能は、自然と共生することを誇りとした先人たちの想いを今に伝えるものといえます。先人らの想いが宿る芸能は、研究対象として深耕（カルチュア）すべき価値の存する宝の山です。

たとえば、祭りの掛け声も文化だと私は考えます。奥三河の花祭りの有名な「テーホヘ　テホヘ　テホトヘ　テホヘ」という掛け声には「天と地、自然の恵み豊かに、国も民も共に益々の弥栄を」という意味があります。神輿を担ぐ時の掛け声「ワッショイ、ワッショイ」は、「ワレも唱え、ワレも背負え、皆で背負え」という意味です。幕末には「エージャナイカ　エージャナイカ」という掛け声で人々は熱狂しました。祭においては、人は自らの役割分担を果たし、自然・神の御加護を得て、繁栄を築き、さらなる発展で以って天下泰平を享受してきました。このように、芸能とは実に守るべき、そして名を惜しむ文化でもあります。

豊橋能楽こども教室への想いが先走ってしまいましたが、私と東海能楽研究会とを結びつけて下さったのは、能楽師でありながら研究会の創立メンバーであり初代代表であった筧鉱一師でした。東海能楽研究会の二代目代表の林和利先生を始めとする諸先生方との知遇を得ることができたのは、筧鉱一師との出会いの賜物であります。

本書は、東海能楽研究会の日頃の研究の成果を中核に位置付けて構成されています。林和利先生が大学を退職されるという節目において、このような記念すべき論文集が企画され刊行が実現できたことを、林和利先生を始め諸先生方にこの紙面を借りて厚く感謝を申し上げげます。東海能楽研究会の研究活動から、能楽の発展・交流に貢献できる成果が生まれ、地域文化が益々盛んになっていくことを心から期待します。

私といたしましては、豊橋能楽こども教室への支援・充実を図るべく努力する所存でおりますので、尚一層の御指導と御鞭撻を賜りたくお願い申し上げます。

最後に、東海能楽研究会そして豊橋能楽こども教室が共々盛会になる事を望んで、結びの言葉とさせて頂きます。

平成三十年十二月二十日　起草

三河地域周辺の芸能を学ぶために

米田真理

この便覧では、愛知県の三河地域を中心に、祭りや芸能について調べる際に役立つ情報を集めました。「概説」「事例」「論考」「報告」「作品紹介」「伝記」「研究の手引き」という構成になっており、「概説」では調べる際の入り口にあたる内容を、「論考」ではそれぞれのテーマの専門家による説明を収めています。

「概説」については、調べ学習をおこなう小中学生から研究を志す人まで、幅広く使ってもらえるように、できるだけ簡単な言葉を使って書いています。【↓】の印があるときは、この章の他のページに詳しい内容がありますから、参考にしてください。

【概説1】「三河」と「三遠南信」

「三河」とは現在の愛知県の東部を指す呼び方で、日本最古の歴史書である『古事記』にも「三川」としてその名が見られます。大きく「西三河」と「東三河」に分けられます。

西三河……岡崎市、碧南市、刈谷市、豊田市、安城市、西尾市、知立市、高浜市、みよし市、幸田町（律令制にもとづく郡名……碧海郡、幡豆郡、額田郡、加茂郡）

東三河……豊橋市、豊川市、蒲郡市、新城市、田原市、設楽町、東栄町、豊根村、豊田市のうち旧稲武町（律令制にもとづく郡名……宝飯郡、八名郡、渥美郡、設楽郡）

「三遠南信」とは、愛知県東三河、静岡県遠州のうち西遠と中遠、長野県南信州の飯伊地域（飯田市と下伊那郡）をあわせた地域です。現在の行政区域では二十八の市町村が含まれますが、文化や方言の共通性から、さらに広い地域を指して言うこともあります。

遠州……〔西遠〕浜松市・湖西市　〔中遠〕磐田市・袋井市・森町

＊東遠の一部（掛川市・菊川市・御前崎市・牧之原市）を含めることもあります。

南信州……飯田市・松川町・高森町・阿南町・阿智村・平谷村・根羽村・下條村・売木村・天龍村・泰阜村・喬木村・豊丘村・大鹿村

＊上伊奈地域の南部（駒ヶ根市・飯島町・中川村・宮田村・伊那市・辰野町・箕輪町・南箕輪村）を含めることもあります。

＊ここまで、市町村名は令和元年五月現在

三つの地域は各県に分かれていますが、古くから経済や文化の面で強いつながりがありました。例えば、豊川や天竜川といった大きな河川を船で行き来することで、上流と下流、さらに岸の両側はつながります。船を使うと陸路よりも重い荷物を運ぶことができるので、上流からは木材や米が、下流からは日本各地から集まってきた物資が運ばれました。海に面した港と同じように、川湊《かわみなと》も、物資や人、お金が集まるところとして栄えました。

陸路も、山里からは生糸など、海辺からは塩などを運ぶ「塩の道」が作られ、秋葉街道や、海沿いの東海道とともに栄えました。人の往来がさかんなところには、おのずと文化的な交流が生まれます。このため、三遠南信地域には、祭りや芸能にも共通点が多く見られるのです。(1)

複数の地域に共通する芸能には、住民によって伝えられたものだけでなく、その土地を治める人物がきっかけをつくった場合もあります。例えば徳川家康は、三河、遠江、駿河（静岡県東部）、甲斐（山梨県）を領国とし、天正十四年（一五八七）の九月から十一月にかけて、各国のそれぞれ二カ所で能・狂言の催しをおこないました。三河では吉田（豊橋）と新城が会場となりました。(2) 豊橋と新城は後の時代になっても能・狂言がさかんで、それぞれの城内や祭りで能・狂言が催され、武士や町人が共演していた記録が残っています。

【→二三一ページ／二三九ページ】

地域の文化について調べる際には、他の地域との違いや共通性にも、目を配る必要があるのです。

注

（1）和田明美編『道と越境の歴史文化——三遠南信クロスボーダーと東西文化』青簡舎、二〇一七年。愛知大学綜合郷土研究所『県境を越えた地域づくり』岩田書院、一九九八年

（2）大原紋三郎『新城歴史ばなし』新城市郷土研究会、一九八八年

【概説2】地域芸能の調べかた

地域で暮らしている人々によって伝えられてきた芸能には、「民俗芸能」「郷土芸能」「民間芸能」「巷間芸能」など、いろいろな呼び方があります。この「概説」では、少し広い範囲の芸能を対象としたいので、「地域芸能」という呼び方をしていきます。例えば、ふつう「民俗芸能」には、営利目的で（＝お金儲けのために）おこなわれるプロの芸能は含まれません。けれどもこの章では、地域の人々が、自分たちが楽しんだり、習ったりするためにプロと関わることも、「地域芸能」という言葉の中に含めることにします。

地域芸能のうち、とくに保存する必要があると考えられるものは、国や県、市などから無形文化財に指定されています。文化財指定を受けている祭りや芸能は、その地域の人々によって長い間続けられてきた、たいへん貴重なものです。ですが、そのことは決して、長い歴史がなければ貴重ではない、ということではありません。新しくできた祭りや芸能でも、これから先、何百年も続いていくかもしれません。もし長く続かなかったとしても、それらがおこなわれていた時には、おこなう意味があったはずです。

逆に、かつてはおこなわれていたが、現在はないものについて調べることも、大切です。例えば、天竜川の中流域の北設楽郡豊根村富山では、近隣地域と同様に神楽などの芸能が伝えられてきましたが、昭和二十九年の佐久間ダム建設によって村内の三地区が水没し、同時に芸能も失われました。これらの芸能に関する本格的な調査は平成に入ってからおこなわれ、今や貴重な記録となっています。(1) ですから、どんな祭りや芸能でも貴重ですし、調べる価値はあるのです。

調べる方法は、文献（本や新聞、雑誌）やインターネットで調べるほか、人から話を聞くなどがあります。どれから先に、という決まりはありませんが、自分にとってわかりやすいと感じるものから先に調べ、だんだん詳しい内容のものに進めばいいのです。また、研究論文は必ず先行研究をふまえて書かれますから、新しいものを先に読むと、以前にどのような研究がおこなわれていたかがわかります。【→二六八ページ】

以下、調べるときの観点を四つ紹介していきます。

注

（1）山崎一司『失われた祭り』富山村教育委員会、平成三年

①移り変わりについて

祭りや芸能などの行事がおこなわれる日程や規模、形態が、どのように変わってきたかという観点です。長い歴史を持つ祭りや芸能でも、意外とこの数十年の間に大きな変化が起きているものです。

最もわかりやすい変化は、日程です。山本宏務『三遠南信　歳時記』の冒頭には次のように記されています[1]。

各地の行事は、従来行われてきた開催日が、主催者の都合で変更された場合が多いように思われる。例えば、年頭の年占いでは、新暦にしたり、旧暦で行われたり、春祭りに合祀されたと推測されるものもある。（…略…）

日程が変更された理由は、いろいろ考えられます。例えば、住民の主な職業が、農業や個人商店からサラリーマンへと変わったために、仕事の休みが取りやすい土・日・祝日の開催になったことです。祭りに子供たちが関わる場合も、学校が休みの日に合わせる必要があります。また、観光客が来やすいからという理由もあります。

日程の変化は、いろんな時代の資料を比べてみるとわかります。例えば北設楽郡段嶺村の津島神社でおこ

なわれる「さん候祭」は、現代では毎年十一月の第二土曜日におこなわれていますが、昭和十年（一九三五）十一月に刊行された『尾三文化史談』を見ると、毎年十一月十七日となっています。[2]

会場についても、かつては地域の家が当番で担当していたのが、地域の集会所を使うようになった例が多く見られます。たくさんの人が集まれるように、家を片付けたり、道具を準備したりするのが大変だからです。このように、どのような変化が起こったかということと、その理由を合わせて考えることが重要です。

注

（1）山本宏務『三遠南信　歳時記』春夏秋冬叢書、二〇〇五年

（2）熊谷好惠「さん候祭」愛知教育会編『愛知教育』特集号『尾三文化史談』第十一輯。本稿では、愛知県郷土資料刊行会編『尾三文化史談』一九七〇年刊を参照した。

②教授・継承について

「教授・継承」というのは、歌や踊り、楽器の演奏、作法などを、誰から誰に、どうやって教え伝えていくのかという観点です。多くの場合は、親から子へ、先輩から後輩へなど、地域の人々の間で上から下の世代へと受け継がれています。

ですが、中には、流派や家元制度が作られていることもあります。とくに祭り囃子に多く見られ、地域間で演奏法の同じものが同じ流派として意識されているのです。[1] また、主に神楽に見られるものですが、芸能者が組織を作り、プロとして活動していることもあります。

地域の外に指導者を持っていることもあります。能や狂言、歌舞伎、浄瑠璃などの舞台芸能が、祭りなどの行事で地域の人によって上演される場合は、プロの役者に稽古をつけてもらうことが多いのです。この場

合、指導者が属している流派の名前を使って「〇〇祭りの踊りは△△流」という表現がされます。

芸の参加者や継承者が限定されてきた場合、例えば各家の男子に限られてきた場合などでは、多くの地域で住民が減ったことから、その決まりを守るのが難しくなっています。そこで、性別や住所、住民との関係性（どのていどの親戚か）についての限定を緩やかにしたり、中には一般の参加者を募集したりして、続けられている行事もあります。逆に、古来のしきたりを守るために、行事の休止が続いている行事もあります。

注

（1）髙久舞『芸能伝承論——伝統芸能・民俗芸能における演者と系譜』岩田書院、二〇一七年

③主催者について

誰が行事をおこなうのか、誰のためにおこなうのか、という観点です。古い時代では、地域の行事は地域全体でおこなうのが当然とされていましたが、近代以降、さまざまな形で変化しています。

最も大きな点は、戦後、「保存会」や「委員会」を主催者とする形式が多くなったことです。地域芸能の多くは、その土地の氏神として祀《まつ》られてきた神社に奉納される祭礼行事として続いてきました。言い換えれば、その地域で生まれた人は、同時に神社の氏子として芸能を担ってきたのです。

ですが、日本国憲法に明記されているとおり、戦後は、信教の自由を尊重する考えが浸透しました。そこで、芸能を個人の信仰と切り離して考え、建物や器物と同じように保存していこうとの立場で組織されたのが、「保存会」や「委員会」なのです。「保存会」や「委員会」は国や県、市などから文化財指定や補助金を受けたり、企業や財団などから寄付を受けたりする際の、受け手となっています。また、地域の観光協会や企業と協力して行事を盛り上げる主体となっています。

ところで、古い時代に目を移すと、江戸時代までは神道と仏教は大きく区別されず、むしろ関連づけて考えられていました。象徴的なのが、大きな神社には「別当《べっとう》」と呼ばれる事務を担当する寺院が付属していたことです。神社に奉納される祭りや芸能についても、別当が管理・運営し、主催者として機能している例がたくさん見られます。こうした例では、明治維新の際の「廃仏毀釈《はいぶつきしゃく》（＝仏教を廃し神道を重視する考え）」により、行事と寺との関わりがなくなっています。

また、江戸時代に城下町として栄えていた地域では、藩主（＝お殿さま）や武士たちによって、お城や武家屋敷でおこなわれていた芸能があります。これは「誰が」という点で町衆（＝町の住民）による芸能とは区別されますが、実際には、武士と町衆が共演していたり、藩主が町衆の芸能を保護したり、町衆が藩主の芸能に寄付をしたり、といった関係が見られます。【↓二三一ページ】

④観光との関係について

地域の祭りや芸能を、その地域を特色づけるものとしてアピールし、観光客に来てもらうことで地域を活性化しようという考え方があります。これを実践しやすいように、平成四年（一九九二）、「地域伝統芸能等を活用した行事の実施による観光及び特定地域商工業の新興に関する法律」（通称「おまつり法」）が制定されました。

これ以前の法律では、戦後すぐの昭和二十五年（一九五〇）に制定された「文化財保護法」の中に、昭和五十年（一九七五）になって「民俗文化財」が追加されました。この法律では、長い間続けられてきた地域芸能は、保存・保護する対象として扱われました。

一方「おまつり法」では、地域芸能は「観光資源」として扱われています。「おまつり法」をめぐっては、地域芸能を〝破壊〟するものとして反対する立場もありますし、逆に、むしろ芸能の継続に役立つものとして賛成する立場もあります(1)。

祭りや芸能に参加する人からすれば、ひっそりと行事をおこなうよりも、たくさんの人に歌や踊りを見てもらうほうが張り合いがあるに違いありません。とはいえ、安易に地域の行事に観光客を誘導すると、望ましくない影響が生じる場合もあります。例えば、交通渋滞や、トイレ不足、ゴミの放置といった問題です。これらの問題を解消するには人手や設備が必要なので、その分お金がかかります。そのことを十分に考えたうえで観光化を検討する必要があります。

また、そもそも地域の祭りや芸能が、会場や時間帯の関係で観光化に向いていないこともあります。次に紹介する奥三河の花祭のように、本来の祭りとは別に観光用のイベントを立ち上げることで、観光化の実現に成功した例もあります。

このように、地域の祭りや芸能について調べる際には、さまざまな観点があります。次からは例として「奥三河の花祭」と「豊橋の能・狂言」を取り上げ、これまでどのような観点から研究が進められてきたかを紹介します。

注

(1)橋本裕之『舞台の上の文化――まつり・民俗芸能・博物館』追手門学院大学出版会、二〇一四年

【事例1】奥三河の花祭

花祭の日程と会場

「花祭」は奥三河の代表的な地域芸能のひとつです。北設楽郡東栄町、同郡豊根村、同郡設楽町の以下の十七地域が、国の無形民俗文化財に指定されています(1)が、現在は中止されているものもあります。

東栄　小林（十一月第二土曜）／豊根　山内（十一月第二土曜）／東栄　御園（十一月第三土・日曜）／東栄　東薗目（十一月第三土・日曜）／東栄　月（十一月二十二・二十三日）／東栄　河内（十一月第四土・日曜）／東栄　足込（十一月第四土・日曜）／豊根　坂宇場（十一月第四土・日曜）／東栄　中設楽（十二月第一土・日曜）／東栄　中在家（十二月第二日曜）／設楽　津具（一月二・三日）／東栄　古戸（一月二・三日）／豊根　下黒川（一月二・三日）／豊根　上黒川（一月三・四日）／豊根　間黒（一月四日）／東栄　下粟代（一月第二土・日曜）／東栄　布川（三月第一土・日曜）　＊（　）内は原則

このほか、豊橋の御幸神社でも一月四日に「花祭」がおこなわれています。昭和六十一年度から六十三年度にかけておこなわれた調査(2)によれば、「花祭」と呼ばれる芸能は、愛知県内ではこの地域以外には見られません。なお、花祭と共通の要素を持つ祭礼芸能として、「上村の霜月祭り」が浜松（旧水窪）、「遠山の霜月祭り」が飯田（旧南信濃）の八日市場・中立・上島・木沢・尾野島・大町、飯田（旧上）の上町・中郷・下粟拾・和田・程野にあります。

北設楽郡の花祭が文化財指定を受ける際には、北設楽花祭保存会のほか各地域に保存会が設けられ、計十八の保存会が保護団体とされています。

花祭は各地域に設けられた花宿《はなやど》を会場として、夜を徹しておこなわれます（近年では早朝から深夜までに時間を変更している地域もあります）。神迎えの神事に始まり、湯立神事、舞庭《まいど》での宮人《みょうど》による神事舞、撥の舞、青年による市《いち》の舞、地固めの舞、幼児による花の舞、役鬼の舞、祝福の舞が繰り広げられます。

花祭は広く知られていますが、徹夜でおこなわれるうえに、公共交通機関の利用や宿泊・食事等の面でも、他地域から訪れて見物するには不便です。このため、東栄町では国民の休日である十一月三日の日中に東栄町役場前の広場で「東栄フェスティバル」が開催され、花祭の舞が特設ステージ上で披露されています。他の芸能や特産品の販売も併せておこなわれ、地域の特色を活かした観光イベントとなっています。

花祭の研究史①　民俗芸能としての「神楽」論

花祭の存在が全国的に知られる契機を作ったのは、昭和五年（一九三〇）に早川孝太郎が著した『花祭』と言われています[3]。折口信夫は、花祭の鬼は出雲系の神楽とは異なり、悪者として扱われていないことを挙げ、その背景に、山の人々と里の人々の交流があったと述べました[4]。

昭和初期は全国各地の歴史・文化が学術的な脚光を浴び始めた時期で、早川や折口が活躍した『民俗芸術』のほか、当地でも『尾三文化史談』のような意欲的な雑誌が創刊されています。

戦後、昭和二十五年に文化財保護法が制定され、翌年、国による「記録作成等の措置を講ずべき無形の民俗文化財」の選定基準が設けられました。実際に全国各地の民俗芸能が個別に選択を受けたのは、地域文化の消失が危惧された高度経済成長期以後で、昭和四十五年六月に北設楽郡の「花祭りの芸能」が選択されました。東三文化会発行の機関誌『東三文化』の昭和四十年代から五十年代にかけての号には、花祭のほか、設楽町の田峯田楽や新城の大海放下、豊橋市の鬼祭といった東三河地域の民俗芸能に関する報告が多数掲載されています。

昭和五十年には文化財保護法が改正され、新たに民俗文化財が追加されました。五十一年五月には、冒頭にも記したように北設楽郡の十七カ所の「花祭」が指定を受けています。

このころから地域文化の見直しとともに民俗学の気運もいっそう高まります。武井正弘は花祭でおこなわれる神楽の歴史について、古代末期に寺院の法会で催されていたものが、中世以降「咒師」や「遊僧（聖）」と呼ばれる宗教者を通して地方に広まり、彼らによって鎮魂の「祭祀」として組み立てられたと述べました。(5)本田安次(6)や五来重(7)も総合的な神楽論の一つとして花祭を論じ、とくに「修験系」の神楽として性格付けています。岩田勝は、中世の神楽には死霊を鎮め浄化していく役割があったと論じました。(8)

記録類の収集・発表も相次ぎました。例えば『えーとす――民族文化研究』一～四号（昭和五十七年～六十年）では、「名古屋民族音楽研究会現地調査記録」として、東栄町足込、布川、豊根村坂宇場、間黒における昭和五十四年の「花祭」の記録が掲載されています。

花祭の研究史② 詳細な文献研究による成果

平成年間に入ると文献資料の調査研究がいっそう詳細になり、花祭の過去の実体が明らかになってきました。山本ひろ子は、花祭には源流というべき芸能「大神楽」が存在したことを明らかにしました。(9)大神楽は近世初頭には曽川・三沢山内地区で、近世後期には上黒川・下黒川・古戸へと移行しておこなわれ、数年あるいは数十年に一度、数日数夜をかけておこなわれるという大規模なものでした。大神楽は、幕末の安政三年（一八五六）を最後に途絶えましたが、平成二年に、一三四年ぶりに豊根村で復元されています。

平成九年に愛知大学綜合郷土研究所が主催したシンポジウムでは、花祭をめぐり四つの観点から報告と意見交換がおこなわれました[10]。山崎一司「失われた祭りからみた花祭」、井上隆弘「舞からみた花祭」、山路興造「中世芸能からみた花祭」、吉川覚治「どう伝えるか花祭」です。地域の祭りや芸能についてさまざまな立場・観点の人が集まり、関心を持つことは、文化の保存にとってたいへん有意義なことです。

資料研究が進むにつれて、これまでの研究の再評価がおこなわれるようになってきました。

中村茂子は、早川孝太郎が調査をおこなった明治初期以降、花祭にどのような変化が起こっているかを調査し、まとめています[11]。

笹原亮二は、花祭の中心である湯立神楽だけに焦点を当てるのではなく、神楽以外の多種多様な行事や舞についても、さらには行事に変化が起こってきているとしても、その折々に「祭祀性」を認める必要性を述べています[12]。

斎藤英喜は従来の神楽論の見直しとともに、神楽には「神霊、死者霊の成長、進化、あるいは霊のイニシエーション」という意味のあることを示しました[13]。

矢嶋正幸は、中設楽の花祭に見られる、五色の祭具を白一色に統一したり、鬼面の角を削ったり、祭神を記紀神話の神々に変更したりといった「神道花」と称される特別な形態について、実は、神道の教説に傾倒した神社の祠官や花太夫らによって改変されたものであることを紹介しました[14]。

今後も資料を用いた研究はますます盛んになり、従来おこなわれていた行事の実体が次第に明らかになっていくと思われます。言い換えれば、研究によって知り得たやり方が〝いま〟実際におこなわれているやり方と違っている場合、それが明らかになってしまうということです。

では、行事に直接関わる人々が〝いま〟おこなっている内容は、間違いなのでしょうか。従来のやり方に戻さなければならないのでしょうか。

花祭をどう〝守っていく〟か

花祭に限らず、歴史や伝統を持つ行事について、私たちは「ずっと変わらない」「変えてはいけない」という見方をしがちです。けれども、時代に応じて柔軟に対応できることこそ、実は長く続けられるひけつと考えられます。

地域文化の歴史に関する研究は、決して〝いま〟のやり方を否定するものではありません。むしろ、従来とは変わっていることを念頭に置きつつ、なぜ変わったのかを考えることで、今後長く続けていくためのヒントが得られるのではないでしょうか。

平成30年　東栄町御園の花祭
（撮影：菅沼芹菜）

注

(1)『愛知県民俗芸能総合調査報告書』愛知県教育委員会編、愛知県教育委員会、一九八九年

(2)愛知県教育委員会編『愛知県文化財調査報告書　第五十五集　愛知の民俗芸能：昭和六十一～六十三年度　愛知県民俗芸能総合調査報告書』愛知県教育委員会、一九八九年

(3)早川孝太郎『花祭（前・後編）』岡書院、一九三〇年　＊『早川孝太郎全集（Ⅰ・Ⅱ巻）』未来社（一九七二年所収。復刻本として講談社学術文庫『花祭』二〇〇九年、が刊行されている。

(4)折口信夫「山の霜月舞　花祭り解説」『民俗芸術』第三巻第三号、一九三〇年　＊折口博士記念会編『折口信夫全集一七』中央公論社、一九五六年、所収。

(5)武井正弘「花祭の世界」坪井洋文・三隅治雄編『日本祭祀研究集成　第四巻　祭りの諸形態Ⅱ』名著出版、一九七七年／同「奥三河の神楽・花祭考」『山岳宗教史研究叢書14　修験道の美術・芸能・文学Ⅰ』名著出版、一九八〇年／同「愛知県北設楽郡東栄町足込　奥三河の花祭」網野善彦他編『音と映像と文字による　大系　日本歴史と芸能　第八巻　修験と神楽』平凡社、一九九〇年

(6)本田安次「概説」本田安次編『講座　日本の民俗8　芸能』有精堂出版、一九七九年ほか

(7)五来重「解説」『日本庶民生活史料集成』第十七巻「解説」三一書房、一九七二年ほか

(8)岩田勝「神楽による死霊の鎮め」『神楽源流考』第九章、名著出版、一九八三年

(9)山本ひろ子『変成譜』春秋社、一九九三年ほか　＊保坂達雄「奥三河の花祭」宮家準編『山の祭りと芸能〔下〕』平河出版、一九八四年

(10)愛知大学綜合郷土研究所編『花祭論』岩田書院、一九九七年

(11)中村茂子『奥三河の花祭り――明治以後の変遷と継承』岩田書院、二〇〇三年　＊巻末に主要参考文献を載せる。／　同『奥三河の花祭り』板谷徹編『DVDシリーズ日本の民俗芸能』、ポルケ製作／紀伊國屋書店、二〇〇六年

(12)笹原亮二「民俗芸能と祭祀――中在家の花祭の現場を巡って」『国際常民文化研究叢書七』二〇一四年

（13）斎藤英喜「折口信夫「山の霜月舞」再考――「花祭」研究の現在へ」佛教大学『歴史学部論集』第六号、二〇一六年／「「浄土神楽」と「鎮魂」の解釈史――「死に向き合う宗教文化」論のために」佛教大学総合研究所共同研究成果報告論文集（六）、二〇一八年ほか

（14）矢嶋正幸「奥三河の花祭り・神道花の成立――奥三河にとっての明治維新」『民俗芸能研究』六二、二〇一七年

その他参考文献

竹内敏信著・本田安次監修『花祭――奥三河の芸能と風土 竹内敏信写真集』誠文堂新光社、一九八三年
東栄町誌編集委員会『東栄町誌 伝統芸能編』東栄町誌編集委員会、二〇〇四年
東栄町誌編集委員会『東栄町誌 自然・民俗・通史編』東栄町誌編集委員会、二〇〇七年

【事例2】豊橋の能・狂言

豊橋市のうち戦前から「豊橋」と称された地域は、古くから経済や文化が栄えた町でした。江戸時代には吉田藩の城下町が作られ、武士や町人らがそれぞれの文化を作っていました。そのどちらからも愛好されていた芸能に、能と狂言があります（能と狂言をあわせて「能楽」といいます）。能・狂言は室町時代の前期に大成し、室町幕府の将軍・足利氏をはじめ大名たちが好んで鑑賞したり、習ったりしました。後の時代の権力者である豊臣秀吉も能を好みましたし、徳川家康も江戸幕府を開いた際に能・狂言を公式の芸能として扱いました。

そこで、幕府や各地の藩では、城や藩邸で能・狂言を演奏するための役者たちが雇われました。また、自分で能・狂言の謡や楽器をけいこしたり、装束や能面を集めたりする人もいました。江戸時代の武士たちにとって能・狂言は、幕府や藩から許可されていた趣味だったのです。一方、武士以外の人々の中にも、趣味や教養として能・狂言をたしなむ人が多くいました。

吉田藩で能・狂言が盛んだったことは、藩主の大河内家が所有していた豪華な能装束や能面から知られます。これらは、明治時代のはじめに、藩の御用商人であった小久保彦十郎が買い受け、その後、魚町の安海熊野神社に納められ、魚町能楽会（現在は魚町能楽保存会）によって保存されてきました。[1] 【↓二三九ページ】

また、藩や町の人々による記録類からは、どこで誰が関わっていたかがわかります。久曽神昇は、江戸時代後期から幕末にかけて能・狂言が上演されたときの番組（＝プログラム）をもとにこれらをまとめ、会場は城内の大書院や、家臣のトップである老中・和田氏の家、参勤交代の旅の際に藩主一行が宿泊する本陣・山田氏の家などであることを示しました。ここから、同じく老中であった深井氏の家には能舞台が作られていたことや、出演していた藩士の地位は上から下までさまざまだったといった興味深いことも知られます(2)。身分制度が厳しかったとされる時代の、興味深い事例です。これらの番組についての概説は、『豊橋市史』にも掲載されています(3)。

ところが近年、これまで知られていなかった番組が明らかになりました。佐藤和道は早稲田大学演劇博物館安田文庫所蔵の『能囃子番組之留』をもとに、新たに四十三種の番組を紹介しました。これによれば、装束を着けて舞台に立つ役では、能のシテ方やワキ方は藩士の割合が高く、一方、狂言方は町人の割合が高いことがわかりました(4)。

さらに、林和利ら東海能楽研究会の調査によって、能装束や能面を保存してきた安海熊野神社には、江戸時代の後期から戦前までという長い期間、町の人々が使い、伝えた狂言伝書のあることもわかりました(5)。米田真理ら雲形本研究会は、魚町の台本を比較することで、指導者が変わると台本のセリフが書き換えられたり、藩士と町人、あるいは新城の人たちと共演する際には台本の擦り合わせがおこなわれたり、といった事例を明らかにしました(6)。

新城は豊橋同様に能・狂言の盛んなところです。富永神社の祭礼では、三代藩主菅沼定用の家督相続を祝って以来、現在まで能・狂言が奉納されています。現在の能舞台は、江戸時代後期の文政九年（一八二六）に作られました。大原紋三郎は新城の能楽史についてまとめるとともに、新城に残るたくさんの番組を整理しました。ここから新城と豊橋とは交流があり、互いに富永神社や安海熊野神社の祭礼能に出向いて共演していたことが知られていました。安海熊野神社の狂言台本は、このような共演の実態をさらに具体的に伝える資料なのです。

おそらく、豊橋にはもっと多くの資料や史跡があったと思われますが、残念ながら太平洋戦争時に大きな空襲にあったため、町並みとともに焼失してしまいました。町の人々による回顧録や『豊橋新聞』の記事(8)は、『東海能楽研究会　催花賞受賞記念論文集』に掲載されています(9)。

もうひとつ、豊橋と能との深い関わりを物語っているのが、市内の龍拈寺（曹洞宗）に残る、能のシテ方観世流の八世左近元尚の墓の存在です。観世元尚は天正五年（一五七七）一月にこの地で暗殺されたと伝えられています。墓は昭和二十八年に能の愛好者によって整備され、能楽の歴史を伝える史跡として保存されています(10)。

注

(1) 国立劇場能楽堂調査要請課『魚町能楽会所蔵能面と能装束』国立劇場、一九八九年／豊橋市美術博物館『能狂言　豊橋魚町の面と装束「華麗なる能装束の美」展特別公開』図録、豊橋市美術博物館、一九九八年／魚町能楽保存会「豊橋市魚町所蔵　能面・狂言面データベースCD―ROM」魚町能楽保存会／魚町能楽保存会「豊橋市魚町所蔵能面　原寸大写真」町能楽保存会ほか

(2) 久曽神昇「豊橋地方における近世以前の能楽」『愛知大学綜合郷土研究所紀要』二十号、一九七五年

(3) 豊橋市史編集委員会『豊橋市史』第二巻、豊橋市、一九七五年

(4) 佐藤和道「『能囃子番組之留』に見る豊橋の能」『演劇研究』三十六号、二〇一四年

(5) 林和利「豊橋・安海《やすみ》熊野神社蔵能楽資料の調査と分析」『まつり（七十三）』まつり同好会、二〇一二年十二月

(6) 米田真理・雲形本研究会「豊橋市安海熊野神社蔵狂言伝書の性格」『名古屋芸能文化』第二十一号、名古屋芸能文化会、二〇一二年／同「豊橋市安海《やすみ》熊野神社蔵狂言伝書の性格（二）」『名古屋芸能文化』第二十二号、名古屋芸能文化会、二〇一三年

(7) 大原紋三郎『新城歴史ばなし』新城市郷土研究会、一九八八年／同『新城祭礼能番組帳　上・下』、自費出版、一九

九六年／同『新城祭礼能番組帳解説』自費出版、一九九七年／同『新城能楽補遺』一九九八年／飯塚恵理人「大原紋三郎著『新城祭礼能番組帳　上・下』『新城祭礼能番組帳解説』」『東海能楽研究会年報』創刊号、一九九七年

(8) 長坂理一郎「昔はなし」『豊橋新聞』一九五六―五七年、豊橋新聞社

(9) 東海能楽研究会『催花賞受賞記念論文集』東海能楽研究会、二〇〇七年

(10) 桑四郎「観世左近太夫元尚のこと」『豊橋文化ニュース』一九四七年二月七日号（通巻一一二九号）／西田三好「観世墓碑異変二つ――八代目左近元之と二代目片山豊慶」『観世』一九五三年十月号／『観世』一九七六年九月号

【論考】

伊勢猿楽の三遠地域への参勤

保田紹雲

羽豆神社への伊勢猿楽の参勤と小面

知多半島の先端師崎の羽豆神社に遺された棟札の年記は「天文八年己亥則廿八日」で、この時に奉納されたと思われる室町時代の作と推定される小面が遺されている。なお、この小面については、後藤淑著「愛知県南知多町羽豆神社の若い女面と獅子頭」(1)に委しい。

同神社の古記を引写した尾張藩の『張州徇行記』には、毎歳八月の神事の時往古は当社に於いて伊勢猿楽の和屋太夫・勝田太夫両人が渡海して神事能を勤め、料物は幡豆埼城主、本根山城主の他、篠島、日間賀島も加え合計五貫文が支払われ、能面一面が遺されていると記されている。

師崎のすぐ前にある篠島からは、御幣鯛《おんべだい》が伊勢神宮へ毎年奉納されている。

三遠地域の年貢の輸送

南出真助著「中世伊勢神宮領の年貢輸送」(2)には、伊勢神宮領の神戸、御厨、御薗、は渥美半島基部の愛知県田原市や豊橋市、豊川市、静岡県浜松市北区三ヶ日、浜松市東区中田町、磐田市篠原町にまで点在して広がっており、それらの地から伊勢神宮への年貢は海を渡って送られていたこと、とくに三ヶ日の浜名神戸の初生衣《うぶぎぬ》神社は、久寿二年(一一五五)以来、御衣《おんぞ》を織り、毎年皇太神宮に奉献した古社で、御衣や年貢の輸送は特別な儀式的行事であり、陸路を吉田（豊橋）の湊神明社を経て海を渡って運ばれていたことが明らかにされている。

伊勢猿楽の呪師の芸「師子六舞」「方堅」

伊勢神宮に仕えた伊勢猿楽は呪師の芸「師子六舞」（師子は呪師の訛伝）、「方堅」が伝えられ、神宮へ正月に「師子六舞」と能舞を奉納するほか、伊勢地域の神社の建立・式年遷宮の折には地鎮の呪法「方堅」と能舞を勤めていた。詳細は能勢朝次著『能楽源流考』[3]や、伊勢市教育委員会編『一色の翁舞・調査報告書』[4]に詳しい。

伊勢猿楽は羽豆神社へ渡海した例のように、東三河からの船便を利用することで容易に海を渡って東三河へ到達出来たので、伊勢地方の伊勢猿楽の呪師の芸と能舞をおこなう風習は、三遠地域の神宮領だけではなく、その周辺の神社の地鎮や祭りにまで広がっていた可能性があることが、古能面を蔵する神社が豊橋市、豊川市、浜松市三ヶ日に多く存在することから考えられる。

東三河の豪族

戦国時代になって伊勢神宮領の神戸、御厨、御薗が武家に侵される以前の三遠地域の豪族は伊勢神宮に対する崇敬の念が高く、この地域には伊勢の文化が広まっていた。

例えば、平安時代末期の東三河の豪族・星野範信は三河国宝飯郡星野荘を領していたが、仁安三年（一一六八）に「神谷御厨」を伊勢神宮に献じた。その比定地は八名郡美和郷の一部の現・豊橋市石巻中山町付近で、星野氏の本領・宝飯郡星野荘との間には和田郷を挟んでいて、星野氏は比売天神社（文明三年の年記のある女面がある）のある和田郷も勢力下に置いていたと考えられる。

また、牧野古白は、東三河の国衆で、ゆかりの瀬木城跡は現在、神明社（祭神は天照大神）の境内となっているが、築城の際に神明社を勧請したのではなかろうか。古白はまた、安久美神戸神明社の造営のために寄進した。その棟札に明応六年（一四九七）十一月十七日とある。

さらに、牧野古白は今橋城（吉田城）を永正二年（一五〇五）に築城した。

築城目的には種々の説があるが、筆者には、敵対する戸田宗光が文明七年（一四七五）田原に入ってから後の領地拡大が伊勢神宮領を侵して来たもので、明応二年（一四九三）二連木城の築城に対し、牧野古白による安久美神戸神明社の造営寄進や、今橋城（吉田城）の築城は、戸田氏に対して飽海神戸を守ろうとした意味が含まれているように思われる。

三遠地域の古い能面について

愛知県豊橋市や豊川市、静岡県浜松市三ヶ日には、古い能面を伝えている寺社が数多くあり、これらの中には伊勢猿楽参勤の遺物である能面が含まれている可能性が高い。

これらの地の寺社の所蔵する古能面を、中村保雄著「愛知の仮面展によせて(5)」や、「愛知県下の仮面所在地(6)」及び、後藤淑著『能面史研究序説(7)』などから拾い出してみる。

豊橋市八町通　安久美神戸神明社（愛知県豊橋市八町通三丁目十七）

○「赤鬼面一面、天狗面一面、今川義元寄進の面とされ、令和元年五月二十一日付「中日新聞」で存在が報道された。塗りや彫り方の特徴から関西の能面師の手がけたとされる。

豊橋市中山町　大蔵神社（愛知県豊橋市石巻中山町字大山一番地）

○「雨乞面（翁二面、黒式尉一面、尉面一面）」計四面がある。（豊橋市指定文化財）作は古く優れている。文書にはもと七面とあり、雨乞いに使用。

豊橋市石巻荻平町　日吉神社（山王権現）（愛知県豊橋市石巻萩平町字大門）

○「雨乞面（中将〔ただし、耳、植毛痕がある〕）・小顰（小癋見）・姥（若い女）・蛇（大飛出ヵ）・喝食（面裏墨書・三かづき）」計五面がある。（豊橋市指定文化財）

日吉神社の奥宮である大蔵神社の旧蔵品とされ、専門家の作が多く、伊勢猿楽との関係が考えられる。

豊橋市賀茂町　賀茂神社（愛知県豊橋市賀茂町神山一）

○猿田彦古面（愛知県指定文化財）

○翁面二面、笑面二面、鬼神面一面、女面一面　計六面。（豊橋市指定文化財）

豊橋市下条（和田郷）比売天神社（愛知県豊橋市東下條字木戸口一）

○女面一面、祭礼面四面がある。女面が貴重　雨乞い面。（豊橋市指定文化財）

○比売天神社の女面の面裏には「文明参辛卯年（一四七一）／和田郷／十二月十七日」[8]とあって和田郷が星野範信の勢力下にあった時代に当たる奉納面で、伊勢猿楽との関係が考えられる。

豊橋市小松原町　東観音寺（愛知県豊橋市小松原町坪尻十四）

○東観音寺の古面十面はいずれも室町時代以前の古い面である。（豊橋市指定文化財）

○面箪笥の蓋の裏には明和四亥年（一七六七）八月　大野出目家八代杢之助庸吉（後に長雲）の面目録十一面が記されているが、現存は十面で鬼女（伝春若作）が紛失している。[9]

東観音寺の面に鑑定で付された作者名には疑問を感じる。

豊川市小坂井町　菟足《うたり》神社（愛知県豊川市小坂井町字宮脇二番地の一）

○獅子面二面、男面二面、鬼面　以上五面（愛知県指定文化財）。猿田彦面、天宇受売面、猿楽面　以上三面（豊川市指定文化財）。この他に父尉（未指定）があり、これについて中村保雄は「現在のところ県下に一面しか知られていないが、面は南北朝期の作品と考えられ、作柄もなかなか良い」（注5）という。伊勢猿楽との関係が考えられる物的証拠であろう。

豊川市八幡町　八幡宮（愛知県豊川市八幡町字本郷十六）

○「天宇受売命面（室町時代）、猿田彦面　例祭神輿神幸神事」（愛知県指定文化財）

豊川市市田町　伊知多神社（愛知県豊川市市田町宮田九番地）

○翁面（切顎ではない）。福面（鎌倉時代）。（豊川市指定文化財　）

浜松市三ヶ日　大福寺（静岡県浜松市北区三ヶ日町福長二二〇―三）

○青柳瑞穂氏蔵・父尉（注7）には裏墨書「一具弐面三百／大福寺／常什／正和五年丙辰（一三一六）十月八日」とある。（鎌倉時代末）

○内山真竜編『遠江国風土記伝』[10]の大福寺の条に「承元三年（一二〇九）寺を神戸郷に移して以来正月八日に神事能舞ありしも、元禄八年（一六九五）以来停止」とある。

浜松市三ヶ日　摩訶耶寺《まやかじ》（静岡県浜松市北区三ヶ日町摩訶耶四二一）

○大福寺とともに摩訶那寺でも能がおこなわれており、『遠江国風土記伝』の摩訶耶寺の条に「毎年正月七日　神事の能舞ありしが、貞享五年（一六八八）以来停止す」とある。

浜松市三ヶ日　宇志八幡宮（静岡県浜松市北区三ヶ日町宇志一）

○能面父尉、及び、能面悪尉（鉢巻面）（静岡県指定文化財）

○『遠州国風土記伝』の八幡神社の条に「八月十五日に神事の能舞ありしも、貞享五年（一六八八）停止せり、赤鶴の面を遺す」とある。

浜松市雄踏町　息神社（静岡県浜松市西区雄踏町宇布見八六八九）

○獅子頭が二頭ある。（静岡県指定文化財）獅子頭には「応安七年（一三七四）七月一日　息大明神」とある。
○古面（所蔵名・若い女二面、抜頭、鼻高、尉面、霊男、鬼神）計七面（静岡県指定文化財）。面箱には「文明九年／
　奉米大明神（＝息神社）／献二月初午」とある。

　以上の他にも仮面を所蔵する寺社はあるが、伝来が江戸時代以降であるものや、祭礼用など用途が明確なものなどは省略した。

父尉面について

　後藤淑著『続・能楽の起源』(11)一七五ページには「三信遠の田楽・花祭・神楽の中には父尉という名称はどこにもない。（中略）静岡県引佐郡三ヶ日町大福寺には正和五年という銘をもつものがあったことが明らかであるし、ほぼ大福寺正和五年の父尉と同年と思われる父尉面が三ヶ日町宇志八幡神社に所蔵されている。　大福寺は三河の鳳来寺と交流があったことが所蔵文書によって知られ、　鳳来寺には田楽がある。（中略）大福寺父尉を使用した芸能・芸団と三信遠駿の田楽・花祭・神楽を伝えた芸団とは系統を異にしていたのだろうか。因みに父尉面は豊川市小坂井町菟足神社などにも所蔵されている」とある。

　伊勢猿楽が父尉を所持していたことは野村美術館蔵勝田家旧蔵の父尉から明らかで、『続・能楽の起源』（注11）には「鎌倉時代中期頃に父尉に延命冠者がつくが、　室町時代になると、　父尉・延命冠者は翁舞からはずれて来る。」とあって、　用いなくなった父尉を伊勢猿楽が「方堅」「神事能」に際して奉納したと考える。

三遠地域への参勤の時期

　伊勢猿楽が三遠地域へ出かけた時期について、　豊橋市下条（和田郷）比売天神社の若い女面の「文明参辛卯年（一四七一）十二月十七日」は、神社で神事能がおこなわれた時と推定され、その際に納められたと考えられる。三ヶ日の祭礼の時期が、『遠江国風土記伝』の摩訶那寺の「毎年正月七日　神事の能舞あり」や、大福寺の「正月八日に神事能舞あり」を関連づけて考えると、伊勢猿楽の三遠地域への参勤の時期は年末から正月にかけておこなわれたと考えられる。

おわりに

中世には伊勢猿楽が三遠地域へも参勤し、呪師の芸や神事能をおこなっていたと考える間接的な証拠や、「父尉」という物的証拠の存在から、文献資料は江戸時代のものしか見出せていないけれども、これがおこなわれていたことは間違いなかろう。

豊川市伊知多神社蔵福面は、小型の面で能面の発達過程を示す資料（注5）として貴重である。

豊川市八幡町八幡宮の天宇受売命面は、「室町期作」（注5）とあり、専門家の手になる面で優品である。

また、豊川市雄進神社伝来の個人蔵の「牙飛出」は顎が割れて、一部欠落がある小型面で、虫害も酷いが、伊東史朗著「新出の古面二例」[12]に南北朝時代の作と推定され、「本格的な技をもつ面作者の推定される優れた作」「これをもたらした猿楽座が演能に使い、奉納したことが推測される。」とある。

これ等、古面を蔵する神社には専門家の作と見られる優品は少数の場合が多いことから、奉納面の可能性が高く、この奉納者について、伊勢の呪師猿楽が神社の新築や遷宮に際し、地鎮の神事である「方堅」などの神事をおこなって、その際に面を納めたと考えると、これらの古面の伝来の説明に辻褄が合う。

また、現行の面に比して小型の面が、豊橋市大蔵神社の翁、豊川市菟足神社蔵の父尉、豊川市伊知多神社蔵の福面、豊川市雄進神社旧蔵で個人蔵の牙飛出、三ヶ日の宇志八幡宮の父尉等に見られる。

能面の進化の過程から考えれば、これら小型の面は現行寸法の面より時代が古いと考えられる。大和四座ばかりでなく、伝統のある猿楽座（伊勢猿楽を含む）は優れた面を新しく入手すれば、それまで使用してきたが使われなくなった面を奉納や献上の形で払い下げたことが考えられ、能楽座の面が次第に現行のサイズや形に固定して行く過程や、所蔵面の質の向上させる過程で面の入れ替えがなされた痕跡であろう。

筆者には三遠地域の神社の能面の実地調査が不充分な状態であるが、調査の予備的な知識として調べたこと、実地検分を済ませた面についての印象からあえて発表に踏み切った。ご意見、ご批判を期待します。

注

（1）後藤淑著「愛知県南知多町羽豆神社の若い女面と獅子頭」南知多町郷土研究誌『みなみ』七十八号、二〇〇四年十一月

（2）南出真助著「中世伊勢神宮領の年貢輸送」、人文地理学会誌『人文地理』第三十一巻第五号、一九七九年

（3）能勢朝次著『能楽源流考』岩波書店、一九三八年

（4）伊勢市教育委員会編『一色の翁舞・調査報告書』二〇〇八年

（5）中村保雄著「愛知の仮面展によせて」、熱田神宮宝物館編『愛知の仮面』一九八四年

（6）「愛知県下の仮面所在地」、熱田神宮宝物館編『愛知の仮面』一九八四年

（7）後藤淑著『能面史研究序説』明善堂書店、一九六四年

（8）比売天神社の若い女面（豊橋市美術博物館編『写真集　豊橋の文化財』平成十九年刊）

（9）豊橋市美術博物館編『東観音寺展』図録、二〇〇〇年

（10）内山真竜編『遠江国風土記伝』一九〇〇年、国立国会図書館デジタルコレクション

（11）後藤淑著『続・能楽の起源』木耳社、一九八一年

（12）牙飛出（伊東史朗著「新出の古面二例」『愛知県史研究』第二十二号二〇一八年三月刊）

【論考】

三遠南信の地芝居

安田徳子

一、三遠南信の地芝居の発生

十七世紀初頭、戦乱の時代が治まって太平の世がくると、都には人形浄瑠璃や歌舞伎の新しい舞台芸能が生まれ、圧倒的な人気を得た。この新興芸能は旅芸人によって僅かの間に地方に広がり、やがて各地の民がこれを真似て演じるようになった。とくに、素人が歌舞伎を演じることを「地芝居」という。東三河と遠江西部と信濃南部伊那谷地域は「三遠南信」と呼ばれ、独自の芸能文化を育んできた地であった。ここに、さらに新興芸能が持ち込まれ、地芝居は全国でも最も盛んな地域となっている。

新城は十六世紀末から三遠南信の交易の要衝として栄えていたので、新興芸能もまずこの町に入ってきた。『新城聞書』(1)に「寛文三癸卯歳（一六六三）、間ノ町庚申堂ノ向ノ野ニテ野村勘之丞操（人形浄瑠璃）芝居アリ。同四甲辰ノ歳、天王ノ林（富永神社境内）ニテ中村長門狂言尽（歌舞伎）芝居アリ。其後、生島喜太夫・虎屋源太夫、二芝居トモアヤツリ同処ニテアリ。伊勢島宮内操芝居、上町金左衛門屋敷ニテ有。薩摩太夫操芝居、東新町、今ノ惣右衛門屋敷ニテ有」とある。同書によれば、新城では、その後久しくこれらの芸能は「御停止」だったが、享保七年（一七二二）の最勝院薬師堂開帳に、九月八日から竹本信太夫と同小源太の操、二十一日から十月一日まで吉岡万次郎・吉岡主膳・和泉屋重次郎の狂言尽（歌舞伎）の興行があり、享保九年（一七二四）の同所の入仏時にも四月十二日から月末まで芳村左馬次郎の狂言尽（歌舞伎）興行があった。さらに『新城雑旧記』には、享保十八年（一七三三）の御開帳でも二月一日から十五日まで吉岡花之丞の狂言尽がおこなわれた。

右の記録によれば、操も狂言尽も寺社境内か町役の邸宅でおこなわれた。寛文時の事情は不明だが、享保の薬師堂での狂言尽興行は縁日を当て込んだもので、いずれも名古屋の狂言尽役者の一座のようである。これらは、町役か氏子が縁日の余興や住民の娯楽として狂言尽一座を招聘した、所謂「買芝居」ではなかったか。これらが刺激となり、富永神社の祭礼に、元文元年（一七三六）から栄町と中町が能・狂言を、安永七年（一七七八）からは下町が操又は狂言（歌舞伎）を奉納した（歌舞伎は元文五年からとも）（『新城祭礼能番組帳』）。新城の地芝居の始まりであった。

その後、周辺の村方にも地芝居が奉納されるようになる。八名郡庭野村（現新城市）の庭野神社祭礼に文政三年（一八二〇）九月から庭野座の狂言（歌舞伎）が奉納されている（「三州庭野村庄屋の記録」）。現在も新城市内には七団体が地芝居をおこなっている。さらに、国境を越えて、遠州の引佐地域へも広がった。『都田村（現浜松市北区）年代手鑑』に寛保三年（一七四三）九月十六日に、有志が費用を出し合って「狂言（歌舞伎）」をおこなった（『浜松市史』二、第七章）など、地芝居がおこなわれていた証左である。

二、奥三河の地芝居

ところが、奥三河の地芝居記録はこれより古い。田峯では伝承によると、正保元年（一六四四）、村が存亡の危機に直面した時、田峯観音の霊験で救われたので、そのお礼に明暦元年（一六五五）から、以前から毎年正月におこなわれていた「田楽《でんがく》」奉納に加えて、地芝居の奉納を始めたという（『北設楽郡史』）。明暦元年は野郎歌舞伎が始まったばかりで歌舞伎の形が整っていない頃で、この伝承をそのまま容易には信じ難い。しかし、設楽郡と隣接する東濃地域では天和三年（一六八三）頃から奉納歌舞伎がおこなわれており（『岐阜県土岐郡大島村安藤氏覚書』他）[3]、全国でも最も早くから地芝居がおこなわれていた地域である。田峯の地芝居が東濃地域の影響下に、かなり早い時期から始まった可能性はあろう。『北設楽郡史』によれば、田峯では宝暦八年（一七五八）に地芝居用舞台が建てられたという。現在の田峯の舞台（谷高座）は、文久三年（一八六三）の再々建で、最初の舞台を確認はできないが、これを信じれば、常設の地芝居舞台としては非常に全国でも早い時期のものである。田峯では、天保改革の時も「かくれ芝居」をおこない、現在まで地芝居奉納が続けられている。

奥三河の地芝居は、現在は田峯しか残っていないが、幕末以降は昭和二十年代まで各村々で盛んにおこなわれていたことは、早川孝太郎の「地狂言雑記」（『早川孝太郎全集』一七七二年）や各所に残る舞台遺構、地芝居経験者による口碑などから覗うことができる。この地域は、各集落が田楽や花祭など共通の芸能を持ち、相互の交流も親密だったので、地芝居も各所で同じ頃から始まり、競い合いながら発展したと思われる。

三、伊那谷の地芝居

南信の下条谷の吉岡（現下条村）でも、新城よりさらに早い正保四年（一六四七）四月に、名古屋幅下から団兵衛という太夫が来て、始めて操芝居をした（『下条由来物語（下条記）』『熊谷家伝記』〔5〕）。この一座は慶安四年（一六五一）三月にも来た。この団兵衛というのは尾張城下が清須から名古屋へ移る前後に両所で操興行をしていた者で、吉岡は尾張藩とは関わりが深い村であったので、村役が名古屋から招聘したのであろう。下条谷では初めての新興芸能の興行で、近郷からも見物が群衆して大騒ぎだったという。また、『下条山家十一村覚書』(4)に「尾張名古屋より大夫被参　吉岡他屋の角へ小屋掛け始めて芝居興行するは、享保五庚子年（一七二〇）九月中三日の間也。…此れは操芝居同様尾張家中下条殿の仕向け也。…」との記載がある。名古屋から「太夫」を呼んで、始めて「芝居興行」をおこなったと伝えるが、役者にはまったく触れていない。あるいは、「太夫」は浄瑠璃方（弾語り）で振付も兼ねていて、役者は村人だったのではないか。すなわち、これがここの最初の地芝居だったと見ることもできる。こうして伊那谷に歌舞伎への関心が広まり、各村々で地芝居が始まったのであろう。

下条よりさらに伊那谷の奥、南アルプスの山麓の大河原（現大鹿村）は、南朝の宗良親王の居住地としても著名なように、遠州にも関東にも吉野にも繋がっていた。確かな記録は見出せないが、早くから歌舞伎が入ってきていたらしい。大河原前島家文書の『作方日記帳』(5)によると、明和四年（一七六七）四月一日に「かしを狂言」がおこなわれている。「かしを狂言」は鹿塩村の村人による地芝居であった。おそらく、地芝居以前に歌舞伎との出逢いがあったに違いない。時代は下る資料しかないが、中仙道や甲州路から伊那谷へ天竜下りをして遠州へ出る巡業をする役者もしばしばいた。浦川歌舞伎は、三代尾上栄三郎がこの旅の途上に浦川で亡くなったので、それを悼んで地芝居を始めたという。

四、西三河の地芝居

西三河山間部では、まず、町方の挙母《ころも》（現豊田市）と足助《あすけ》（現豊田市）では、挙母神社と足助八幡宮の祭礼の山車芸として地芝居がおこなわれた。挙母祭では寛保元年（一七四一）九月四日から「新薄雪物語」を上演したことが山車蔵《だしぐら》の戸板の落書[6]で確認できるが、何時から始まったかはわからない。これは子供歌舞伎で明治四年まで続いた。足助祭は、宝暦十二年（一七六二）からの芝居上演の記録（「山車狂言について〔新町記録より〕」）がある。こちらは若者組中心の歌舞伎で昭和初期まで続いた。山車上の地芝居は、名古屋と親密な交渉があった両所の町衆は歌舞伎に関心が高かったので、尾張の山車文化を取り込みつつ、からくりに代えて始めたのであろう。

村方では、三遠南信と同様に集落の村祭りに氏神境内の舞台で地芝居がおこなわれた。現在は廃絶しているが、下国谷《しもくにや》（現豊田市）の八月の秋祭りに使用した台本が残っている。「寛政三辛亥（一七九一）八月廿九日、八月十七日書之　祭礼入用」の書入がある『風俗《ふうぞく》娘《むすめ》恋《こいの》非《ひ》鹿子《がのこ》鈴森《すずがもり》別《わかれ》の泪《なみだ》』が最も古く、以後明治三十九年（一九〇六）までのものである。こうした地芝居台本と浄瑠璃本、時には講談本も含んで、豊田市内各所に、江戸後期から昭和二十年代までのものが残っている。また、豊田市内だけでも、今も八十棟近い地芝居用舞台が残っており、この他に廃絶が確認されている舞台が六十ほどある。その中で西樫尾の舞台は明治三十年（一八九七）の建立であるが、古い棟札には「寛政九丁巳歴三月吉日　奉再建立拝殿」と記されていて、寛政九年（一七九七）建立の舞台、さらにそれ以前の舞台があった。中金の岩倉神社の石野の舞台は、後に改修が加えられてはいるが、棟札によれば文化五年（一八〇八）の建立である。こうしたことから、村方では挙母や足助に少し遅れるが、隣接の美濃地域や東三河の影響下に、寛政年間には地芝居が始まっていたと思われる。ただ、明治以降の台本、舞台が多く、最盛期は明治・大正期で、現在も四団体が継承している。

五、地芝居を支えた万人講

三遠南信地域では、名古屋の一座が新城や下条で歌舞伎をおこなったことから、その魅力が広まり、東三河の山間部や南信で地芝居が始まり、東三河一帯、西遠州、西三河へと広がり、全国でも屈指の地芝居活動地域となった。この地芝居の隆盛を支えたのは、幕末から昭和二十年代にかけておこなわれた「万人講」の活動だった。この活動は遠州宇布見《うふみ》（現浜松市）あるいは豊川辺から始まったようであるが、西三河・東濃や尾張の知多まで広がった。(7)「万人講」というのは、社寺への参詣や寄進のための講中だが、これを地芝居奉納のために組織し、講で集めたお金で、代表者を都市の歌舞伎見物や芸の習得に派遣し、それを仲間に伝えて、地芝居を上演した。やがて、地芝居愛好者の研鑽、上演の組織となった。近郷に在地の専業役者と師弟関係を結んで芸を習得して芸名を貰った者が、組織の師匠となって仲間を指導した。近郷から依頼があれば、一座を組んで地芝居を上演したり、振付師匠や浄瑠璃方として祭礼の奉納芝居で活躍した。最も盛んだったのは西三河の小原・旭（現豊田市）で、大芝居で活躍した中山喜楽《きらく》の弟子中山喜龍《きりゅう》や市川団蔵の弟子市川団結《だんゆう》、旅役者松本団升といった周辺の在地役者に弟子入りした第一世代を大師匠として第二世代、第三世代と芸を継承して活躍した。現在は「万人講」の組織はなくなったが、豊田市の小原歌舞伎や旭町歌舞伎、浜松市の雄踏歌舞伎『万人講』や豊川市の金沢歌舞伎などがその伝統を継承している。

注

（1）『日本庶民文化史料集成』第七巻人形浄瑠璃（三一書房、一九七五年）による。なお、同じ記述が『新城雑旧記』（鈴木太吉編『新修太田白雪集』（太田白雪集刊行会、二〇〇二年）にもある。

（2）和泉屋重次郎は名古屋在の歌舞伎一座の人気役者。吉岡（村カ）花之丞は『続尾陽勾欄始志』によれば、寛保三年七ッ寺の和泉屋重次郎一座の興行に加わっている。

（3）『岐阜県史資料編　近世』による。東濃も名古屋からの買芝居で始まった可能性が高い。

（4）『下条由来物語（下条記）』『熊谷家伝記』『下条山家十一村覚書』は原薫「下条歌舞伎発祥の歴史と経緯」（『下条歌舞伎　保存会設立四〇周年記念誌』二〇一二年）所引の翻刻によった。

（5）中村寿人「大鹿歌舞伎の歴史」（『国選択無形民俗文化財調査報告書 大鹿歌舞伎 研究編』二〇〇〇年）所引の翻刻による。

（6）『豊田郷土資料館特別展『「歌舞伎の衣裳と文化」――地域に息づく農村歌舞伎』（二〇一一年）に豊田市内の地芝居資料は写真が掲載されている。

（7）「雄踏歌舞伎「万人講」の歩み」（『雄踏町郷土資料部報』四十、一九九九年）、市川升十郎『かぶき人生』（豊文堂、一九八三年）、『小原村誌』（一九九七年）他。

【論考】

吉田藩の能楽

佐藤和道

吉田藩は現在の豊橋市を中核とする譜代の中藩である。江戸中期までは藩主の転封が相次ぎ、天正年間に池田輝政が城主となって以降、松平（竹谷）、松平（深溝）、水野、小笠原、久世、牧野、松平（大河内）、松平（本庄）と続いた後、寛延二年に大河内松平家の信祝が浜松から再封され、以後は明治維新まで七代にわたって当地を領有した。現在、明治期に藩主から払い下げられたという能面・能装束合わせて数百点が伝存し、魚町能楽保存会の管理下に置かれているが、それに比して演能記録の数は少ない。藩の公的な行事としては、正徳三年三月五日の松平信祝入国祝賀の宴席において九世宝生大夫友春と息男の丹次郎（十世暢栄）が謡を謡ったことが『御所替日記』に見えるほか、宝暦四年十二月五日の皆姫婚礼祝儀の町入能が『吉田藩諸事書留』に、吉田藩家老の西村次右衛門による『吉田藩家老日記』（安永九年・天明二年・三年・寛政十三年）に謡初を実施したことが載る程度である[1]。一方、藩士や町人による私的な催しはしばしばおこなわれていたらしく、久曽神昇（「豊橋地方における近世以前の能楽」以下A）が魚町の御用商人であった植田家伝来の諸史料に基づき、寛延元年から嘉永三年までの番組四十番余を紹介している[2]。内訳は、本庄松平家時代（寛延二年以前）のものが三種、宝暦年間が六種、安永年間が十六種、天明・寛政年間が七種、享和・文化年間が七種、文政年間一種、嘉永年間一種である。また早稲田大学演劇博物館蔵『能囃子番組之留』（以下B）は、天保六年から安政七年までの番組四十三番（うち二番は新城富永神社祭礼）を所収する[3]。以下A・B二種を中心に吉田藩の能について概観する。

とくに上演目的を記さないものや稽古と記すものが過半を占める。それ以外では追善の催しがAに十三例、Bに一例あり、古希・米寿の祝賀がAに二例ある。この中で特筆すべきは、安永五年五月十七日の浄円寺における宝生大夫一周忌追善で、これは前年に没した十二世宝生九郎友通を指す。先述のように松平信祝の入国祝賀に宝生大夫が招かれるなど、両者には吉田入封以前からつながりがあったらしい。その後も吉田藩との関係は保持されたようで、豊橋市図書館橋良文庫には、十四世宝生弥五郎英勝、権五郎邦保、十五世弥五郎友于から吉田町人の植田七三郎、大山次左衛門、市川吉左衛門に宛てた書状の写しが残されている(4)。

また祭礼に伴う上演も散見され、Aには享和二年二月二十三日の和田要人(元貞)邸における菅原道真九百年忌祭礼能と嘉永三年九月五日の吉田城内神明社正遷宮祝賀能がある。またBには天保六年～十年と安政六年に天神社祭礼(九月二十五日)で囃子を催した記録が見える。和田氏は吉田藩家老を務めた家柄で天神社の祭日には自宅で祝儀の囃子を催したことが『西村次右衛門日記』に見える(5)。また『三浦深右衛門日記』安政五年四月十四日条には「御城内神明社神楽殿再建出来、能舞台ヲ兼相用候様相成」との記述が見え、以後同舞台で囃子や狂言を上演することが恒例となったらしい(6)。このほか年頭の祝賀を兼ねた謡初・松囃子と称する催しがAに四例、Bに三例ある。

一、上演目的

二、上演の場所

Ａ・Ｂに見える演能の場所は、①吉田城内、②個人宅、③寺社に大別できる。このうち①はＡに城内大書院舗舞台（文化二年十月六日）の一例があるのみである。これは江戸幕府の老中にあった藩主信明の久々の帰国を祝賀したものらしい。[7] ②は、Ａに和田邸（五例）と本陣山田宅（文化二年閏八月二十五日、小沢三郎兵衛追善）、Ｂに、和田（肇）邸（十三例）、岩上（角右衛門）宅（五例）、神山（権兵衛）宅（二例）、深井（静馬）宅（五例）西村孫次衛門宅（一例）、関屋氏（二例）の名が挙がる（名は番組などより推測[8]）。後述するように西村・和田・深井・岩上・神山・関屋はいずれも吉田藩士で、『吉田藩士屋敷図』（豊橋市美術博物館蔵）には、吉田城の周囲にこれらの屋敷が存在したことが確認できる。また本陣山田宅は、吉田宿本陣の江戸屋山田新右衛門を指すが、橋良文庫の『吉田藩能楽史料』（植田家文書の謄写版）には「右之外両本陣ニ於出候催之分、番組不知見出候ハヽ、一緒に致置可申也」との文言が見え、清洲屋（中西家）・江戸屋の両本陣ではこれ以外にも度々催しがおこなわれたらしい。

③は大半が吉田城周辺に点在した寺社を会場としたもので、所在地別に列記すると以下のようになる。

・吉田城（総構え）内：城内神明社（Ａ一例）・梧真寺（ＡＢ各一例）
・魚町：熊野権現社（安海熊野神社、Ｂ一例）・妙円寺（Ａ二例・Ｂ一例）・神宮寺（Ａ四例）
・花園町（旧下り町・新銭町）：御堂対面所（吉田御坊誓念寺、現豊橋別院Ａ一例）・応通寺（Ａ二例）・正琳寺（ＡＢ各一例）・浄円寺（Ａ十八例Ｂ一例）・天神社（Ｂ五例）
・中世古町（旧羽田村）：花谷院（華谷院、Ａ一例）
・瓦町（旧仁連木村）：不動院（Ａ一例）

これに対し、吉田城からやや離れた場所に位置するのが牛川の薬師寺（A一例）と下地の聖眼寺（A二例）である。ただし前者は薬師寺の寂門法印の古希祝賀を催した時のものであり、後者は聖眼寺を菩提寺とする浄雨の追善であることから、これらは例外的な事例と考えるべきであろう。以上のように吉田城内には専用の舞台がなく、また私的な催しが中心だったため、城の近辺に存在した個人の邸宅や寺社が活動の拠点となったようである。

三、出演者

番組に記された人物のうち、姓名共に記されているのは、Aがおよそ二百名、Bが百名に及ぶ。Aのうち寛延、宝暦年間は名前のみの記載であるため判然としないが、遊佐兎毛・遊佐十郎左衛門・和田要人・植田七三郎らが出演していたと思われる。安永・天明年間については、『安永九年吉田藩分限帳』に池田正平（料理人・五石弐人扶持）、大木十右衛門（吉田御用達商人、三人扶持）、和田要人（八百石）が載る。[9]このほか市川吉右衛門（五莱、俳人）、植田七三郎（義方、吉田藩御用商人）、植田平四郎（青柯、植田家別家）、大山次左衛門（李仙、本町町人、俳人）、木村猪左衛門（正道、呉服商）、高須嘉兵衛（梅室・麦雪・麦士、本町飛脚問屋）、田中越後（近江、橘宣、城内天王社禰宜）、中西吉五郎・左吉（梧律、本陣清須屋）、山田新太郎（再立・本陣江戸屋）、山本彦七（李成・下地町人）などの名も見え、町人が主体だったようである。[10]一方、文化・文政期以降になると、藩士の数が増加する。一例として文化二年十月六日の城内大書院敷舞台における囃子組に記載の人物を示すと以下のようになる（【　】は番組記載の注記[11]）。

藩士　池田正平【御代官】、石川勝五郎【御物頭善兵衛嫡男御近習】、石川作之丞【町奉行作右衛門嫡男御近習】、小池一庵【御医師】、沖善太郎【御目付九右衛門嫡男】、加治管之進【御馬廻】、勝田寛之進【御用人清左衛門嫡男】、川野織之助【御用役六右衛門嫡男】、北原乙吉【御家老忠兵衛嫡男御近習】、倉垣恒吉【御中老主鈴嫡孫】、斎藤太郎左衛門【御馬廻】、酒井角左衛門【御物頭】、杉本四郎兵衛【御籏奉行】、田中市兵衛【御使番】、田中善之進【御近習】、田沼小弥太【御武具方】、波多野逸八郎【町奉行弥一右衛門嫡男御近習】、深井弥十郎【御物頭】、松井和三郎【御番頭主馬嫡男御近習】、安松宇左衛門【町奉行八郎右衛門嫡男】、山田景雲【御鍼医】、遊佐逸之進【平馬嫡男】、遊佐兎一郎【御馬廻東馬嫡男御小納戸】、遊佐兎毛【御用人十郎左衛門嫡男御近習】、遊佐善作【御小姓頭平馬嫡男】、和田与市【御馬廻左源次嫡男御近習】、和田要人【御番頭】

町方　植田七三郎、植田平四郎、植田貞作、小野久作、大岳喜作、大岳貞助、冨田正治、牧野平吉、山本権平、山本彦七

さらに幕末の番組には新城の役者の名が多く見える。嘉永三年の吉田城内神明社正遷宮祝賀能の出演者から『新城祭礼能番組帳』に名の見える人物を引くと、赤谷斧次郎（赤屋）、牛田喜左衛門（牛田屋）、太田専助（真柴屋）、太田芳蔵（真柴屋）、太田応助（真柴屋）、大原三之助（三原屋）、大原紋右衛門（三原屋）、権田源兵衛（養父屋）、坂巻久次郎（三原屋）、鈴木弥兵衛（俵屋）鈴木弥六（俵屋）、鈴木源太郎（鈴木屋）、鈴木正六（俵屋）、鈴木喜六（鎌屋）、武田文助（和泉屋）、松井久三郎（萬屋）、山田儀兵衛（村松屋）、山本虎蔵（山本屋）、湯川安吉（三原屋）がいる。[12]逆に藤井治太夫（治三郎、下モ町土佐屋）、大木又平（大木十右衛門後嗣か）、越賀権兵衛（船町越賀十無家か）、鳥井新三郎・猪兵衛（魚町加納屋）、森京作は新城の祭礼能に吉田と注記されて掲載されており、新城との間に活発な交流があったことがわかる。

これに対しBは藩士が主体である。とくに西村孫次郎・和田肇・北原忠兵衛・深井静馬（悌三郎）はいずれ

も家老クラスの上級藩士である。ほぼ全ての番組に名前が載る西村孫次郎（為貞）は代々次右衛門・孫次右衛門を名乗り歴代当主が家老を務めた西村家の分家で、安政六年の分限帳には「用人目付格八人扶持」でその名が載る。和田肇も歴代家老席にあった和田家の八代目で、天保十四年に家老となり幕末の吉田藩政の中核を担った。北原忠兵衛も家老・城代等を歴任した家柄で六代目の忠兵衛光昭に当たる。深井伾（悌）三郎は深井静馬の幼名で、文久二年に家老となった。『三百藩家臣人名辞典』には、「趣味も多く、当時吉田で盛んにおこなわれていた能楽では太鼓の名手として有名であった」との記述があるが、番組内では小鼓を務めている。(13) このほか分限帳に名前が載る人物を列記すると以下のようになる。(14)

石原与惣兵衛（馬廻九十石）、岩上角右衛門（奏者番用人格三百石）、大戸新左衛門（馬廻百四十石）、大戸八十五郎（馬廻百四十石）、奥村五郎兵衛（者頭百三十石二人扶持）、奥村政次郎（近習）、神山熊之丞（近習兼書物方銀十枚二人扶持）、神山権兵衛（馬廻百五十石）、川村角兵衛（馬廻六十石）、北原徳次郎（奥付）、木村耕助（供仲小姓）、木村甚吉（隠居代番小普請幼年）、木村甚助（札元四十俵）、小池義（儀）一郎（中小姓十四人扶持）、佐藤久右衛門（大坂目付兼分限帳掛七十石三人扶持）、沢田伝十郎（馬廻八十石）、白井京助（町同心）、神保与兵衛（近習二人扶持）、菅谷徳之進（近習二人扶持）、染谷富之助（勤向近習中小姓七石二人扶持）、田沼小弥太（武具方四十俵）、永野勘兵衛（近習七十石）、松井治部右衛門（用人二百二十石）、松井主馬（使番二百二十石）、松井和三郎（小納戸二人扶持）、宮田甚三郎（馬廻百八十石）、遊佐十郎左衛門（物頭三百二十石）

また町人は、Aに既出の人物のほかに江戸後期の俳人佐野蓬宇の記した『蓬宇連句帳』に見える山田五平（臥牛、本町）、辻村延吉（燕子、鍛冶町）、鈴木飯十郎（松濤、魚町）が名を連ねる。(15) このほか狂言を演じている大木惣助・大木又平・田沼小弥太・加山喜蔵は、安海熊野神社所蔵の狂言伝書・台本に名が見え、和泉流の山脇和泉の系統であることが判明している。(16)

以上、限られた資料からではあるが吉田藩の能について概観した。いずれも愛好者による私的な催しであり、家老クラスの上級藩士から町人まで出演者の身分は多岐にわたる。藩士に加え、魚町を中心に裕福な町人が多かったことが、当地における能の隆盛を下支えしていたといえる。江戸後期には新城など近隣の諸地域からも多くの役者が来訪しているが、街道筋に位置し陸海路の要衝にあったことが、そうした交流を可能にしたといえよう。

注

（1）『御所替日記』（『豊橋市史　第六巻』豊橋市史編集委員会編、一九七五年、五五〇ページ）には「御盃事　畢　此間宝生太夫父子謡有之」とある。他の出典は以下の通り『吉田藩諸事書留』（『豊橋市史』第六巻、一〇一七ページ）、『吉田藩家老日記』（豊橋市教育委員会編、豊橋市教育委員会、二〇〇五年）。

（2）『愛知大学綜合郷土研究所紀要』二〇、愛知大学綜合郷土研究所、一九七五年。久曽神稿は郷土史家近藤恒次の所蔵資料を用いた旨を記すが、近藤の旧蔵資料からなる豊橋市図書館橋良文庫には久曽神が参照したと思われる原本の謄写版が収蔵されている。

（3）拙稿「『能囃子番組之留』に見る豊橋の能」『演劇研究』三六、早稲田大学演劇博物館、二〇一二年

（4）田辺三郎助は魚町の能面の多くに金春流の面の写しが多く含まれることから吉田藩の能が金春流であった可能性を指摘する（『能狂言――豊橋魚町の面と装束』豊橋市美術博物館、一九九八年

（5）『西村次右衛門日記　上・下』（豊橋市史編集委員会編、豊橋市、一九八五年）には、安政四年・七年・万延二年に天神祭礼囃子の記事が載る（上 二三一、五〇〇、六五六ページ）。

（6）『西村次右衛門日記』には、安政七年四月十三日（上 四〇二ページ）、万延二年四月十四日（上 五七六ページ）、文久二年四月二十三日（下 六五ページ）にそれぞれ能や狂言がおこなわれた記録が見える。

（7）豊橋市美術博物館の久住祐一郎の教示による。
（8）『西村次右衛門日記補遺　三浦深右衛門日記』豊橋市史編集委員会編、豊橋市、一九九四年
（9）『松平大河内家士卒名寄帳』尾嵜信之編、枯櫟書林、二〇〇七年
（10）『近世近代東三河文化人名事典』（東三河文化人名事典編輯委員会編、未刊国文資料刊行会、二〇一五年
（11）『吉田能楽史料　三』豊橋市図書館橋良文庫
（12）『新城祭礼能番組帳解説』大原紋三郎、一九九六年
（13）『三百藩家臣人名事典』家臣人名事典編纂委員会編、新人物往来社、一九八七年
（14）『松平大河内家士卒名寄帳』より上演年次に近いものを抽出した。
（15）田崎哲郎「蓬宇人名録」（『愛知大学綜合研究所紀要』三五、一九九〇年
（16）米田真理「豊橋市安海熊野神社蔵狂言伝書の性格」『名古屋芸能文化』二一、二〇一一年

【論考】

近代における愛知県の能楽の歩み

飯塚恵理人

一、明治維新と能楽

江戸時代、尾張藩ではすでに二代藩主光友の時代、小姓の玉置市正が能を舞う（典拠「近松茂矩『昔咄』」）など中級以上の藩士の間に謡曲や囃子が流行していた。幕府や尾張藩を始めとする諸藩では謡初などの公的な行事に出演する能楽師には「御役者」という役職名で扶持米を与えていたが、それ以外にも武士や町人に能楽を教授する「町役者」も相当数いたと推測される。

明治維新によって幕府や諸藩の御役者は扶持米を失い、また謡初などの公的な行事が廃されたため、それに生活を依存していた多くの能楽師は困窮し、廃業する者が続出した。ただ名古屋在の尾張藩御役者であった者は、能楽囃子を素養とした尾張藩の中流以上の藩士や、謡曲が流行していた関戸家（宝生流）のような碁盤割に住む御用商人にそれらを教えていた。もともと笛方の藤田六郎兵衛を始めほとんどの御役者は、実際には藩からの扶持米ではなく、それらの謡曲愛好者への教授料や免状料を基にした生活をしていたので、明治維新後も能楽を家業として生活することが可能だった。

笛方藤田家に伝えられた『藤田家門人帳』が平成十一年（一九九九）秋、名古屋市博物館でおこなわれた

「学びの系譜展」で展示された。これには、江戸中期から明治にかけて名古屋祭や岐阜伊奈波神社祭礼の囃子を担当した富裕な商人の名前が多く載っている。尾張・岐阜の山車の囃子はなごや祭の紅葉狩車・橋弁慶車、岐阜伊奈波神社の安宅車など能楽を素材としたものが多く、江戸中期以降、経済力を背景にして謡曲・能楽囃子を稽古し、神社祭礼でその腕前を披露する旦那衆が岐阜を含む尾張藩領に多くいたことを物語っている。

二、豊橋の場合

町衆の能楽愛好は、三河でもその地の祭礼能で顕在化し、現在まで続いている。明治以降、庶民への奢侈禁令が廃止、能装束や能面をつけて舞うことに規制がなくなったことにより、明治維新期、とくに後半には江戸時代よりも却って各地で能が盛んになったように思われる。

豊橋市の魚町能楽保存会は明治年間に正式発足し、安海熊野神社の氏子の町衆が奉納能をおこなう際の面・装束の管理等をおこなうための団体である。町衆に宝生流能楽が流行したのは江戸時代に遡るが、顕在化したのは明治維新期と考えられる。「魚町能狂言の面と装束」は愛知県指定文化財に登録されている。その中の六十七面（旧重要美術品六面含む）の能面は、魚町能楽保存会所蔵の能・狂言面の総数九十三面のうち、明治維新の際に吉田藩・松平（大河内）家より有償にて移置されたものであることが『文化財ナビ愛知』に紹介されている。(https://www.pref.aichi.jp/kyoiku/bunka/bunkazainavi/yukei/kougei/kensitei/0598.html)

これは藩主が集めていたものを放出した際、魚町能楽保存会が購入したのである。この土地では江戸時代後期には魚町の富裕な町衆である旦那衆が謡曲や能楽囃子を稽古しており、彼らは面・装束を購入すれば自力で能を奉納できた。狂言についても彼ら自身が演じていたことが明治五年（一八七二）六月七日の「安海熊野神社

祭礼能　第一日」番組（狂言 柑子 シテ 木村源治）より知られる。

魚町に住む旦那衆が名古屋から尾張藩御役者の早川幸八・山脇得平・野村又三郎らを家ごとに招いて稽古していたのは知られているが、現段階でその師弟関係の詳細を筆者は把握できていない。しかしながらそれを辿れる方法は残されていそうである。というのは、魚町能楽保存会所蔵の「狂言六儀」（狂言の台本）には複数の系統があるように思われるからで、今後、これらを翻刻・比較することが今後の課題となる。

魚町能楽保存会は町衆の財力を持って、明治三十五年（一九〇二）に安海熊野神社に能舞台を設置する。『豊橋・魚町の能楽と豊橋の宝生流能楽の歩み稿』に明治三十五年三月二十八日、豊橋魚町能楽社中主催の舞台披露番組が載っており、「翁　翁　小久保彦十郎　千歳　大口喜六　三番叟　山本浅吉　面箱　中島多米作　笛　藤田清次郎　小鼓　石田布二蔵　小鼓　坂巻久次郎　小鼓　尾崎喜代治　大鼓　永田虎之助」とある。能楽に最も熱心だった素封家の小久保彦十郎のシテ翁で舞台披露をしている。笛の藤田清次郎・大鼓の永田虎之助などが出ており、囃子は名古屋から彼ら玄人の指導者を招いて稽古していたと思われる。安海熊野神社の奉納能楽は舞台完成の後、毎年の祭礼でおこなわれていたが、昭和十六年七月八日の安海熊野神社祭典奉納能組（典拠『豊橋・魚町の能楽と豊橋の宝生流能楽の歩み稿』）を最後として、太平洋戦争勃発により祭礼能は中止された。また安海熊野神社自体も昭和二十年（一九四五）六月十九日深夜から二十日未明にかけてB29による爆撃を受けて舞台が消失し、戦後も舞台を再建することはできなかった。それで戦後は奉納能がなくなったものの、魚町能楽保存会のメンバーは疎開先の三河に稽古場を開いた宝生流能楽師の畑富次の富宝会などの社中に所属して稽古を継続した。その流れは辰巳孝師・辰巳満次郎師に引き継がれ、現在、辰巳満次郎師は安海熊野神社を稽古場とされている。

また大倉流大鼓方故筧鉱一師が立ち上げた豊橋子供能楽教室は、師の没後も今日に至るまで安海熊野神社を稽古場として開催されており、豊橋の能楽文化は目立たない形ではあるが着実に次世代に引き継がれていくと期待される。

三、新城富永神社の場合

三河の新城でも、元文年間（一七三六〜一七四一。江戸中期、八代将軍吉宗の時代）に例年となった新城富永神社祭礼能が町衆によっておこなわれてきた。故筧鉱一師収集・椙山女学園大学所蔵の能番組とそれを基にしたデータベースには「富永神社祭礼能　明治三年（一八七〇）八月十四日　富永神社能舞台（新城）　主催者　新城能楽社中」（典拠『新城祭礼能番組帳・下』）がある。町衆のみで能が出せる環境が、明治維新期の新城には備わっていた。新城では基本的に住民が奉納する形の能なので、出演者の代替わりはあるものの安定して能がおこなわれた。管見に入る戦前の最後の番組は「富永神社祭礼能　昭和十一年（一九三六）十月十四日　富永神社能舞台（新城）　主催者　新城能楽社中」（典拠『新城祭礼能番組帳・下』）の催しである。昭和十二年（一九三七）には日華事変が起こることから、祭礼能はこの後遠くない頃に終戦まで中止されたと考えるのが自然であるように思う。戦後の新城では昭和二十一年（一九四六）十月十四日の富永神社祭礼能の番組が最も早い。新城は能舞台・面・装束の多くが戦災を免れたこともあり、能の復興は早かった。新城の戦後の大きな変化としては、祭礼能の狂言方が新城能楽社中から分離独立して新城狂言同好会を作り狂言面・装束を管理するようになったことで、これは戦後の新城で狂言を習う人が多くなったことによる変化であった。

四、名古屋の場合——現在に至る

名古屋では、明治維新後しばらくは大野藤五郎・木下敬賢・寺田佐門治らの旧尾張藩御役者が素封家の旦那衆の後援を得て能の興行を続けていたが、関戸家の後援により舞台を持っていた大野藤五郎が没し、関戸家が大阪から呼び寄せた古春増五郎も吾妻能に関連した在名能楽師間の紛争に巻き込まれてしまった。彼は催しの継続が困難となって大阪に帰り、程なく没した。逆に東京では華族能を中心に富裕層の愛好者が増えていき能楽の場も増えてきたため、明治十年代に時期は多少前後するが木下敬賢・寺田佐門治・山脇元清・山脇得平などが次々と上京していった。このため、名古屋には旦那衆として家業を経営しながら舞台を勤めるという「兼業」の愛好者出身の弟子が残り、大きな能の催しの時は師家として寺田佐門治や木下敬賢を招き、弟子の旦那衆は教授資格を持っていても地謡やツレなどを勤めるのが通例となった。ただこれらの弟子たちは共同連携し、自分たちが能を舞える会である「保能会」(第一次が明治十年代、第二次が大正年間)も結成した。ただ、この会でも旦那衆の愛好者たちは地謡が大半だった。愛知能楽会(関戸家・岡谷家・伊藤家など名古屋の能の大保護者が中心となり、田鍋惣太郎など能楽師の取り纏め役も役員に入れた、能を催すための会)の「愛知能楽会　第一回　明治三十四年(一九〇一)四月二十一日　愛知県博物館内舞台　主催者　愛知能楽会　能　邯鄲　バンシキ　シテ金剛謹之輔　ワキ西村大蔵　笛藤田清次郎　小鼓　土屋重実　大鼓　吉田方條　太鼓　鬼頭為太郎」(典拠『お能の番組』)のように、シテは東京・京都の名人級を各流が交代で招き、自分たち愛好者弟子は地謡を勤めた。東京や京都から招くのは原則シテのみで、ワキ方・囃子方・狂言方は名古屋在住の玄人が勤め、費用を節約することが多かった。戦前までの愛知能楽会所属の能楽師は商店主など他に副業を持っており、能に関わる収入の大半は素人弟子への教授料と家元への免状申請の仲介手数料となって、催しへの出勤料に生活を依存することはなかった。

明治・大正期の能楽愛好者は旧尾張藩の御用商人や郷士・庄屋階層の素封家が多く、能を愛好することがステータスであり家業の信用を高めるのにプラスに作用したことから、東京の家元から習い物の免状を受ける人も多かった。

梅若六郎と初代梅若万三郎は「那古野神社献能　第一日　明治三十三年（一九〇〇）四月一日　能　二人静　シテ　梅若万三郎　シテツレ　梅若六郎」（典拠『お能の番組』）にあるように、明治中頃から名古屋に招かれていたが、大正六年（一九一七）に観梅問題が顕在化すると、同年九月二十三日の「名古屋能楽倶楽部別会能」には梅若万三郎・六郎の名が見られるものの、この後、名古屋の能楽師の催しには梅若派が能楽協会から絶縁されている期間、呼ばれていない。逆に、名古屋梅若会の番組には名古屋のワキ方・囃子方・狂言方が出演していない。

大正末年にラジオ放送が開始されたことは愛知県の能楽界にも大きな影響を与えた。ラジオを通じて東京の観世左近や宝生重英など家元や名人の謡を聴くことが可能となったため、地元能楽師の謡い方や節が家元のそれとは異なると素人弟子が苦情を言うようになった。また観世左近などは謡本付きの稽古用SPレコードを発売して、それで稽古することを薦めたため、全国的に流儀内の謡い方が統一に向かった。また資産は持たないが大卒で高給を取る銀行員・医師・公務員なども謡曲を稽古するようになった。彼らは能装束をつけて能を舞うよりも舞囃子などを好み、習うようになった。そのため、シテに合わせて囃子方が演奏する形から、各流儀とも囃子方にシテが合わせて謡ったり舞ったりするように変化していく。これは全国的傾向ではあるが、むろん名古屋もそうであった。

戦災で布池の名古屋能楽堂は消失したが、愛好者の寄付を募り昭和三十年（一九五五）十一月十七日に熱田神宮能楽殿が開館した。開館記念の番組（主催者 名古屋能楽会 後援者 能楽協会名古屋支部……囃子 養老 シテ 柴田初太郎 笛 鬼頭季信 小鼓 福井啓次郎 大鼓 吉田定男 太鼓 野崎太郎 地謡 殿島修二他）が残っている。

以降、昭和末年ごろまでは謡曲を稽古する人が能楽愛好者であり、能楽舞台のチケットを買っていた時代であるが、平成に入ると能・狂言を「古典劇」として流儀を問わずに鑑賞する能の観客が増加する。彼ら自身は能の稽古をしないか、あまり稽古の経験がない。こうして「小劇場演劇」として能が位置づけられる時代となる。平成九年の名古屋能楽堂開館とその翌年の豊田市能楽堂の開館はこの時代の変化を象徴するものだった。平成も終わった現在、能楽堂で謡本を広げている姿をほとんど見なくなった。昭和の頃は自分の稽古のために、習っている流儀の師匠筋の先生の能を見る人が観客の多数派であった。現在では古典劇として自分の好きな演者・演目を選んで観る愛好者が愛知県でも多数になった。ステータスを示すために能を習うという人はいなくなり、本当に謡曲や狂言が好きな人のみが習うようになったため、稽古者の数は少し減少気味のように思われる。催しも、習っている人が年間会員券を購入して支えた定期能が減り、能楽師が個人で開催する催しや名古屋市・豊田市・豊橋市の文化事業団などの行政が催す能が増えている。このため愛知県の能楽師も「愛好者に教えて食べる時代」から「舞台で演じて食べる時代」に変わりつつあることを感じている。平成末年の愛知県能楽界は稽古事から小劇場演劇への変換の過渡期を進んだように思われる。

【報告】

豊橋能楽こども教室の取組み――地域における能楽文化の伝承活動

長田若子

一、豊橋能楽こども教室の始まり

愛知県三河地方にある豊橋市魚町の安海《やすみ》熊野神社では、土曜日午前に毎月二回、豊橋能楽こども教室が開かれている。市内の小学校児童や幼児を中心にこどもたちが集まり、平成十八年の開始以来、十二年を経た。平成三十年度現在の生徒数は、約二十名である。豊橋市立の中学校は部活動が盛んで、中学生になると、こども教室への参加が難しくなるという実状がある。そのため、小学校卒業とともに教室を卒業していく生徒もあるが、毎年新しいこどもの参加を得ながら継続されている。

その間、平成二十五年には、こども教室を立ちあげ教えた大倉流大鼓方・筧鉱一《かけひこういち》師(1)の逝去という、大きな出来事があった。筧師は元々、学校での上演や体験教室など、能楽の普及活動を続けておられたが、文化庁が実施する伝統文化こども教室事業を知り、東海能楽研究会の名で申請、採択された。平成十七年春、ご自宅(国登録有形文化財・筧家住宅)のある名古屋市中村区米野を拠点に、名古屋こども能楽教室を開始させると、会う人ごとに熱心にその話をし、活動の幅を拡げようと努められた。

その頃、豊橋市上伝馬町の西村能舞台において、朝川知勇《ともお》氏、織田哲也氏、杉浦敏二氏は、筧師を招き囃子《はやし》謡《うたい》の稽古を受けていた。ここでも筧師は熱意をもってこども教室の話をされ、「豊橋でもやってみようではないか」と皆の意気が上がった。その後、このお三方に伊藤尚子氏が加わり、朝川知勇氏が「宝生流の謡の仲間」と称する方々は、豊橋教室を支える中心的な存在となる。そして平成十八年夏、豊橋市民文化会館での『能楽ワークショップ』で感じた手応えは、「やれる。」という確信を生み、その秋に豊橋教室が本格始動した。

平成十七年夏、名古屋能楽堂で開催された「第六回伝統芸能上演会――伝統芸能を次世代につなげるために」（東海能楽研究会主催）では、少人数での稽古発表「はるがすみ」が披露された。平成十八年の第七回、平成十九年の第八回になると、豊橋教室、名古屋教室のこどもたちが一斉に舞台に並び、大人数での賑やかな稽古発表となる。

二、お稽古で大切にしていること

こども教室の指導をしてくださるのは、観世流シテ方・前野郁子師と、同じく観世流シテ方・伊藤裕貴師である。前野師は、こども教室発足後間もなく謡と仕舞の講師となり、筧師とともに豊橋教室、名古屋教室で教えてこられた。郁諷会を主宰し、名古屋大学観世会の学生指導も長くなさっている。その後、伊藤師が講師に加わり、若々しい指導がおこなわれている。

大倉流大鼓方・大倉三忠師は、名古屋で唯一の大倉流大鼓方であった筧師の死後、跡を継ぐ固い意志を示した筧師の孫・侃大《なおひろ》さんの育成をなさっている。遠く鎌倉から足を運ばれ、こども教室の囃子の講師としても、名古屋教室と豊橋教室で指導をしてくださっている。

お稽古の始まりには、「よろしくお願いします」、終わりには、「ありがとうございました」と正座してご挨拶

表１　豊橋教室の学習プログラム（朝川知勇氏資料より）

礼	挨拶で始まり挨拶で終わる　扇（武士の刀として）の作法 舞台の出入り作法
謡	春がすみ（羽衣）　東遊び（羽衣） ただ頼め（熊野）　遥々来ぬる（杜若）
・一口謡	月海上に浮かんでは（竹生島） 四海波静かにて（高砂）　高砂やこの浦舟に（高砂） 千秋楽は民を撫で（高砂）　花咲かば（鞍馬天狗）
・仕舞謡	立ち出でて峰の雲（熊野）　八大龍王は（岩船）
囃子	
・小鼓・大鼓	春がすみ　高砂や（コイ合、ツヅケ、コミ）
・笛	唱歌　オヒヤラー
・太鼓	ヤーハン……トツタリ
	能楽一口ばなし約５分 ＊お稽古のあとには、織田哲也氏が、こどもたちに能楽一口ばなしを聞かせた。テーマは、摺り足について、両腕の構え方、扇のさし方・ぬき方、構え方、刀と太刀の違いなどである。花祭ひとくちばなしもある。原案は朝川知勇氏。

する。稽古中は、大きな声を出すこと、きれいな姿勢であること、お道具を大事に扱うことを心がけ、謡、囃子、仕舞の基本を繰り返し学ぶ。最初からうまくいかなくても、できないこと、わからないことを怖れずに、自分なりのお稽古を素直な心持ちで続けていく。同じ教室に通うこども同士の交流、先生やお世話をしてくださる方々との交流、親子の交流から、互いを尊重し合い、共に学ぶことを学ぶ。能楽のお稽古を通して豊かな心が育ち、明日への活力が生み出されることを、こども教室は大切に思っている。

三、朝川直三郎基金

守り伝えられた日本文化を貴重な財産と受け止め、確実に次世代へ継承することを目的とする文化庁事業の支援があり、今もこども能楽教室の活動が続いている。豊橋能楽こども教室と名古屋こども能楽教室では、能楽協会員である本職の能楽師の先生方が教えてくださるが、参加費は無料である。先生方や愛好者のご厚意もあって、名古屋能楽堂や豊田市能楽堂といった大舞台に出演する際も、生徒の負担はない。また、能を初めて知るこどもにも本物のお道具を触ってほしい、という筧師のモットーが収集家としての顔とつながり、買い揃えた大鼓や小鼓などのお道具（楽器）と扇が、教室にずらっと並ぶ。発表会の際には、自宅稽古場の一角に保管してある衣装（着物、袴、帯）を貸し出す。

筧師が最初に掲げたこども教室のテーマは、「楽しいこと　どこからでも入れること　遊びの心」である。堅いイメージを持たれがちな能楽であるからこそ、入りやすく、楽しく、続けやすい工夫をされた。そのために、周りの人々も巻き込み、経済的な後ろ盾としても力強い役割を担った。現在は、筧師のご長男である筧清澄《きよすみ》氏（東海能楽伝承会代表）が、新しい切り口を加えつつ、その役割を引き継いでおられる。

さらに十二年以上にわたる活動は、平成十八年に設立された朝川直三郎基金の持続的な支援に依るところが大きい。朝川直三郎基金の代表である直三郎氏のご長男・知勇氏が記した「豊橋能楽こども教室　朝川直三郎基金よりのお手伝い、想い」からは、戦地で激甚な体験をしながらも帰郷し、一日一日の努力と感謝報恩の気持ちと誇りを忘れず、生まれ育った豊橋、三河、日本を愛した直三郎氏の姿を知ることができる。知勇氏は豊橋での高校時代、安海熊野神社祭礼能の中心的立場であった滝崎家の滝崎吉太郎・泰夫両氏(2)に謡を習い始め、大学時代そして企業人として宝塚市に住まれた間も、宝生流の稽古を続けてこられた。豊橋には、能楽を好み、人的にも経済的にも能を守り続けた、豊かな歴史がある。帰豊後は、「宝生流の謡の仲間」と手を携え、こども教室を支える。豊橋教室用の教材や楽器、扇、衣装なども揃えた。中学校入学のため教室を卒業する生徒には、プロの囃子方の演奏で舞囃子、仕舞の発表をさせ卒業記念とする取組みもおこなう。

知勇氏は三河気質を、「常在戦場」、「恥を知り名を惜しむ」と表わす。常に緊張感を以って一所懸命に事に当たり、人に敬意を払い互いに学び、先祖代々引き継いだ命に感謝して、未来の発展を信じる。朝川直三郎基金の存在、地域に長く根づいた考え方と文化、人同士の結びつきがあり、豊橋教室の充実した伝承活動は続けられている。

表２　主な参加行事・稽古発表の記録（豊橋能楽こども教室・名古屋こども能楽教室）

年	月日	行事	会場
平成17年(2005)		名古屋こども能楽教室お稽古開始	米野コミュニティセンター（名古屋市）
平成18年(2006)	1月8日	新年稽古始め	名古屋能楽堂 地下稽古室
	4月15日	刈谷豊田総合病院東分院訪問	刈谷市
	7月22日	第七回伝統芸能上演会（東海能楽研究会主催）	名古屋能楽堂
	8月5日	（財）豊橋文化振興財団「能」楽ワークショップ（8/5～10/14）	豊橋市民文化会館
	8月19日	朝日邦楽会	中電ホール（名古屋市）
	10月14日	狂言・能体験教室発表会「公開練習」	豊橋市民文化会館
	10月21日	豊橋能楽こども教室お稽古開始	西村能舞台（豊橋市）
	10月26日	熱田神宮能楽殿　お別れ能楽大会	熱田神宮能楽殿（名古屋市）
平成19年(2007)	1月7日	新年稽古始め	名古屋能楽堂 地下稽古室
	1月27日	お囃子体験教室	豊田市能楽堂
	3月29日	第二回中村英彦記念青少年育成賞受賞式（豊橋ロータリークラブ）	豊橋グランドホテル
	4月3日	デイケアセンター訪問	日向デイケアセンター（名古屋市）
	4月29日	四十九回春季神楽祭	伊勢神宮内苑能楽殿（三重県）
	7月1日	第二回西村同門会研究能（和谷式翁「神楽（しんがく）」上演）	豊田市能楽堂
	7月28日	第八回伝統芸能上演会（東海能楽研究会主催）	名古屋能楽堂
	10月13日	朝日邦楽会	中電ホール（名古屋市）
	12月15日	名古屋能楽堂開館十周年記念　市民能楽大会	名古屋能楽堂
平成20年(2008)	1月12日	新年稽古始め	名古屋能楽堂 地下稽古室
	1月19日	お囃子体験教室	豊田市能楽堂
	2月23日	トライアルサタデー　能の謡お稽古発表会	中村文化小劇場（名古屋市）
	5月5日	第三回西村同門会研究能（和谷式翁「神楽（しんがく）」上演）	名古屋能楽堂
	8月2日	第二回吉田城薪能	豊橋公園吉田城本丸跡（雨天会場変更）
	11月29日	素囃子の会	西村能舞台（豊橋市）
	12月7日	日本ブラジル移民100年記念日本・ブラジル子供交流会	こども未来館ここにこ（豊橋市）
平成21年(2009)	1月10日	新年稽古始め	名古屋能楽堂 地下稽古室
	3月28日	第四回西村同門会研究能	名古屋能楽堂

	8月1日	第三回吉田城薪能	豊橋公園吉田城本丸跡
	8月4日	能の和楽器	椙山女学園大学（名古屋市）
	8月22日	骨髄バンクチャリティー薪能	田原地域文化広場（田原市）
平成22年(2010)	2月7日	東海能楽伝承会 伝統芸能を次世代につなげるために	名古屋能楽堂
	7月17日	特別養護老人ホーム訪問	名古屋市
	8月7日	第四回吉田城薪能 （鞍馬天狗　稚児衆として）	豊橋公園吉田城本丸跡
	9月19日	白鳥庭園　秋露祭	白鳥庭園（名古屋市）
	9月25日	安城市市民能楽鑑賞会	安城市文化センター
	10月9日	内屋敷唐子車保存会山車囃子 見学会	白龍神社（名古屋市）
	10月23日	白鳥庭園　COP10茶会	白鳥庭園（名古屋市）
	12月5日	朝日邦楽会	中電ホール（名古屋市）
平成23年(2011)	1月9日	食と緑の協働フェスタ	名古屋市教育センター
	5月15日	第五回西村同門会研究能	名古屋能楽堂
	5月28日	能楽と庖刀式奉納	安海熊野神社（豊橋市）
	7月23日	有楽苑にてお稽古会	有楽苑　弘庵（犬山市）
	8月6日	第五回吉田城薪能	豊橋公園吉田城本丸跡
	9月19日	朝日邦楽会	中電ホール（名古屋市）
	11月6日	白竹（はくたけ）木材株式会社創業 祭（文政元年創業）	碧南市
平成24年(2012)	1月8日	下田文庫設立記念東海能楽伝承会 伝統芸能を次世代につなげるために	名古屋能楽堂
	1月10日	松葉小学校能楽紹介奉仕	豊橋市
	6月30日	六華苑にてお稽古会	六華苑（桑名市）
	7月4日	岩田小学校能楽紹介奉仕	豊橋市
	7月22日	第六回西村同門会研究能	名古屋能楽堂
	8月18日	東山荘にて能のお稽古とお茶会	東山荘（名古屋市）
	11月23日	白雲閣にてお稽古発表会	名古屋市
平成25年(2013)	3月24日	郁諷会大会	名古屋能楽堂
	11月17日	晩秋の有松にてお稽古発表	有松（名古屋市）
平成26年(2014)	6月28日	愛知県国登録有形文化財建造物所 有者の会　文化財体験	筧家住宅（名古屋市）
	8月30日	筧鑛一先生を偲ぶ会 （東海能楽研究会二十周年記念）	名古屋能楽堂
	10月26日	豊橋市民文化祭	豊橋市民文化会館
平成27年(2015)	2月14日	中村文化小劇場お稽古発表会	中村文化小劇場（名古屋市）
	2月28日	絵本読みきかせ　るぷぷ お囃子披露	名古屋市
	4月18日	JICA（独立行政法人国際協力機構） 外国人研修生お稽古見学	筧家住宅（名古屋市）
	7月3日	市民芸能大会	豊橋市民文化会館

	11月15日	豊橋邦楽大会	豊橋市民文化会館
平成28年 (2016)	2月12日	JICA中部おひなまつり お囃子披露	名古屋市
	2月28日	なごや陶磁器会館ひなまつり お稽古発表	名古屋市
	5月8日	第八回西村同門会研究能	名古屋能楽堂
	6月3日	邦楽鑑賞会	豊橋市民文化会館
	7月22日	温古舎22日会（温古舎は古民家を改装したレストラン）	高浜市
平成29年 (2017)	1月7日	新春を祝おう!おやこ能楽体験	名古屋市鶴舞中央図書館
	2月24日	JICA中部おひなまつりお囃子披露	名古屋市
	4月3日	愛知商業高校ユネスコクラブの 皆さんの能楽体験	筧家住宅（名古屋市）
	5月7日	豊橋邦楽大会	豊橋市民文化会館
	6月4日	名古屋水フェスタ	鍋屋上野浄水場（名古屋市）
	9月22日	温古舎22日会	高浜市
	10月29日	日本木工機械展こどもお囃子	ポートメッセなごや
	11月19日	豊橋邦楽大会	豊橋市民文化会館
平成30年 (2018)	4月22日	郁諷会	名古屋能楽堂
	6月20日	旭小学校能楽紹介奉仕	尾張旭市
	7月22日	温古舎22日会	高浜市
	11月28日	能×テレビ塔（リニューアル前の記念イベント）	テレビ塔展望台（名古屋市）

＊平成30年9月3日、豊橋能楽こども教室初の試みとして「豊橋伝統文化こども教室お稽古発表会」を予定。台風により中止。

＊令和元年8月28日、名古屋市昭和区のいりなかスクエアにおいて、「筧鉱一先生七回忌偲ぶ会」を予定している。

四、日本の文化を学び、伝える

こども教室は、二つの教室が協力し合いながら、さまざまな場所で年数回の稽古発表を重ねてきた。そのなかでも、広く日本の文化を学ぶ、という視点を持った活動を紹介したい。能楽の文化は単独で存在するものではなく、それぞれの文化の歴史的な背景、連鎖が重なり合って存在するものであると考え、「視野・視点を広げ、新しい発見や己の感性を育て研鑽に役立つことができたら」（朝川知勇氏談）との期待をもって、積極的に取り組まれてきた。

能楽と庖刀式奉納

・能楽と庖刀式奉納[3]（平成二十三年、安海熊野神社）　東日本大震災後の復興を祈願して、稽古場である安海熊野神社に、日頃の稽古の成果として能楽を奉納。教室の生徒や関係者の健勝と弥栄を祈願して、「大草流庖刀式」を奉納。教室関係者だけでなく、豊橋在住の罹災者、海外留学生、魚町能楽保存会、魚町自治会にも案内が出された。三河が起源とされる大草覚真流の土師一嗣総師範指導により、武家装束と烏帽子《えぼし》姿の庖刀士が日本刀で鰹をさばき、その動作とことばで祈りを込めた。会場には鰹（＝勝魚）につきものの菖蒲や、季節の花が生けられ、薬味をつけた鰹の刺身を皆で味わい、抹茶と和菓子もふるまわれた。

・食と緑の協働フェスタ（平成二十三年、名古屋市教育センター）「農のある暮らしづくり・県民の協働連携の出会いの場と交流・地域伝統文化の継承」をテーマにした、愛知県主催のイベント。名古屋市立日比野中学校生徒による奥三河伝承の「花祭」、尾張万歳保存会による「尾張万歳」、喜多流シテ方・長田驍師他による能「高砂」が上演された。

・秋露祭、COP10茶会（平成二十二年　名古屋市白鳥《しろとり》庭園）、有楽苑《うらくえん》にてお稽古会（平成二十三年、犬山市）、六華苑《ろっかえん》にてお稽古会（平成二十四年、三重県桑名市）、東山荘《とうざんそう》にて能のお稽古とお茶会（平成二十四年、名古屋市）白鳥庭園お茶会会場での発表、盆点前体験を兼ねた有楽苑での稽古会、日本庭園の見事な六華苑での稽古会、表千家・小林宗恵氏と名古屋市立汐路中学校日本文化部のご協力を得た東山荘でのお茶会&稽古会など、お茶の文化と親しんだ。

また近年は、建築家であり愛知登文会理事を務める清澄氏により、国登録有形文化財の覚家住宅、名古屋陶磁器会館、名古屋テレビ塔や、重要伝統的建造物群保存地区である東海道沿いの有松、名古屋市指定文化財のある鍋屋上野浄水場、岐阜から移築再生された合掌造りの白雲閣など、歴史ある場所での発表会が増え、参加者にとり貴重な機会となっている。

有楽苑弘庵にてのお稽古

地域に根ざす活動としては、こども教室生徒が通う豊橋市立松葉小学校での能楽紹介奉仕[4]、田原市での骨髄バンクチャリティ能をおこなった。日本文化を外国の方々へ紹介する活動としては、こども未来館ここにこ（豊橋市）での日本ブラジル移民百年記念交流会、外国人児童が多く通う豊橋市立岩田小学校での能楽紹介奉仕、留学生によるお稽古見学などがある。

五、手を取り合う伝承活動へ

近隣の三重県と岐阜県にも、能楽文化の普及と伝承のための特徴的な取組みがある。三重県いなべ市では、小川直子氏（いなべこども活動センター「たのしいのう［能］」代表）指導のいなべこども教室が活動している。近年の発表会としては、桐林館《とうりんかん》（国登録有形文化財　旧阿下喜《あげき》町立尋常小学校）を会場とした「こどもびな」がある。阿下喜では、町中に雛人形を飾る「あげきのおひなさん」という行事が親しまれているが、和装したこどもたちが雛人形のように雛壇に座り、扇を構えて謡う姿の愛らしさが話題を集めている。

岐阜市の岐阜大学日本語・日本文化教育センターは毎年、「留学生と日本人学生のための能楽（能・狂言）ワークショップ〜見て、聞いて、体験して〜」を開催している。主担当は日本語・日本文化教育センター教授・上谷桃子氏（日本文学）である。平成三十年には、約六十名の参加があった。観世流シテ方・味方團《まどか》師をはじめ、シテ方、狂言方の先生方を京都より招き、能・狂言の上演、能楽についての解説、楽器や面《おもて》の紹介、能の歩き方や構えの体験、謡や狂言の発声の体験、装束の着付け体験など、充実した内容である。海外留学生にとっては、日本文化を身近に見て感じる好機となる。また日本人学生にとって、自国の文化をより深く知ることは、国際交流の場に出たときの強みともなる。岐阜市に隣接する本巣市では、狂言共同社（名古屋市が本拠の狂言師団体）の協力で、長年「川内《かわち》狂言」が催されている。鷲見《すみ》政行氏がご自宅の敷地に作った野外能舞台（屋内にも能舞台があり雨天時は屋内になる）での、無料の狂言上演会で、鷲見氏本人も出演される。近隣から楽しみに通う方もあれば、情報を知り遠方から駆けつける方も多い。自然に囲まれた会場には、こどもの姿や外国人の姿もある。

文化を守り伝えたいという気持ちが、国内各地で地域の特性を生かした取組みとなり、それぞれがつながり合うことで、伝承活動は厚みを増す。伝統文化に触れる楽しみは生きる力を生み、次世代を担うこどもや若者の心の糧となる。こうして日本文化がまた次の世代へと継承されていくことが、伝承活動を支える人々の共通の願いである。

注

（1）筧清澄編『登録文化財　筧邸』二〇一八年
（2）織田哲也著「往年の豊橋地方の宝生流能楽を支えた方々の追憶とエピソード」『催花賞受賞記念論文集』東海能楽研究会、二〇〇七年
（3）朝川知勇編『安海熊野神社　能楽と庖刀式　奉納　備忘録』二〇一一年
（4）朝川知勇編『豊橋市立松葉小学校　能楽紹介　奉仕　備忘録』二〇一二年

【伝記】

異端児　井上禮之助のこと

野崎典子

狂言師井上禮之助を語るには、禮之助の祖父にあたる井上菊次郎（浮木）から始めねばならない。名古屋の狂言共同社の井上家は、代々重兵衛を名乗る仏具商播磨屋を営む商家で、本来は仏師であったというが、元禄十五年には名古屋市中区の本町筋に店（間口五間）を構えて、町総代も勤めたといわれている。本町筋は名古屋城下に町を開いた当初から商業の中心で、経済的に裕福な家が多く、その余裕が芸能文化の方面に傾いたのは当然といえる。

能狂言の世界では素人出ではあったが、明治十六年には上京した和泉流宗家（山脇元清）より井上菊次郎と角淵宣に名古屋一円の芸道取締役を申し渡されたという。明治二十年五月、多芸多才の大口六兵衛（不二廼舎高根）が開いた御洒落会（はじめは愛知洒落部）に最初から所属し、伊勢門水と共に会の常連として、また中心的人物として大正九年九月二十一日の死まで面白おかしく毎日を過ごしたであろうことが『御洒落伝』をみると想像できる。

明治二十四年の狂言共同社設立後は狂言師としても名声を得て、明治四十年には宗家より早川家芸事相続を許され、度々上京して舞台を勤めた。（このあたりのことは井上禮之助『祖父・父を憶ふ』に詳しい）『新城　祭礼能番組帳解説　大原紋三郎』から拾い出してみると、新城では「狂言は十八年（明治）に水野門水・井上菊次郎、十九年に角渕新太郎、二十二・二十四年に勝野重直、四十四年に井上菊次郎、大正三年水野

「萩大名」熱田神宮能楽殿
名古屋宝生会、1991年

門水というように、名古屋から先生を招聘して熱心に稽古し、また出演をお願いしている」（一〇二ページ）「明治四十四年　本年度狂言師匠、名古屋井上菊次郎氏来新、一週間滞在、直伝にて総て見事なり」「大正三年　本年は名古屋伊勢門水先生、豊会旁々来新せられ」、戦後になると「昭和二十二・十・十四　名古屋の狂言師、河村丘造先生を迎えて御指導を受け、新人養成に力を入れた。昭和二十三・十・八　河村丘造先生に栗焼を一番、お勧め頂いた。豊橋社中の応援あり。二十四・十・八　名古屋狂言社中の井上新三郎、井上松次郎、歌村彦四郎、河村丘造の諸先生が来新され《寝音曲》《武悪》をお勧めいただいた。豊橋社中からも大勢参加された」「二十八・十・八……狂言は同好会をつくって、河村丘造先生に毎月ご出張をお願いして猛練習をした」「昭和三十・十・八……西尾、青木、河村の三先生のほかに、本年から狂言は佐藤秀雄先生、豊橋からは滝崎、山本両氏が来られた。昭和三十一・四・二十　十月祭を急に春祭に改め四月挙行。先生方は間に合わず、河村、山本両先生だけ来新」（一六七ページ）「三十二・十・八……狂言は河村、佐藤両先生のほか、井上礼之助先生が初めて来られた。豊橋より滝崎、山本の二氏が来られた」「昭和三十五・十・八……狂言方河村、井上松次郎、佐藤の三師、豊橋から山本氏来新」「昭和四十・十・九　佐藤秀雄先生　友彦先生親子で《二九十八》を上演。以後、友彦先生毎月御指導来新」（一六八ページ）とあり、豊橋からの応援を受けながら殆ど毎年礼祭には名古屋の狂言共同社から伺い、平成の今も佐藤友彦氏が毎月ご指導に新城へお出かけと聞いている。

初代菊次郎（大正九・九・二十一没七十五歳）には八男一女あり、息子八人すべてに狂言を習わせた。長男光太郎は母親が、他の兄弟と異なることも原因してか、後に行方知れずになり、二男鉄次郎が二代目菊次郎を大正十一年に継いだ。鉄次郎には松次郎・文三・寿一の三人の息子があり、初代菊次郎の三男新三郎には礼之助・福次郎・廣三郎の三人の息子があり、共に男子には狂言を習わせた。年齢の似通ったこの従兄弟達の人的環境としてまたとない良い稽古の刺戟となったであろうことが想像できる。鉄次郎（二代目菊次郎）が、昭和十五年七月に早逝した後は、新三郎が名古屋の狂言界を統率することとなった。私の祖父に当たる。学校では神童と言われたそうだが、長女であった私の母の話によると、お酒が好きで千人切りと言われたほどに女性にちやほやされるのが嫌だったと聞いた。孫の私から見れば常識人で、妻以外の女を囲うことはなく、商売に励んだ。

狂言の道では本家を立て、その本家を第一にするあまりに自分の家はないがしろにした風が感じられた。真面目一辺倒の子供たちの中で小さい時から体が大きく、横着で手が付けられない乱暴者だったという禮之助には手を焼いたという。成人してからも親の気に入らない結婚をする、妻以外の女性を持ち子を成すといった自分の感情に素直すぎた生き方は、父親新三郎に受け入れられず疎まれることになったか。豊明の井上鋳工所の広大な敷地内に建てられた風流なあずまやには新年や花見のころには宴が催されて、小学校でお世話になった市古先生はじめ、共同社の佐藤卯三郎氏、佐藤秀雄氏他、親戚の子、孫まで招かれて集まったものだったが、そこに禮之助は顔を見せなかった。

敗戦後空襲で焼失してしまった名古屋に能楽堂をと、当時能楽協会副支部長の新三郎は、再建に向けて熱心に動いていたことを私もよく覚えているが、熱田神宮能楽殿の完成を見ることなく昭和三十年六月三日に亡くなった。はじき出されたような形になっていた禮之助は、父新三郎の没後舞台へ戻った。したがって新城へ行くのも遅くなったのであった。異端児であるからこその人の交わりもあり、野村又三郎氏の名古屋転居についてはに家を用意するなど力を尽くし、その後共同社中誰も拘わらなかった又三郎家の舞台に立つほど良い関係をつづけた。

禮之助が亡くなったのは平成十二年二月十四日のことであったが、生前の平成七年十二月に私家版の『祖父・父を憶ふ』を刊行している。そこにある山脇清次郎さん（和泉流家元）の想い出の記録に、「……私とは馬が合ったものか、どこか通じ合うところがあったようだ……実際には昭和十五年になって初めて山脇元康として和泉流宗家を再興されたが、わずか三年ほどでさる事情あって家元を引退され、それから一・二年は戦争が激しくなったこともあったか、音信不通だった。戦後間もなくひょっこり私宅へ顔を出され、再び音信を交わすようになり……昭和三十年末、友人Sと東京見物に出かけた際に、ついでに当時方南町に住んで見えた山脇さんを訪問、……この時に山脇さんから、手許不如意でお困りの由打ち明けられ、当時所持されていた狂言の書物、装束など一切を買取って欲しいと懇願された……その場で所持金をすべてハタいて、残金は後日支払うこととして柳行李一杯に詰め込み、友人Sと二人で難儀して名古屋へ持ち帰った。装束は共同社に寄付、また書物の中には「雲形本」の別冊上・中・下に相当する六儀類のほか、貴重な資料も数多く含まれていた……右の書物類については固く条件を提示され、私はこれを守ることを誓約させられた」と記している。

上記の貴重な資料のうち、世間にほとんど知られていない『和泉流狂言六義抜書』二冊（現在は狂言共同社蔵）を紹介したい。私は叔父禮之助の生前、承諾を得て平成九年五月十一日東海能楽研究会において初めて紹介し、翻刻も四分の三まで『和泉流狂言六義抜書』翻刻と解題一（二・三）（私家版）として示したが、最後にその書誌を記して、狂言の世界に残した禮之助の業績の大なることを称えたいと思う。

『和泉流狂言六義抜書』書誌

和泉流狂言家元十八世山脇元康（清次郎）旧蔵、名古屋の共同社現蔵の二冊本である。粘葉装。六箇所綴。縦二十六・〇センチ横十九・四センチ。表紙、裏表紙とも、厚紙に薄様の縹色紙で覆い、金箔を散らした美麗なものである。背部に茶色の包背表紙を持つ。表紙の中央上寄りに、白の貼題簽にて『和泉流狂言六義抜書甲（乙）』と中央に墨書する。表紙裏は、本文と同じ鳥の子紙を糊着けする。裏表紙も、表と同様に鳥の子紙を一枚内側に糊着けし、その左下部に、朱の「和泉流家元山脇之章」の角印（五・四センチ×五・二センチ）を「甲」「乙」共に捺す。「甲」は表紙を除いて目録一丁、本文八十九丁、「乙」は表紙を除いて目録一丁、本文八十七丁、共に遊び紙はない。本文は「甲」「乙」ともに八行あるいは九行、一行の字数は二十字程度である。曲目に付した番号、振り仮名、欄外の注記は朱書である。それ以外本文及び節に付したゴマ点も墨である。

【作品紹介】

能〈杜若〉〈矢矧〉〈鴛〉　狂言　小舞謡「海道下り」

田﨑未知

現行で演じられる、三河を舞台とする能は、三河国八橋《みかわのくにやつはし》を舞台とした能〈杜若《かきつばた》〉のみである。

一六八七（貞享四）年に刊行された能の解説書『能之訓蒙図彙《のうのきんもうずい》』の名寄《なよせ》には、三河を舞台とする能として、〈杜若〉以外に〈八橋《やつはし》〉〈矢矧《やはぎ》〉〈鴛《をし》〉の三曲を記載している。このうち、〈八橋〉は〈杜若〉の別名である。〈矢矧〉〈鴛〉の翻刻活字化された文献を次に紹介する。

〈矢矧〉　久曾神昇編『三河文献集成　第十六集中世篇』一九六六年三月、国書刊行会

〈鴛〉　田中充編『古典文庫第五十七冊　番外謡曲　續（角淵本）』（昭和二十七年三月、古典文庫）

田中充編『古典文庫第二九七冊　未刊謡曲集　十九』（昭和四十七年二月、古典文庫）

狂言の演目の多くは、物語の舞台となる場所を特定しない。そのため、三河を舞台とするものはない。狂言小舞謡「海道下《かいどうくだ》り」の詞章は、放下僧《ほうかそう》がこきりこを打ちつつ歌う放下歌《ほうかうた》と同じものである。愛知県新城市の大《おお》海《み》地区に「放下踊り」が伝承されていることから、この小舞謡「海道下り」を紹介したい。

能〈杜若《かきつばた》〉

作者―金春禅竹《こんぱるぜんちく》　所―三河国八橋《みかわのくにやつはし》（現在の愛知県知立市《ちりゅうし》）

出典―『伊勢物語』九段、『和歌知顕集《わかちけんしゅう》』、『冷泉家流伊勢物語抄《れいぜいけりゅういせものがたりしょう》』など
諸国一見《しょこくいっけん》の僧が、都から東国《とうごく》へ赴《おもむ》こうとして三河国の八橋に到着し、沢辺《さわべ》の杜若《かきつばた》の美しさに心ひかれて見入る。そこに里の女が現れ、八橋の杜若にまつわる故事や、杜若こそ在原業平《ありわらのなりひら》の形見の花であることを語り、自分の庵《いおり》へ案内する。女は、二条《にじょう》の后《きさき》の形見の唐衣《からごろも》と業平の形見の初冠《ういこうぶり》を身にまとって現れ、自分は杜若の精だと名乗る。そして業平こそ、人々を救いへ導く菩薩《ぼさつ》の化身《けしん》で、『伊勢物語』などに記された業平の恋愛遍歴は、女人《にょにん》を悟りへ導くためであったことが明かされる。杜若の精は、和歌の功徳《くどく》によって草木の身ながら成仏《じょうぶつ》が叶ったことを僧に告げて、姿を消すのだった。

能〈矢矧《やはぎ》〉

作者―不明　所―三河国《みかわのくに》矢矧《やはぎ》（現在の愛知県岡崎市矢作《やはぎ》）
出典―『浄瑠璃御前物語《じょうるりごぜんものがたり》』など
鎌倉から都へ向かう旅の僧が、三河国の生田《しょうだ》に到着し、長篠《ながしの》の原（現在の愛知県新城市《しんしろし》長篠）に住む女と出会う。女は僧の求めに応じて、浄瑠璃姫の古塚や、ゆかりの場所について教える。古塚に至ると、女は僧に弔《とむら》いを頼んで、姿を消す。僧が弔《とむら》っていると、浄瑠璃姫の亡霊が姿を現す。姫は、十四歳の春に都人《みやこびと》が奏する笛の音に心を通わせ、一夜をともにしたものの、待てど暮らせど、男からの便りはなく、菅生《すごう》の淵《ふち》に身を投げたことを語る。姫は妄執《もうしゅう》の強さから地獄に落ちるべきところを、鳳来寺峯《ほうらいじみね》の薬師のご加護により、龍王の后《きさき》となり、僧の弔いの功力《くりき》によって龍身も抜け、成仏を果たす。

能〈鴛《をし》〉〈鴛鴦《えんおう》〉〈阿曽沼《あそぬま》〉とも

作者—不明　所—三河国《みかわのくに》（国付誤記の可能性あり）

出典—『沙石集《しゃせきしゅう》』巻九、『古今著聞集《ここんちょもんじゅう》』巻二十など

阿曽沼《あそぬま》の何某《なにがし》が、いつものように鷹狩りをし、一羽の鴛《おし》を捕まえたところ、雨に降られ、池の近くで一晩明かすことにする。その夜、何某の夢に女が現れ、一首の歌を手渡してきた。「日暮るれば さそひし物を 阿曽沼の 真《ま》こもがくれの 独り寝ぞうき（＝日暮れには、誘い合って共寝をしていたのに、阿曽沼に生える真菰《まこも》に隠れ、独り寝をすることはつらく悲しい）」。何某は、女の正体こそ、愛するものを奪われた鴛の妻鳥《めんどり》だと推量し、僧のもとへ使いを出して、弔《とむら》いを依頼する。僧が石に法華経を一字ずつ書きつけて供養をすると、鴛が現れ、僧の弔いの功力《くりき》によって救いを得たことを語る。やがて夜も明け、僧も夢から覚める。

『沙石集』では下野国《しもつけのくに》（現在の栃木県）阿曽沼を物語の舞台としているが、『古今著聞集』では陸奥国《みちのくのくに》（現在の福島県、宮城県、岩手県、青森県）赤沼を舞台とする。能の詞章でも、阿曽沼の何某の居住地を、下野国や近江国《おうみのくに》（現在の滋賀県）、国名の記載なしなどの異同がある。三河国という地名が詞章に記載されているものが伝承されていないことなどから、近世の諸名寄の国付は誤記の可能性がある。

狂言小舞謡「海道下《かいどうくだ》り」

狂言の小舞《こまい》および小舞謡《こまいうたい》。「おもしろの　海道下りや」と謡い出し、京の都から不和《ふわ》の関《せき》（岐阜県不破郡関ヶ

原町）まで下る情景を謡う。独立した小舞として演じられることが多いが、本狂言では〈越後聟《えちごむこ》〉の勾当《こうとう》、〈蜘盗人《くもぬすびと》〉の盗人などが劇中で舞う。詞章は『閑吟集《かんぎんしゅう》』に、放下歌《ほうかうた》として載る歌謡と同じものである。また、能〈放下僧〉の小歌「おもしろの　花の都や」は、京の都の情景を謡い、こちらの詞章も『閑吟集』と同じものである。このことから「おもしろの」が、放下歌の起句《きく》の定型であったことが推測される。

愛知県新城《しんしろ》市の大海《おおみ》地区には、大きな団扇《うちわ》を背負い、笛、太鼓、鉦《しょう》などを鳴らしながら激しく舞い踊る「放下踊り」が伝わる。平安末期に、念仏踊りの一種として、放下僧によってこの地にもたらされたと考えられる。狂言小舞謡「海道下り」や、大海地区の「放下踊り」という民俗芸能が、中世の放下僧の芸能を今に伝えている。

引用・参考文献

臼田甚五郎、外村南都子、新間進一、徳江元正校注・訳『新編　日本古典文学全集42　神楽歌　催馬楽　梁塵秘抄　閑吟集』小学館、二〇〇〇年

【コラム】豊橋市日吉神社の能面・中将

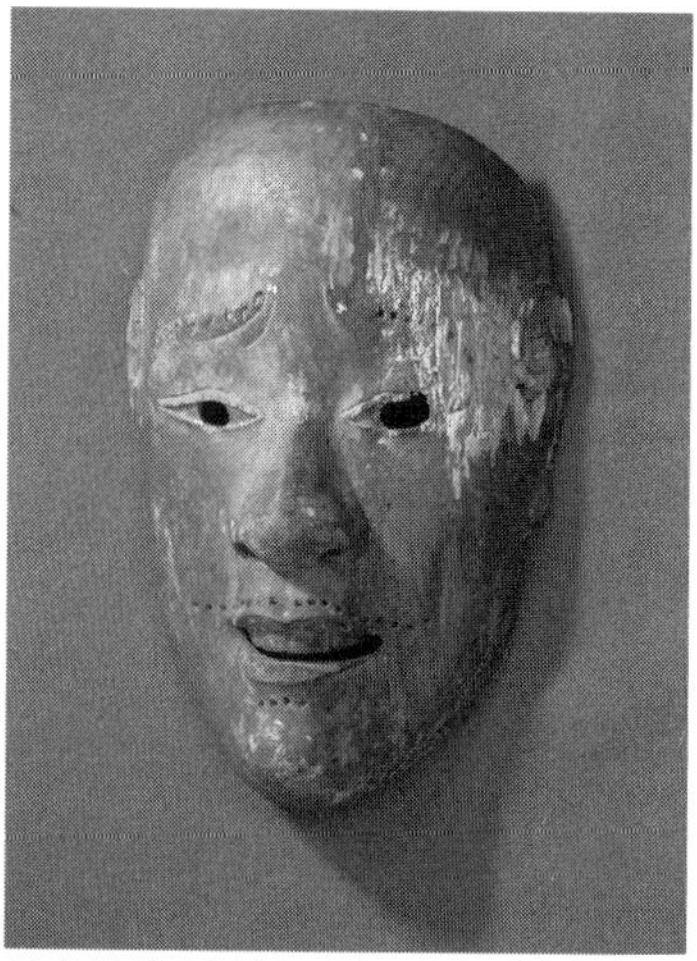
日吉神社の雨乞い面のうち「中将」
豊橋市美術博物館保管

彩色はまったくなくなっていて生地の状態で、材料は檜と思われるが柾目に木取されている。

現行の中将と比べると、耳や、笑窪があること、眉毛、口髭、及び、下唇の下に植毛痕が見られることなど随分変わっているが、彫刻の相貌から受ける感じは現行の能面の中将の雰囲気そのままで、それも出来は素晴らしく専門の職人の手になる細工である。

裏は縦の鉋目が見られ黒の拭漆である。向かって右の眉骨から眼尻にかけて虫害がある。

日吉神社の奥宮である大蔵神社には翁系の能面三面と尉面一面があり、大蔵神社の能面には、「地頭の許可がなくては取り出せない」とされた厳しい取扱いの言い伝えがあって、神事に使用する御神体の扱いがなされていた。両神社の能面はもともと纏っていたもので、その内で神事用の面が奥宮に祀られ、その他が日吉神社に保存されてきたのであろう。

日吉神社、大蔵神社は豪族・西郷氏ゆかりの旧西郷村七ケ村（萩平、中山、西川、平野、成沢、入文、馬越）の総社であり、付近には神明社（祭神は天照大御神）もあって、西郷氏は伊勢神宮を崇敬していたと考えられる。

両神社の能面の伝来は、複数の情況証拠から伊勢猿楽によってもたらされたもので、毎年のように伊勢より伊勢猿楽を招いた檀那場であったと推定される。

この中将の出来栄えから感じるのは、伊勢猿楽でそれまで用いられていた面で、おそらく、現行の形の中将を入手したので使われることのなくなったこの面を檀那場へ払い下げられたものと推定する。

長い歴史を持つ能楽座の所蔵面の形が現行面に固定してゆく過程や、質を向上させる選択の過程で面の入れ替えがおこなわれ、使われなくなった面が奉納や献上されたり、譲られている例は多い。

現在、神社では雨乞い面とされているが、この地方で激しかった戦国時代の争乱を経て伝来の言い伝えなども消え去り、後世になって実利から雨乞い面とされたと考える。

彩色の塗りがなくなっているのは雨乞いの際に水を掛けたのではなかろうか。

彩色は白土を膠で固めているので、水には一溜りもなく弱いのである。


（保田紹雲）

【研究の手引き1】三河地域芸能の調べかた

「課題を出されたが、何を書いたらいいのかわからない」というときは、まずは図書館に行ってみることをおすすめします。開架の本棚をめぐり、本の背表紙を眺めているうちに何かしらヒントが浮かぶものです。眺めていて興味を持った本があれば、題名と、背表紙に貼ってあるラベルの番号をメモしておきます。こうしておくと、後で同じ本を見たいときに便利です。

調べたいことがおおよそわかってきたら、情報を集めます。

インターネット

幅広く情報を集めるためにはインターネットの検索エンジン（Google や Yahoo! など）が最も便利です。ただし、検索の結果として挙がってきたウェブサイトには、レポートの参考文献として使えるものもあれば、あまり信用できないものもあります。たとえば県や市町村が出しているサイトは公文書と同じ性格を持つので、信用できます。一方、企業の広告としての性格が強いものや、個人のブログ、ＳＮＳの記事は、参考文献として使うのは望ましくありません。Wikipedia も調べ物には非常に便利ですが、著者が匿名かつボランティアで執筆しているため、記事の正確さは保証されていません。こうしたことから、インターネットで得られた情報は、刊行された文献によって内容を確認するほうがよいのです。

また、インターネットの情報は随時更新されるのが前提なので、自分の参照した記事が後になって消えてしまう場合もあります。レポートなどに引用する際には、ＵＲＬとともに参照した日付を入れておきましょう。

文献①辞典・事典

調べたいことのキーワードが絞れてきたら、辞典・事典類を見ます。これらには、ことばの意味だけでなく、その事項についての共通認識が記されているため、もっと詳しい内容の文献を読む際の助けになります。

【祭りや民俗芸能に関する辞典・事典類】

・神田より子・俵木悟編『民俗小事典 神事と芸能』吉川弘文館、二〇一〇年＊祭、歌謡、演技、楽器など三七五項目のほか、「学校教育と民俗芸能」「神事・芸能と文化財行政」などのコラムを掲載。

・小島美子ほか監修『祭・芸能・行事大辞典上・下』朝倉書店、二〇〇九年＊祭・行事・芸能・音楽・イベントについて約六〇〇〇項目を掲載。

・福田アジオほか編『日本民俗大辞典上・下』吉川弘文館、二〇〇〇年＊民俗学の成果が、初学者にもわかりやすくまとめられている。

・佐々木宏幹・宮田登・山折哲雄監修池上良正ほか編『日本民俗宗教辞典』東京堂出版、一九九八年＊信仰、祭礼、道教、陰陽道、キリスト教など民俗、宗教に関する事項について詳しく解説されている。

・林英夫監修『日本歴史地名大系二十三愛知県の地名』平凡社、一九八一年＊県内市町村別に、細かい単位で地名や文化財、歴史などについて記す。地域研究の基本書。同じシリーズで各都道府県別に刊行されている。

文献②文献目録

何かを調べるときは「先行研究」といって、すでにある研究や調査を参考にするのが基本です。その際に役立つのが文献目録です。複数の目録を比較すると、いつごろ、どのような分野で、自分の調べたいことに関する研究が進んだのかがわかります。

【三河地域の芸能に関する文献目録】

・愛知県教育委員会編『愛知県文化財調査報告書　第五十五集　愛知の民俗芸能昭和六十一～六十三年度』愛知県教育委員会、一九八九年＊「参考文献一覧」は愛知県全域と各地域別にまとめられ、刊行本以外の雑誌掲載論文も網羅されていて便利。ほかに「民俗芸能所在数一覧」「芸能種別毎分布図」を収める。

・三隅治雄編／山本宏務写真『三遠信〔第二巻〕三遠信の祭り　神々の国から日本文化のふるさと、再生への道標』三遠信刊行会、一九九〇年＊「資料編」として「市町村別伝承文化施設一覧」「市町村別伝承文化資料・刊行物一覧」「市町村別祭り一覧」がある。

・愛知県教育委員会編『愛知県の民俗芸能　愛知県民俗芸能緊急調査報告書』愛知県教育委員会、二〇一四年＊「参考文献一覧」は刊行本のみを対象。「愛知県内の指定等文化財（無形民俗文化財）」「悉皆調査一覧」がある。

・山本宏務文・写真『はるなつあきふゆ叢書　十五　三遠南信歳時記』春夏秋冬叢書、二〇〇五年＊「三遠南信の主な歳時暦」や、行事についての「問い合わせ先」がある。

このほか、各県や市町村によって作られた「史」「地誌」類にも、参考文献一覧が記載されています。

見たい本があれば、図書館の検索コーナーを使ってその図書館で見られるかどうかを調べます。ない本については、図書館のレファランス係の人に相談してみましょう。

大学付属、あるいは公立の研究機関や学会が発行している雑誌に掲載された研究論文は、専門的な内容が多いこともあって実際に参照するのはなかなかたいへんですが、先行研究を把握するときに役立ちます。研究機関が発行する雑誌については、「機関リポジトリ」という形で、その大学のウェブサイトから論文の本文が見られるようになっています。

インターネットにある各学会のサイトの中には、過去に発行された号（バックナンバー）の目次が掲載されているものもあります。ブラウザの「検索」機能を使って、調べたい語句で検索すると便利です。

・民俗芸能学会発行『民俗芸能研究』バックナンバー http://minzokugeino.com/backnumber.html
・芸能史研究会発行『芸能史研究』バックナンバー http://www5b.biglobe.ne.jp/~geinoshi/mokuji.html

（各アドレスは令和元年五月三十日現在）

雑誌掲載の論文の現物が入手しにくい場合、後で刊行本の形にまとめられているものも多いので、著者名や題名を手がかりに文献目録で探してみましょう。

（米田真理）

【研究の手引き2】三河地域の新旧地名・芸能対照表

（作成：米田真理）

さまざまな時期に記された文献を比較すると、芸能の変遷について興味深いことがわかります。ただ、市町村の合併により地名が変化しているため、文献によって記載の異なることがたくさんあります。また、各県や市町村の「史」「地誌」類も、合併前の地名を考慮して調べなければなりません。例えば、豊田市の猿投地域については、大正15年の『西加茂郡誌』、昭和43年の『猿投町誌』、さらに平成24年から続々発行されている『新修豊田市史』に収められています。

【参考】「愛知県の民俗芸能：愛知県民俗芸能緊急調査報告書」（愛知県教育委員会編 愛知県教育委員会、平成26年）

平成大合併後	平成大合併前	1945年前後の市町村名 （ ）内は明治22年～戦前まで使われていたことのある地名	明治22年（1889）合併前の村名	主な芸能
高浜市	高浜市	碧海郡高浜町（旧高浜村）	高浜	ちゃらぼこ［高浜地区上、下・10月］／おまんと［高浜地区・10月］／えんちょこ太鼓［高浜地区・不定期］／銭太鼓［高浜地区・不定期］／七草祭［田戸町・旧1月］
		碧海郡高浜町（旧高取村）	高取	ちゃらぼこ［高取地区・10月］／おまんと［高取地区・10月］／神楽［高取地区・10月］／田舎芝居［高取地区・10月］
		碧海郡高浜町（旧吉浜村）	吉浜	ちゃらぼこ［吉浜地区下・10月］／おまんと［吉浜地区上・下・10月］／神楽［吉浜地区上・下・元旦、10月］／田舎芝居［吉浜地区下・10月］／射放弓［吉浜地区上・下・10月］
碧南市	碧南市	碧海郡旭村（旧志賀崎村）	平七・前浜新田・伏見屋新田・伏見屋外新田・鷲塚	二本木荒子囃子［二本木、荒子・10月］／神有神楽［神有・4、9月］／伏見屋神楽［伏見町・1、10月］／囃子（山車）［平七町・3、7、10月］／ちゃらぼこ［伏見町・10月］／鷲塚神楽「鷲林町・4月］／神楽［笹山町・10月］
		碧海郡新川町	北大浜・北棚尾	鶴ヶ崎神楽、山車［鶴ヶ崎区・10月］／ちゃらぼこ［相生町・10月］／囃子（山車）［東山町・5、7、10月］／田尻ちゃらぼこ［田尻町・5、7、10月］／道場山神楽［道場山町・10月］／白山社神楽［久沓町］／天王津島社神楽［天王町・10月］／西山太鼓［西山町・10月］／ちゃらぼこ［住吉町・10月］／神楽（囃子）［松江町・10月］／西山神楽［久沓町・10月］／東山神楽［金山町・10月］／ちゃらぼこ［千福町・5、10月］
		碧海郡大浜町	大浜	人形山車［大浜中区・10月］／囃子三番叟［大浜中区・10月］
		碧海郡棚尾町	棚尾	棚尾子供囃子［棚尾地区・10月］
		碧海郡明治村	西端	西端八剣囃子［西端町・11月］／西端神楽［西端町・11月］

知立市	知立市	碧海郡知立町（旧知立町）	知立	知立神社山車からくり、文楽、囃子［西町、山町、中山町、本町、宝町、新地・5月］／郷神楽（宮流）［西町神田・8、9月など］
		碧海郡知立町（旧牛橋村）	牛田・八橋・来迎寺	郷神楽（宮流）［八橋町・5月］／郷神楽（宮流）［来迎寺町・10月］
		碧海郡知立町（旧長崎村）	西中・谷田・八ツ田	郷神楽［西中町・10月］
刈谷市	刈谷市	碧海郡刈谷町（旧刈谷町）	刈谷	大名行列［寺横町・5月］／万灯祭［銀座二丁目・7月］
		碧海郡刈谷町（旧元刈谷村）	元刈谷	
		碧海郡刈谷町（旧逢妻村）	熊・高津波	
		碧海郡刈谷町（旧小山村）	小山	
		碧海郡刈谷町（旧下重原村）	下重原	
		碧海郡依佐美村（旧半高村）	半城土・高須	
		碧海郡依佐美村（旧小垣江村）	小垣江	
		碧海郡依佐美村（旧野田村）	野田	雨乞笠踊り［野田町東屋敷・8月］／神幸神事［野田町東屋敷・10月］
		碧海郡富士松村	逢見・一ツ木・築地・西境・井ヶ谷・東境	
安城市	安城市	安城市（旧安城村）	安城	神楽［安城町東尾・10月］／子供神楽［安城町宮地・10月］／白山比売神社神楽［熱田山・3、10、11月］／神楽［池浦町丸田・4月］／神楽［新田町宮町・11月］／神楽［明治本町・4月］／神楽［南明治の各町内・4月］／子供獅子舞［横山町・4月］
		安城市（旧赤松村）	赤松	神楽［赤松町北畑・10月］
		安城市（旧今村）	今	神楽［東栄町柳原・4月］
		安城市（旧里村）	里・大浜茶屋	
		安城市（旧平貴村）	上条・高木・別郷・山崎・北山崎・東別所・西別所・大岡	神楽［高木町鳥居・10月］／神楽［北山崎町蓮台・10月］／子供獅子舞［別郷町油石・4月］
		安城市（旧福釜村）	福釜	子供神楽［福釜町宮添・9、10月］
		安城市（旧古井村）	古井	子供神楽［古井町豊日・1月］
		安城市（旧箕輪村）	箕輪	神楽［箕輪町神戸・10月］
		安城市（旧長崎村）	篠目	
		碧海郡依佐美村（旧高棚村）	高棚	神楽［高棚町中敷・4、7、10月］
		碧海郡矢作町	河野・宇頭茶屋・尾崎・柿崎・橋目	子供神楽［尾崎町亥の子・10月］／神楽［橋目町北茶屋浦・10月］／神楽［宇頭茶屋町宮前・10月］
		碧海郡依佐美村	井杭山・二本木	神楽［井杭山一本木・9月］／神楽［緑町一丁目・1、10月］
		碧海郡榎前村	榎前	
		碧海郡明治村（旧根崎村）	根崎	神楽
		碧海郡明治村（旧東端村）	東端	祭礼神楽［東端町八剣・11月］

安城市	安城市	碧海郡明治村（旧和泉村）	和泉	和泉神楽
		碧海郡明治村（旧城ヶ入村）	城ヶ入	神楽
		碧海郡桜井村（旧桜井村）	桜井・堀内・東町・姫小川	桜井神社祭礼（神楽・ちゃらぼこ・チリカラ）［桜井町印内、桜井町中開道、桜井町下谷、桜井町城向、桜井町西町、東町、堀内町・10月］
		碧海郡桜井村（旧小川村）	猪川	神楽［小川町志茂・10月］
		碧海郡桜井村（旧三ツ川村）	寺領・野寺・木戸・藤井	神楽［藤井町東山・11月］
		碧海郡藤野村	川嶋・村高	
西尾市	西尾市	幡豆郡西尾町（旧西尾町）	西尾（旧城下）・鶴城	西尾祇園祭囃子（山車）［本町、幸町・7月］／獅子舞［菅原町・10月］／高砂獅子［高砂町・4月］／西尾祇園祭囃子［天王町・7月］／子供獅子［錦城町・8月］／獅子［葵町・4月］／親子獅子（西尾祇園祭）［吾妻町・7月］／子供獅子［新屋敷町・10月］／獅子舞［会生町・10月］／大屋形囃子［中町・7月］
		幡豆郡西尾町（旧久麻久村）	八ッ面・伊藤・新渡場・戸ヶ崎村・志貴野・中原・志籠谷・熊味・寄住・道光寺	神楽（伏見屋流）［戸ケ崎町・10月］・獅子舞［伊藤町・10月］・子供獅子舞［中原町・11月］／子供獅子舞［八ツ面町・11月］／神楽（伏見屋流）［八ツ面町・11月］
		幡豆郡西尾町（旧西野町村）	上町・下町・小間・法光寺	三河万歳［上町・不定期］／神楽（伏見屋流）、獅子舞［下町・10月］／神楽（伏見屋流）、子供獅子［法光寺町・10月］／しんばやし（チャラボコ）、お獅子［上町・10月］／獅子舞［上町北側・10月］
		幡豆郡西尾町（旧奥津村）	住崎	神楽（伏見屋流）［住崎町・10月］
		幡豆郡西尾町（旧大宝村）	徳次・丁田・寄近・矢曽根	神楽（伏見屋流）［徳次町・10月］
		幡豆郡平坂村（旧西之町村）	田貴	神楽（大和流）［田貫町・10月］／神楽（大和流）［楠村町・10月］
		幡豆郡平坂村（旧奥津村）	上矢田・下矢田・新在家・国森・羽塚・富山	神楽（大和流）［羽塚町・10月］／獅子舞［国森町・10月］／親子獅子［新在家町・10月］／獅子舞、チャラボコ［上矢田町・10月］／子供獅子（チャラボコ）［下矢田町・7月］
		幡豆郡平坂村（旧平坂村）	平坂・楠・西小梛新田・小栗新田	神楽（大和流）［平坂町・10月］
		幡豆郡平坂村（旧平坂村）	中畑	神楽（伏見屋流）、囃子（チャラボコ）［中畑町・4、7、10月］
		幡豆郡福地村（旧大宝村）	深池・川口・菱池・今川	
		幡豆郡福地村（旧豊田村）	上道目記・下道目記・八ヶ尻・行用・針曽根・長縄・斎藤・熱池	てんてこ祭［熱池町・1月］／神楽（大和流）［上道目記町・10月］／神楽（大和流）［針曽根町・7、10月］
		幡豆郡福地村（旧井崎村）	鵜ヶ池・小焼野村・宅野島・細池・鎌谷・十郎島・須脇	獅子舞［下細池町・10月］／子供神楽（大和流）［鵜ヶ池町・10月］
		幡豆郡福地村（旧六郷村）	市子・笹曽根・平口・野々宮・横手・天竹	

西尾市	西尾市	幡豆郡寺津町（旧寺津村）	寺津・徳永	神楽（近江流）［寺津町・10月］／神楽（大和流）［徳永町・10月］
		幡豆郡寺津町（旧西崎村）	巨海・刈宿・中根	神楽（大和流）［巨海町・10月］
		幡豆郡三和村（旧川崎村）	西浅井・東浅井・高落・新・小島・米野	雅楽［西浅井町・2、4、10、11、12月］／堤通手永御田扇祭り［高落町、新村町、西浅井町、東浅井町・7月］
		幡豆郡三和村（旧御鍬村）	江原・岡島・尾花・和気・大和田・高河原	神楽（伏見屋流）［江原町・10月］
		幡豆郡三和村（旧吹羽良村）	貝吹・上羽角・下羽角・上永良・下永良	寛永神楽（伏見屋流）［上永良町・10月］／かぎ万灯［貝吹町・8月］
		幡豆郡室場村（旧室場村）	室場・駒場	
		幡豆郡室場村（旧花明村）	花蔵・善明	
		幡豆郡室場村（旧家武村）	家武	
		幡豆郡室場村（旧平原村）	平原	
		碧海郡明治村（旧米津村・旧南中根村）	米津・南中根	神楽［米津町・4、10月］／神楽［南中根村・10月］
	一色町	幡豆郡一色町（旧一色村）	一色・藤江・坂田新田	一色諏訪太鼓［一色宮添・7、8、11、3月］
		幡豆郡一色町（旧味沢村）	味浜・中外沢・小藪・細川	味浜太鼓［味浜・5、10、12月］
		幡豆郡一色町（旧栄生村）	治明・開正・養ヶ島・赤羽	赤羽木遣太鼓［赤羽・10月］
		幡豆郡一色町（旧五保村）	大塚・前野・野田・対米・池田	
		幡豆郡一色町（旧衣崎村）	松木・酒手島・生田・千間・惣五郎	千間太鼓［千間・10、12月］／松木島・10月］／松木島ちりから囃子［松木島・10月］／松木島木遣［松木島・10月］／生田太鼓［酒手島・7月］
		幡豆郡佐久島村	佐久島村	
	吉良町	幡豆郡横須賀村（旧横須賀村）	横須賀	獅子舞、山車（太鼓囃子）、チリカラ、神楽［上横須賀町・10月］／囃子（山車）［中野・10月］／神楽［中野・10月］
		幡豆郡横須賀村（旧荻原村）	荻原・饗場・酒井	チリカラ、打ち込み太鼓、獅子舞、神楽［荻原・10月］／獅子舞［酒井・10月］
		幡豆郡横須賀村（旧厨村）	津平・宮迫・駮馬・友国	お神楽［津平町・10月］
		幡豆郡横須賀村（旧瀬門村）	瀬門・寺島・岡山・木田・小牧	獅子舞［小牧・10月］
		幡豆郡横須賀村（旧富田村）	富田・八幡川田	
		幡豆郡吉田村（旧吉田村）	吉田・大島	神楽（大和流）、囃子（太鼓山車・チリカラ・打ち込み太鼓）［吉田・10月］、大島神楽［大島・5月］／川岸祭の神楽［吉田・8月］／

西尾市	吉良町	幡豆郡吉田村（旧宮崎村）	宮崎	祇園祭囃子、神楽［宮崎・7月］
		幡豆郡吉田村（旧保定村）	乙川・小山田・白浜新田・富好新田	獅子舞［富好新田・10月］
	幡豆町	幡豆郡幡豆町（旧幡豆村）	西幡豆・寺部・鳥羽	打ち込み太鼓［寺部町大王・7月］／四番組親子太鼓［西幡豆町江尻・8月］／太鼓（五番組）［西幡豆町西見影・10月］／こんころ太鼓［西幡豆町東森・10月］／こんころ太鼓（ちゃらぽこ太鼓）［西幡豆町北ノ入・10月］／門内太鼓［西幡豆町京田・4月、10月］
	幡豆町	幡豆郡幡豆町（旧東幡豆村）	東幡豆	白山太鼓［東幡豆町桑畑山・7月］／ちゃらぽこ太鼓（鹿川）［東幡豆町裏山・10月］／州崎太鼓［東幡豆町御堂前・7、9、10、11月］／ちゃらぽこ太鼓［東幡豆町宮脇・7、10月］／おたび（神楽）［東幡豆町大根入・10月］／ちゃらぽこ太鼓［東幡豆町宮下・7月、10月］
岡崎市	岡崎市	岡崎市（旧岡崎町）	岡崎城下二十六町・中・菅生・八帖	岡崎天満宮祭礼［中町など・9月］／菅生祭［菅生町など・8月］／能見神明宮祭礼［松本町、元能見中町など・5月］
		岡崎市（旧額田郡三島村）	上六名・六名・明大寺・天白・久後崎	
		岡崎市（旧額田郡乙見村→岡崎町）	稲熊・小呂	
		常盤村（旧額田郡乙見村→常盤村）	箱柳・坂田・大井野・田口・岩中	
		岡崎市（旧額田郡広幡村）	伊賀・能見・井田・日名	
		岡崎市（旧額田郡岡崎村）	柱・戸崎・羽根・若松・針崎	
		岡崎市（旧額田郡見合村）	岡・保母・和合	
		岡崎市（旧額田郡男川村）	大平・小美村・高隆寺・丸山・洞・欠	
		額田郡常盤村	滝・小丸・新居・大柳・蔵次・安戸・米河内	鬼まつり［滝町山籠・旧暦1月］
		額田郡岩津町（旧岩津村）	岩津・東蔵前・西蔵前・東阿知和・西阿知和・八ッ木・駒立・恵田・丹坂・真福寺	謁播神社祭礼［東阿知和町・10月］／祈念祭［東阿知和町・2月］
		額田郡岩津町（旧奥殿村）	奥殿・桑原・宮石・川向・日影・渡通津	
		額田郡岩津町（旧細川村）	細川・仁木・奥山田	古村積神社大祭［細川町・10月］／天王祭［細川町・7月］
		額田郡岩津町（旧大樹寺村）	大樹寺・鴨田・大門・上里・百々・藪田・井ノ口	鴨田天満宮祭礼［鴨田町・10月］
		額田郡福岡町	福岡・上地	
		額田郡竜谷村	竜泉寺・桑谷	
		額田郡藤川村	藤川・市場・蓑川	天王さん竿灯祭［市場町・7月］
		額田郡山中村	舞木・山綱・羽栗・池金	天王さん祭礼［羽栗町・7月］／デンデンガッサリ［舞木町宮下・1月］

		額田郡本宿村	本宿・上衣文・大幡・鉢池・鶇巣	
		額田郡河合村	秦村・茅原沢・才栗・生平・蓬生・古部・切越・須淵・岩戸村	
		碧海郡矢作町	矢作	
		碧海郡矢作町（旧志賀須賀村）	東牧内・上佐々木・下佐々木＊河野は安城市	
		碧海郡矢作町（旧中郷村）	坂戸・島・館出・富永・小望・池端・西牧内・桑子・新堀	
		碧海郡矢作町（旧長瀬村）	西大友・東大友・中園・舳越・北野・森越＊橋目は安城市	
		碧海郡矢作町（旧本郷村）	東本郷・西本郷・北本郷・暮戸・筒針・渡	
		碧海郡矢作町（旧志貴村）	宇頭・小針＊宇頭茶屋・尾崎・柿崎は安城市	
		碧海郡六ツ美町（旧占部村）	中・定国・上三ツ木・正名・国正・坂左右・下和田・野畑	大嘗祭悠紀斎田［六ツ美地区・６月］／堤通手永御田扇祭り［上三ツ木町・７月］／山方手永御田扇祭り［下和田町、国正町、正名町、定国町、中村町、坂左右町、野畑町・７月］
		碧海郡六ツ美町（旧中島村）	下中島・高畑・安藤	堤通手永御田扇祭り［安藤町・７月］
		碧海郡六ツ美町（旧糟海村）	上和田・宮地・井内・牧御堂・法性寺	堤通手永御田扇祭り［牧御堂町、宮地町・７月］／山方手永御田扇祭り［井内町・７月］
		碧海郡六ツ美町（旧中井村）	中之郷・土井	堤通手永御田扇祭り［中之郷町、土井町・７月］／中之郷神社大祭［中之郷町・11月］
		碧海郡六ツ美町（旧合歓木村）	高橋・福桶・合歓木	堤通手永御田扇祭り［高橋町、福桶町、上合歓木町、下合歓木町・７月］
		碧海郡六ツ美町（旧青野村）	上青野・下青野・在家	堤通手永御田扇祭り［上青野町、下青野町、在家町・７月］
	額田町	額田郡豊富村（旧豊岡村）	樫山・桜井寺・下衣文・牧平・鹿勝川	須賀神社祭礼［樫山・４月］
		額田郡豊富村（旧高富村）	片寄・鳥川・淡淵・細光・滝尻	
		額田郡豊富村（旧巴山村）	夏山	火祭り［夏山町（柿平、平針）・旧暦９月］
		額田郡宮崎村（旧巴山村）	千万町・木下	千万町神楽［千万町・４月］
		額田郡宮崎村（旧宮崎村）	亀穴・石原・明見・中金・大代・河原・雨山	祇園祭り［石原字室合内・10月］／神輿渡御（暴れ獅子）［中金・10月］／雨山神楽［雨山町・４月］
		額田郡形埜村	桜形・鍛埜・切山・毛呂・小久田・井沢・南大須・大高味	
		額田郡下山村	保久・中伊・一色・外山・冨尾	
		東加茂郡下山村（旧額田郡下山村）	蕪木・田折・蘭・田代	
幸田町	幸田町	額田郡幸田村（旧会見村）	菱池・北鷲見・横落・大草・高力	神楽［菱池字鷲取・10月］／三河万歳［横落字北門・不定］

幸田町	幸田町	額田郡幸田村 (旧坂崎村)	坂崎・長嶺・久保田	
		額田郡幸田村 (旧深溝村)	深溝・芦谷・荻	獅子舞［深溝字一の宮・10月］／花笠踊［深溝字一の宮・10月］／里神楽［芦谷字宮ノ根・7、9月］
		幡豆郡豊坂村 (旧豊国村)	桐山・上六栗・下六栗・逆川	
		幡豆郡豊坂村 (旧松坂村)	野場・永野・須美・六栗	山方手永御田扇祭り［長野区・7月］
豊田市	豊田市	西加茂郡挙母町 (旧挙母町)	挙母	挙母祭囃子［本町・東町等8町内・10月］／新屋町囃子［高橋町・4、10月］／郷囃子［平井町・10月］／百々囃子［百々町・7、10月］／くるま・囃子［志賀町・10月］
		西加茂郡挙母町 (旧梅坪村)	梅坪	
		西加茂郡挙母町 (旧逢妻村)	本地・土橋・千足	
		西加茂郡挙母町 (旧根川村)	金谷・下林・下市場・長興寺・今・西山室	
		西加茂郡挙母町 (旧宮口村)	宮口	鎌田流棒の手［宮口町・10月］
		西加茂郡高橋村 (旧四谷村)	矢並・岩滝・池田	
		西加茂郡高橋村 (旧寺部村)	寺部	
		西加茂郡高橋村 (旧益富村)	古瀬間・南古瀬間・西大見・飛泉	古瀬間囃子［古瀬間町・10、11月］
		西加茂郡高橋村 (旧野見村)	野見・御立村・森・下渡合	
		西加茂郡高橋村 (旧渋川村)	渋川	
		西加茂郡高橋村 (旧上野山村)	上野山	
		西加茂郡高橋村 (旧市木村)	市木	
		西加茂郡高橋村 (旧平井村)	平井	
		碧海郡上郷村 (旧上野村)	上野	
		碧海郡上郷村 (旧畝部村)	中切・定宗・川端・上中島・阿弥陀堂・国江・配津	
		碧海郡上郷村 (旧須恵野)	渡刈・鴛鴨・隣松・永覚新郷	
		碧海郡上郷村 (旧桝塚村)	桝塚	
		碧海郡上郷村 (旧和会村)	和会・広畔新郷・福受新郷	
		碧海郡高岡町 (旧堤村)	堤・乙尾	
		碧海郡高岡町 (旧駒場村)	駒場・中田村	銭太鼓［駒場町・不定期］

		碧海郡高岡町（旧竹村）	竹・大林・西田新郷	
		碧海郡高岡町（旧若園村）	若林・花園・北中根・吉原	
		西加茂郡猿投町（旧伊保村→保見町）	伊保堂・上伊保・下伊保・殿貝津・田籾	起倒流棒の手［伊保町・10月］
		西加茂郡猿投町（旧橋見村→保見町）	八草・篠原・西広見・大畑	
		西加茂郡猿投町（旧上郷村）	四郷・荒井・花本・越戸・御船	鎌田流・見当流・藤巻検藤流棒の手［四郷町・10月］
		西加茂郡猿投町（旧広沢村）	猿投・本徳・乙部・亀首・加納・舞木	鎌田流棒の手・見当流棒の手［猿投町・10月］
		西加茂郡猿投町（旧富貴下村）	西広瀬・西枝下	
		西加茂郡猿投町（旧富貴下村→石野村）	藤沢・富田・松嶺・押沢	鎌田流棒の手［藤沢・松嶺・押沢・10月］
		西加茂郡猿投町（旧石下瀬村→石野村）	石下瀬・国附・小峰村	
		西加茂郡猿投町（旧中野村→石野村）	中切・中金村・野口・山路・室・椿・小白見村	起倒流棒の手［中切町・10月］
		西加茂郡猿投町（旧七重村→石野村）	寺谷下・手呂・成合・千鳥・上鷹見・下鷹見・小呂	
		西加茂郡猿投町（旧四谷村→石野村）	元山中	鎌田流棒の手［山中町・10月］
	藤岡町	西加茂郡藤岡村（旧西加茂郡富貴下村）	上川口・下川口・御作	見当流棒の手［御作町・10月］
		西加茂郡藤岡村（旧藤河村）	飯野・中山・深見・田茂平・迫・北一色・石飛	祇園囃子［藤岡飯野町・7月］／太鼓［深見町字法花坊］／見当流棒の手［北一色町・飯野町字阪口・10月］／藤巻検藤流棒の手［迫町・10月］
		西加茂郡藤岡村（旧高岡村）	上渡合・折平・北曽木・畳・西野々・白川・大岩・三箇・木瀬村	祇園囃子［折平町・7、8、10月］／祇園囃子［木瀬町字北前・7月］／鎌田流棒の手［木瀬町字森前、10月］／祇園囃子［三箇町字宮針、三箇町字森前・7月］
	小原村	西加茂郡小原村（旧本城村）	西細田・市場・大坂村・大草・鍛冶屋・敷・李・百月・簗平・川下・日面・平畑・榑俣	祭りばやし（丹波大垣内流）［日面町・10月］／打ちはやし［李町・10月］／和太鼓（打ちはやし）［西細田町・10月］／打ちはやし［市場町・10月］／天王祭の囃子［西細田町・7月］／天王祭の囃子［市場町・8月］／小原歌舞伎［各町・3、11月］
		西加茂郡小原村（旧豊原村）	乙ヶ林・大平・寺平・荷掛・大洞・三ッ久保・沢田西萩平・千洗・喜佐平・北篠平	打ちはやし［北篠平町・10月］／打ちはやし［大平町・10月］
		西加茂郡小原村（旧福原村）	上仁木・東市野々・北・川見・柏ヶ洞・雑敷・前洞・大ヶ蔵連・小・田代	和太鼓打囃子（福原打囃子連中）［雑敷町・10月］／和太鼓（諏訪太鼓）［上仁木町・10月］
	豊田市	東加茂郡松平村（旧清原村）	永太郎・松名・下仁木・遊屋・西丹波・平岩・宮代・苅萱・岩下・大倉・北大野	打ちはやし［永太郎町・10月］／打ちはやし［下仁木町・10月］天王祭の囃子［永太郎町・旧6月］

豊田市	豊田市	東加茂郡松平村（旧松平村）	松平	
		東加茂郡松平村（旧小川村）	九久平・中・中垣戸・桂野・川向・七売・滝脇・長沢村・林添・下河内・大給・鍋田・曲り	
		東加茂郡松平村（旧志賀村）	岩倉、赤原、六ツ木	
		東加茂郡松平村（旧豊栄村→松平村）	正作・大楠・簗山・堤立・大田・茅原・椿木・歌石・羽明・大津・二口・下屋敷・所石・杉木・仁王・東宮口・真垣内・南簗平・日明	起倒流棒の手［石楠町・10月］
	足助町	東加茂郡松平村（旧豊栄村→盛岡村→足助町）	岩谷・下平	
		東加茂郡松平村（旧穂積村）	酒呑・白瀬・重田和・西野・二本木	
		東加茂郡松平村（旧穂積村→盛岡村→足助町）	霧山・則定	囃子［霧山町・7月］
		東加茂郡松平村（旧盛岡村）	上国谷・四ッ松・冷田・上小田・沢ノ堂・平折・国閑・上脇・下佐切・上佐切・下国谷・中国谷・桑原田・栃本・野林・追分・岩神	見当流棒の手［近岡町・10月］
		東加茂郡足助町（旧阿摺村）	広岡・月原	打囃子［小町・10月］／打囃子［御蔵町・10月］／打囃子［西樫尾町・10月］
		東加茂郡足助町（旧阿摺村→瑞穂村）	摺・葛・白山・栃ノ沢・中立・大河原・東中山・大塚・塩ノ沢	打囃子［中立町・10月］
		東加茂郡足助町（旧足助村）	足助・中之御所・今朝平	足助祭囃子、山車、行道［足助町田町、本町、新町、西町・10月］／足助春祭囃子、山車、行道［本町、新町、西町、宮平、親王町、足助町・4月］
		東加茂郡足助町（旧賀茂村→阿摺村→足助町）	久木・林間・北小田・福知・豊岡・新盛・玉野	起倒流棒の手［冨岡町］
		東加茂郡足助町（旧賀茂村）桑田和・千田・二タ宮・上八木・怒田沢・竜岡・千野・菅生・越田和・川面・五反田		打囃子、鎌田流棒の手［五反田町・9月］
		東加茂郡足助町（旧伊勢上村）	明川・連谷・平沢・大多賀村	打囃子［明川町・10月］／盆踊［明川町・旧6月］／打ち囃子［連谷町・10月］
		東加茂郡足助町（旧金沢村→賀茂村）	山ヶ谷・有洞・綾渡・大蔵連・椿立・室口・漆畑・山ノ中立・東大見・葛沢・安実京・御内蔵連	夜念仏、盆踊り［綾渡町・葛沢町・8月］
		東加茂郡足助町（旧金沢村→盛岡村）	戸中・川端	

豊田市	下山村	東加茂郡下山村（旧下山村）	東蘭・和合・荻島・神殿・平瀬・田平沢・栃立・黒岩・梶・黒坂・大桑・芦原・松野	奉納太鼓［黒坂町・10月］
		東加茂郡下山村（旧大沼村）	東大沼・花沢	大沼雅楽［東大沼・9月］
		東加茂郡下山村（旧富義村）	高野・野原・阿蔵・梨野・宇連野・吉平・大林・立岩・羽布	念仏踊り、行道［阿蔵町・8月］・三河万歳［羽布町・随時］／三番叟［阿蔵町・10月］
	旭村	東加茂郡旭村（旧生駒村）	牛地・小滝野・田津原・閑羅瀬	打囃子［田津原町・9月］
		東加茂郡旭村（旧介木村）	余平・太田・万町・明賀・小渡・時瀬	伯母沢流囃子［太田町・10月］／打囃子［時瀬町・10月］／打囃子［小渡町・10月］／打囃子［明賀町・10月］
		東加茂郡旭村（旧築羽村）	槙本・小畑・坪崎・日下部・伯母沢・幡・伊熊・惣田	打囃子［伯母沢町・10月］／打囃子［惣田町・10月］／打囃子［小畑町・9月］／打囃子［日下部町・10月］／打囃子［槙本町・10月］／打囃子［伊熊町・10月］／打ち囃子［旭八幡町］
		東加茂郡旭村（旧野見村）	杉本・東加塩・押井・万根・菊田・榊野・有間・笹戸・市平・池島・大坪・東萩平	
		東加茂郡旭村（旧三濃村）	浅谷・野原＊その他は岐阜県恵那郡へ	打囃子［上切町、上中町、下切町・10月］
	稲武町	北設楽郡稲武町（旧稲橋村）	稲橋・夏焼・中当・野入・大野瀬・押山	太鼓囃子（うちはやし）［夏焼町・7月］／太鼓囃子（うちはやし）［中当町・8月］／太鼓囃子（うちはやし）［大野瀬町柏洞・8月］／太鼓囃子（うちはやし）［大野瀬町平・11月］／太鼓囃子（うちはやし）［大野瀬町・10月］／太鼓囃子（うちはやし）［押山町・4月］／太鼓囃子（うちはやし）［野入町・8月］／三河万歳［稲武町、黒田町・正月等］
		北設楽郡稲武町（旧武節村）	武節町・桑原・御所貝津・川手・黒田・小田木・富永	太鼓囃子（うちはやし）［稲武町・8月］／太鼓囃子（うちはやし）［武節町・7月］／太鼓囃子（うちはやし）［桑原町・8月］／太鼓囃子（うちはやし）［御所貝津町・8月］／太鼓囃子（うちはやし）［黒田町・10月］／太鼓囃子（うちはやし）［小田木町・10月］／太鼓囃子（うちはやし）［川手町・9月］
みよし市	三好町	西加茂郡三好村（旧三好村）	三好・福田・西一色	三好八幡社祭囃子［三好町宮ノ腰・10月］／祭囃子［福田町勺子・10月］／新屋祭囃子［三好町天王・10月］
		西加茂郡三好村（旧明越村）	明知・打越	明知下祭囃子［明知町松葉池・10月］
		西加茂郡三好村（旧明越村）	莇生・福谷・黒笹	棒の手（鎌田流）［福谷町宮前］
設楽町	設楽町	北設楽郡田口町	田口・八積・荒尾・和市・小松・長江・清崎・松戸	はねこみ、手踊［清崎小代・8月］／はねこみ、手踊［清崎塩津・8月］／はねこみ、手踊［荒尾・8月］／はねこみ、手踊［田口・8月］／子供三番叟［清崎人・10月］／火祭［長江・10月］

設楽町	設楽町	北設楽郡段嶺村	田峯・田内・三都橋・豊邦＊松戸は田口町へ	田楽［田峯鍛冶沢･2月］／参候祭［三都橋･11月］／はねこみ、手踊［田峯・8月］／はねこみ、手踊［三都橋栗島・8月］／はねこみ、手踊［豊邦桑平、笠井島・8月］／田峯観音奉納歌舞伎［田峯鍛冶沢･2月］／地狂言［田内･11月］／田峯三番叟［田峯鍛冶沢・2月］
		北設楽郡旧振草村	神田・平山・川合	田楽［川合･2月］／はねこみ、手踊［平山･8月］
		北設楽郡名倉村	大名倉･東納庫･西納庫･川向	打ち囃子［東納庫大平･8月］／打ち囃子［西納庫清水・6、8月］／打ち囃子［東納庫大桑･8月］／打ち囃子［西納庫貝津田･8月］
	津具村	北設楽郡上津具村	上津具	盆踊［津具村・8月］
		北設楽郡下津具村	下津具	
東栄町	東栄町	北設楽郡御殿村	御殿	花祭り［月字正広平・12月］／花祭り［中設楽字平･3月］／花祭り［中設楽字中海津･12月］／天王八王神社の神事舞［中設楽字平・1、7、9、10、12月］／念仏踊り・手踊［月字下平野・8月］
		北設楽郡本郷町（旧本郷村）	本郷・奈根	花祭り［奈根字中在家･12月］／山車囃子［本郷字大森・10月］
		北設楽郡本郷町（旧下川村）	川角・下田	盆踊り［下田字金柴・8月］
東栄町	東栄町	北設楽郡園村	御園・東薗目・西薗目・足込・下田	花祭り［東薗目・11月］／花祭り［足込字田村・11月］／花祭り［御園字坂場・11月］／念仏踊り、手踊［足込字西川合・8月］／お神楽［下田字薗目路・2、10月］／お神楽［足込字大原・9月］
		北設楽郡三輪村	長岡・奈根	花祭り［三輪字下河内･11月］／盆踊り［三輪字梅平・8月］
		北設楽郡振草村	古戸・上粟代・下粟代・小林	花祭り［振草字古戸・1月］／花祭り［振草字下粟代･1月］／花祭り［振草字小林･11月］／念仏踊り［振草字上粟代・8月］／盆踊［振草字下粟代･8月］／念仏踊り、手踊［振草字古戸・8月］／白山祭［振草字古戸・12月］
新城市	新城市	新城町	新城・石田	富永神社祭礼能［宮ノ後、町並、本町･10月］／笹踊［橋向・10月］
		南設楽郡千郷村（旧千秋村）	野田・稲木・豊島・川田	
		南設楽郡千郷村（旧西郷村）	杉山・片山・徳定・豊栄	歌舞伎［臼子・3月］
		南設楽郡東郷村（旧岩座村）	須長・大宮・牛倉・富永・浅谷・出沢	笹踊［大宮・10月］／歌舞伎［出沢・10月］／打囃子［須渕町・10月］
		南設楽郡東郷村（旧信楽村）	八束穂・川路・有海・大海・竹広	放下［大海･8月］／火おんどり［竹広信玄原･8月］／歌舞伎［川路・10月］
		南設楽郡東郷村（旧平井村）	平井・上平井・矢部・富沢	立物花火［平井・10月］
		八名郡舟着村＊1（旧日吉村）	日吉・吉川	歌舞伎［鳥原・10月］
		＊1・3　乗本以外は1956年に鳳来町→2005年に新城市／乗本は1956年に鳳来町→2005年に新城市		
		八名郡八名村（旧富岡村）	富岡・小畑・中宇利・黒田	笹踊（祇園祭り）［富岡（中部地区）・7月］／歌舞伎［中宇利・3月］

新城市	新城市	八名郡八名村（旧長部村）	庭野・一鍬田・八名井	天王祭（提灯祭、水神祭）［一鍬田・8月］／歌舞伎［庭野・10月］／歌舞伎［片山・4月］
	鳳来町	南設楽郡鳳来町（旧鳳来寺村）	玖老勢・門谷・副川	田楽［門谷字鳳来寺・1月］
		南設楽郡鳳来町（旧只持村）	只持	
		南設楽郡鳳来町（旧塩瀬村）	塩瀬	放下［塩瀬・8月］
		南設楽郡鳳来町（旧布里村）	布里	放下［布里・8月］
		南設楽郡鳳来町（旧一色村）	一色	放下［一色・8月］
		南設楽郡鳳来町（旧愛郷村）	愛郷	はねこみ、手踊［愛郷（恩原）・8月］／はねこみ、手踊［愛郷（大輪）・8月］／放下［源氏・8月］
		南設楽郡長篠村＊2	長篠・横川・富栄・豊岡・富保	獅子芝居［長篠西区・3月］
		＊2　横川・布里以外は1956年に八名郡鳳来町→2005年に新城市／横川・布里は1956年に新城町→2005年に新城市		
		南設楽郡海老町	海老・四谷・連合・中島・副川	はねこみ、手踊［四谷（大代・大林）・8月］／はねこみ、手踊［四谷（身平橋）・8月］／はねこみ、手踊［連合（方瀬、真菰）・8月］
		北設楽郡三輪村	川合・長岡	
		八名郡七郷村（旧高岡村）	巣山・一色	田楽［七郷一色字黒沢・2月］
		八名郡七郷村（旧大野村）	名号	
		八名郡七郷村（旧名越村）	名越	名越神楽［名越・10月］
		八名郡七郷村（旧能登瀬村）	能登瀬	
		八名郡七郷村（旧井代村）	井代	
		八名郡七郷村（旧睦平村）	睦平	
		八名郡七郷村（旧細川村）	細川	
		八名郡大野町	大野	
		八名郡舟着村（旧乗本村）＊3	乗本	乗本万灯［乗本・8月］
		八名郡山吉田村	下吉田・上吉田・竹之輪・黄柳野	
豊根村	富山村	北設楽郡富山村	富山	盆踊［富山地区・8月］／御神楽祭り［大谷・1月］

豊根村	豊根村	北設楽郡豊根村	三沢・下黒川・上黒川・古真立・坂宇場	花祭り［下黒川下石堂・1月］／花祭り［坂宇場宮嶋・11月］／花祭り［三沢山内・11月］／花祭り［上黒川老平・1月］／花祭り［上黒川間黒・1月］／おねり［上黒川老平・4月］／おねり［下黒川牧野・11月］・おねり［坂宇場御所平・5月］／おねり［三沢牧ノ嶋・4、11月］／はねこみ、手踊り［坂宇場川宇連・8月］／念仏踊り、手踊［三沢宮下・8月］／念仏踊り、手踊［三沢牧ノ嶋・8月］／念仏踊り、手踊［上黒川大沢・8月］／盆踊［上黒川塩瀬・8月］／盆踊［下黒川厳平（石堂）・8月］
新城市	作手村	南設楽郡作手村（旧巴村）	清岳・岩波・白鳥・高里・鴨ヶ谷	花祭［白鳥・1月］／はねこみ［岩波・8月］／神楽［高里西の内・10月］
		南設楽郡作手村（旧田原村）	田原・黒瀬	盆念仏（お囃子）［黒瀬・8月］／手踊［黒瀬・8月］／歌舞伎（地狂言、村芝居）［田原・6、7月］／お練り唄［田原小向・10月］／三番、神代踊［田原小向・10月］
		南設楽郡作手村（旧菅沼村）	菅沼・善夫・大和田・守義	
		南設楽郡作手村（旧高松村）	高松	
		南設楽郡作手村（旧田代村）	田代	放下［田代・8月］／盆踊［田代・8月］
		南設楽郡作手村（旧杉平村）	杉平	
		南設楽郡作手村（旧保永村）	保永	
		南設楽郡作手村（旧荒原村）	荒原	
		南設楽郡作手村（旧大和田村）	大和田	
豊川市	豊川市	豊川市（旧豊川町）	豊川・馬場・樽井・三蔵子・長草・六角・大崎・本野・北金屋・古宿	
		宝飯郡豊川町（旧麻生田村）	麻生田・向河原・二葉・谷川	
		宝飯郡豊川町（旧睦美村）	三谷原・当古・土筒・牧野＊瀬木は牛久保町へ	笹踊り［当古町・10月］
		宝飯郡八幡村（旧平幡村）	平尾・八幡・財賀	お田植祭［財賀町・1月］／躍山境おどり［八幡町・不定］
		宝飯郡八幡村（旧穂原村）	野口・市田・千両	笹踊り［千両町・4月］
		宝飯郡牛久保町（旧牛久保村）	牛久保・下長山・正岡・西島・中条	若葉祭の笹踊り［牛久保町・4月］
		宝飯郡牛久保町（旧明子村）	行明・柑子	

		宝飯郡国府町（旧国府村）	国府・森・為当	
		宝飯郡国府町（旧白鳥村）	白鳥・小田渕・久保	
		宝飯郡御油町	御油	
		八名郡三上村	三上	
	一宮村	宝飯郡一宮村（旧桑富村）	一宮・大木・西原・足山田・篠田	田植祭［一宮町・1月］・笹踊り［大木町・4月］
		宝飯郡一宮村（旧本茂村）	東上・江島・上長山・松原	笹踊り［上長山町・4、10月］
		八名郡金沢村＊4	金沢	金沢歌舞伎［金沢町・不定］
		＊4 1951年に八名郡双和村→55年に宝飯郡一宮村→56年に一宮町→2006年に豊川市		
		八名郡大和村（旧豊津村）	豊津	笹踊り［豊津町・4月］
		八名郡大和村＊5（旧橋尾村）	橋尾	
		＊5 1954年に宝飯郡一宮村→56年に一宮町→2006年に豊川市		
	御津町	宝飯郡御津町（旧御津村）	広石・金野・豊沢・西方・汧野	
		宝飯郡御津町（旧御馬村）	御馬	笹踊り、七福神踊り、鉾渡り［御津町御馬・8月］
		宝飯郡御津町（旧佐脇村）	上佐脇・下佐脇・下佐脇新田	どんき［御津町下佐脇・12月］
		宝飯郡大塚村＊6	大草・赤根	神楽［御津町赤根・4月］／打ちはやし［小原町・10月］
		＊6　大塚村うち1955年に大草・赤根は御津町、大塚・相楽は蒲郡市		
	音羽町	宝飯郡赤坂町	赤坂	雨乞い祭［赤坂町・8月］／大名行列［赤坂町・10月］
		宝飯郡長沢村	長沢	
		宝飯郡萩村	萩	
豊川市	小坂井町	宝飯郡小坂井町（旧豊秋村）	小坂井・篠束・宿・平井	稚児舞、獅子舞、木遣り、みたぐり、巫神楽［小坂井町・4月］／田祭り［小坂井町・1月］／車納獅子、笠鉾、笹踊り［小坂井町・4月］
		宝飯郡小坂井町（旧伊奈村）	伊奈	笹踊り［伊奈町・4月］
蒲郡市	蒲郡市	宝飯郡蒲郡町（旧蒲郡村）	蒲郡・府相・小江・新井形	
		宝飯郡蒲郡町（旧神之郷村）	上之郷	
		宝飯郡蒲郡町（旧静里村）	水竹・清田・坂本	
		宝飯郡蒲郡町（旧豊岡村）	牧山・五井・平田	
		宝飯郡三谷町	三谷	天白神社神楽芝居、御殿舞［三谷町上区・4月］／神代の舞［三谷町上区・10月］／くぐり太鼓（笹踊り）［三谷町松区・10月］／松前木遣り［三谷町東区・10月］／七福神踊り［三谷町北区・10月］／大名行列［三谷町西区・10月］／神子・神楽［三谷町西区・4、10月］／子踊り、連獅子［三谷町中区・10月］

蒲郡市	蒲郡市	宝飯郡塩津村	竹谷・西迫・柏原・拾石・鹿島	ちゃらぼこ太鼓、山車［竹谷町新井・10月］／ちゃらぼこ太鼓、山車［拾石町広見・10月］／ちゃらぼこ太鼓、山車［鹿島町東山・10月］／獅子舞（お神楽）［竹谷町奥林・10月］／七福神踊り［竹谷町、元町・4、7、10月］
		宝飯郡大塚村	大塚・相楽　＊6	
		宝飯郡形原町	形原	ちゃらぼこ太鼓、山車［形原町狭間、北新田・4月］／ちゃらぼこ太鼓、山車［上辻、下市、下川原・10月］／ちゃらぼこ太鼓、山車［形原町東根崎・7月］／七福神踊り［形原町音羽・10月］
		宝飯郡西浦町	西浦	ちゃらぼこ太鼓、山車［西浦町南馬相・10月］／ちゃらぼこ太鼓、山車［西浦町竜田・10月］／ちゃらぼこ太鼓、山車［西浦町北知柄・10月］
豊橋市	豊橋市	豊橋市	旧吉田城下23町および武家地区	祇園祭笹踊り［萱町、新本町・7月］
		豊橋市（渥美郡豊橋町・旧豊橋村）	豊橋	
		豊橋市（渥美郡豊橋町・旧豊岡村）	岩崎・岩田・東田・瓦町・飯・三ノ輪	
		豊橋市（渥美郡豊橋町・旧花田村）	花田	獅子舞（子供獅子）［花田町字斉藤・10月］
		豊橋市（渥美郡牟呂吉田村・旧牟呂村）	牟呂	神事相撲、神輿［牟呂町字郷社・4月］
		豊橋市（渥美郡牟呂吉田村・旧吉田方村）	東豊田・西豊田・青野	
		宝飯郡前芝村	前芝・梅藪・日色野	新明社巫子神楽［前芝町字西・10月］
		豊橋市（宝飯郡下地町・旧下地村）	下地	
		豊橋市（宝飯郡下地町・旧鹿菅村）	瓜郷・津田・下五井・清須新田	
		豊橋市（宝飯郡下地町・旧大村）	大・長瀬	
		豊橋市（渥美郡高師村・旧高師村）	高師	
		豊橋市（渥美郡高師村・旧磯部村）	磯部	
		豊橋市（渥美郡高師村・旧福岡村）	福岡	
		豊橋市（渥美郡高師村・旧大崎村）	大崎	
		豊橋市（渥美郡植田村・旧植野村）	植田	
		豊橋市（渥美郡植田村・旧野依村）	野依	八幡社神楽［野依字八幡・2、10月］
		渥美郡高豊村（旧高根村）	高塚・七根	
		渥美郡高豊村（旧豊南村）	豊波・伊古部・赤沢	
		渥美郡杉山村（旧杉山村）	杉山	天の岩戸開き神楽［杉山町字考仁・10月］

豊橋市	豊橋市	八名郡石巻村（旧玉川村）	多摩川	
		八名郡石巻村（旧嵩山村）	嵩瀬	嵩山大念仏（夜念仏）［嵩山町・8月］
		八名郡石巻村（旧西郷村）	馬越・平野・中山・萩平・西川・小野田	
		八名郡石巻村（旧美米村）	三輪	
		豊橋市（八名郡石巻村・旧多米村）	多米	
		豊橋市（八名郡下川村・旧下条村）	東下条・西下条・犬之子	神楽［下条東字宮西・10月］
		豊橋市（八名郡下川村・旧牛川村）	牛川	巫女神楽［牛川町字中郷・4、10月］
		八名郡賀茂村＊7	賀茂	獅子舞［賀茂町字神山・4月］
		＊7　1951年に八名郡双和村→55年に豊橋市		
		渥美郡二川町（旧大川村）	大岩	
		渥美郡二川町（旧谷川村）	谷川	
		渥美郡二川町（旧細谷村）	上細谷・下細谷	
		渥美郡二川町（旧小沢村）	小島・寺沢・小松原	
		渥美郡老津村	老津	笹踊り［老津町・10月］
田原市	田原町	渥美郡田原町（旧田原村）	田原・加治	田原祭（かさほこ祭）［田原町・9月］
		渥美郡田原町（旧相川村）	谷熊・豊島	豊島大念仏おどり［豊島町・8月］／谷熊神楽［谷熊町・10月］
		渥美郡田原町（旧童浦村）	浦・吉胡・波瀬・片浜・白谷	
		渥美郡田原町（旧大久保村）	大久保	
		渥美郡杉山村（旧六連村）	六連	
		渥美郡神戸村	神戸・西神戸・東神戸・南神戸・大草	青津神楽［神戸町・10月］
		渥美郡野田村（旧野田村）	野田・仁崎・芦	
	赤羽根町	渥美郡赤羽根村（旧赤羽根村）	赤羽根	
		渥美郡赤羽根村（旧高松村）	高松	
		渥美郡赤羽根村（旧若戸村）	若見・越戸	
	渥美町	渥美郡伊良湖岬村（旧伊良湖村）	伊良湖・日出	
		渥美郡伊良湖岬村（旧和地村）	和地	
		渥美郡伊良湖岬村（旧伊良湖村）	堀切・小塩津	

田原市	渥美町	渥美郡福江町 （旧福江村）	畠・向山・亀山・保美	
		渥美郡福江町 （旧清田村）	古田・山田・高木	
		渥美郡福江町 （旧中山村）	中山	
		渥美郡泉村	伊川津・宇津江・江比間・八王子・村松・馬伏・石神	

おわりに

本書は、東海能楽研究会代表、林和利先生の退職記念として企画され、幸いなことにこのたび出版が叶いました。

二〇一八年の新年を迎えた頃、その年の三月いっぱいで名古屋女子大学を退職される林先生を囲んで一席設けよう、という話を進めていました。その折に、会員の朝川知勇様から、この機会に会員の研究成果をまとめた書籍を発行してはどうかという様々な支援を前提にした提案をいただきました。

奇しくもその時、林先生は雑誌『金春』に「薩摩藩の能楽」を連載中でした。そこで、第Ⅰ部に林和利先生の長編論文、第Ⅱ部には会員の研究成果を集めることとし、朝川様からのご要望を受けて、会員の米田真理さんがご自身の研究発表の場を兼ねて三河地域周辺の芸能の紹介や資料などに関わる第Ⅲ部のまとめ役を買って出てくれました。

出版へ向けての舵取りとしては、退職される林先生ご自身が、出版交渉、全体の編集、さらに長大な研究成果を掲載というかたちで奮闘いただきました。そして何より、この機会に日頃の研究成果を発表していただいた会員の皆さん、また、朝川様の熱意に応える形で第Ⅲ部を執筆していただいた会員の皆さんのご協力によって、『能・狂言における伝承のすがた』が誕生することとなりました。

しかしながら、ここでひとつ大変残念なことを書き添えなければなりません。二〇一九年八月六日に、この記念出版の企画の火付け役であった朝川知勇様が突然天に召されてしまったのです。朝川様ご自身は研究活動をなさっていたわけではありませんが、能楽や芸能に対する情熱をお持ちで、豊橋能楽こども教室を主宰されていました。東海能楽研究会の会員としては、豊橋方面の能・狂言と当会の研究活動を繋いでいただき、ことある毎に会員が三十名たらずの小所帯である当会を財政面で支援くださり運営を助けていただいた方でした。常に私達の背中を押してくださった朝川知勇様の寛大で温かな志に対して、この場を借りて心より御礼申し上げます。

東海能楽研究会の会員は各自のテーマを自由に追求しています。この地道な営みを続けることで、地域の能楽の発展に貢献し、他の芸能との繋がりを拡げていくことができるなら研究者冥利に尽きます。読者の皆様には、当研究会の発展のために忌憚のないご感想・ご批判を頂きますようお願い申し上げます。

なお、本書の刊行にあたりましては、風媒社の林桂吾様に様々ご配慮いただきました。感謝申し上げます。

三苫佳子

［執筆者紹介］（50 音順）

朝川知勇（あさかわ・ともお）朝川直三郎基金代表
飯塚恵理人（いいづか・えりと）椙山女学園大学教授
佐藤和道（さとう・かずみち）名古屋高校教諭
田﨑未知（たざき・みち）豊田市能楽堂運営委員
長田若子（ながた・わかこ）東海能楽伝承会会員
野﨑典子（のざき・のりこ）愛知県立大学名誉教授
延広由美子（のぶひろ・ゆみこ）文化・芸能史研究家
橋場夕佳（はしば・ゆか）東邦高等学校専任講師
林 和利（はやし・かずとし）東海能楽研究会代表・伝承文化研究センター所長
藤岡道子（ふじおか・みちこ）京都聖母女学院短期大学名誉教授
三苫佳子（みとま・よしこ）愛知産業大学短期大学非常勤講師
保田紹雲（やすだ・じょううん）能面研究会面紹社主宰
安田徳子（やすだ・のりこ）岐阜聖徳学園大学名誉教授
米田真理（よねだ・まり）朝日大学教授

＊カバー図版　保田紹雲 作「般若」

＊本書第Ⅲ部は、平成 31 年度　科学研究費補助金　基盤（C）課題番号 17K02431「地域文化としての能楽の継承に関する調査研究—豊橋市魚町伝来の狂言伝書をもとに」（研究代表者　朝日大学　米田真理）の成果である。

能《のう》・狂言《きょうげん》における伝承《でんしょう》のすがた

2019 年 9 月 30 日　第 1 刷発行　（定価はカバーに表示してあります）

編著者　東海能楽研究会

発行者　山口 章

発行所　名古屋市中区大須 1 丁目 16 番 29 号　電話 052-218-7808　FAX052-218-7709　http://www.fubaisha.com/　風媒社

乱丁・落丁本はお取り替えいたします。　＊印刷・製本／シナノパブリッシングプレス
ISBN978-4-8331-0584-2